对外汉语教学激创法散论

鲁健骥 著

图书在版编目(CIP)数据

对外汉语教学激创法散论/鲁健骥著.—北京:北京大学出版社,2014.1
ISBN 978-7-301-23575-1

Ⅰ.①对… Ⅱ.①鲁… Ⅲ.①汉语—对外汉语教学—教学法
Ⅳ.①H195.3

中国版本图书馆 CIP 数据核字(2013)第 296359 号

书　　　　名:	对外汉语教学激创法散论
著作责任者:	鲁健骥　著
责 任 编 辑:	孙　娴
标 准 书 号:	ISBN 978-7-301-23575-1/H・3447
出 版 发 行:	北京大学出版社
地　　　　址:	北京市海淀区成府路 205 号　100871
网　　　　址:	http://www.pup.cn　新浪官方微博:@北京大学出版社
电 子 信 箱:	zpup@pup.com
电　　　　话:	邮购部 62752015　发行部 62750672　编辑部 62753027
	出版部 62754962
印 　刷 　者:	三河市博文印刷厂
经 　销 　者:	新华书店
	650 毫米×980 毫米　16 开本　17.75 印张　309 千字
	2014 年 1 月第 1 版　2014 年 1 月第 1 次印刷
定　　　　价:	45.00 元

未经许可,不得以任何方式复制或抄袭本书之部分或全部内容。
版权所有,侵权必究
举报电话:010—62752024　　电子信箱:fd@pup.pku.edu.cn

如果说 20 世纪后 50 年是对外汉语教学初步形成学科的时期，那么 21 世纪的前 50 年应该将是这一学科走向成熟的时期。学科的成熟有赖于从事这一事业的老、中、青三代教师的不懈努力。

——题记

目 录

自 序 …………………………………………………………… 1

关于对外汉语教学"激创法"与创造式汉语学习的思考 ………… 1
对外汉语教学"激创法"答问 ………………………………… 10
"授人以渔"是关键 …………………………………………… 20
探索中的实践
　　——《初级汉语精读课本》中的"激创法"元素 ………… 22

对外汉语教学改进模式的构想：口笔语分科，精泛读并举 …… 34
语言知识课与语言技能课的互补关系 ………………………… 40
寻找语言课和专业知识课的接口 ……………………………… 42
切实提高汉语专业学生的阅读能力 …………………………… 44
建议给入专业的学生开设汉语后续课 ………………………… 49
编制一份汉语专业外国学生阅读书目如何？ ………………… 52

说"精读"和"泛读" …………………………………………… 55
关于语感和如何训练学生的语感 ……………………………… 65
书面语教学断想 ………………………………………………… 69
新闻汉语综合课设计 …………………………………………… 72
古汉语教学的任务与教材设计 ………………………………… 79
关于听力理解训练的几点思考 ………………………………… 81
关于留学生论文写作问题的通信 ……………………………… 90
关于外国学生学士论文撰写与答辩的几点意见 ……………… 93
对汉语语音教学的几个基本问题的再认识 …………………… 95
汉字教学随笔：观念·体系·创造式的学习方法 …………… 102

教材的趣味性
　　——它山之石的启示 …………………………………… 112
谈泛读教材的编写技巧
　　——从《画儿上的美人》说起 ………………………… 115
《践约传》：初识与思考 ……………………………………… 124
一部值得研读的早期对外汉语教材
　　——读朱德熙《华语教材》手稿 ……………………… 133
指导学生使用词典应是教学的一个组成部分 ……………… 146
编写对外汉语单语词典的尝试与思考
　　——《商务馆学汉语词典》编后 ……………………… 150
给外国人编双语词典二题 …………………………………… 166
建议制定对外汉语词汇教学等级大纲和最低限度词汇表 … 172
如何计算教材的生词量和词的使用频率？ ………………… 177

加强对外汉语教学学科不可替代性的研究 ………………… 179
"对外汉语"之说不科学 ……………………………………… 181
国内与国外·普及与提高·规模与实效
　　——汉语国际推广中应该处理好的三种关系 ………… 184
办学规模·教学质量·理论研究 …………………………… 187
规模·特色·创新 …………………………………………… 189

怎样要求一个优秀的对外汉语教师？ ……………………… 192
想起了王还先生《和青年教师谈谈对外汉语教学》……… 196
重视研究中国人教外国人汉语的优势和弱点 ……………… 198
关于对外汉语教学课堂语言研究 …………………………… 200
关于对外汉语教师培养与聘用的几点建议 ………………… 204

谈对外汉语教学科研的方向 ………………………………… 208
汉语中介语研究的现状和前瞻 ……………………………… 214
外国人学汉语的篇章偏误分析
　　——兼谈拓宽中介语研究领域 ………………………… 218
对外汉语教学史研究的回顾 ………………………………… 232
澄清对外汉语教学模式演变过程中的两点重要事实 ……… 242

附录

"普通话"译为"MANDARIN"之我见 …………………………… 245

《语言自迩集》序言 …………………………………………… 249

参考文献 ……………………………………………………… 269

自　序

　　做了几十年对外汉语教学工作,总想积累下一些东西,到了一定的火候,想能理出点道道来,有一点能提得起来的纲。这是我孜孜以求的目标。退休之后,相对来说自由多了,虽然也还有不少杂事,但基本上可以静下心来思考一些问题,有机会检视自己在对外汉语教学上的经验与体会,不管是教学理念上,还是教学方法上,以至于对整个对外汉语教学,都逐渐形成了自己的一些想法与看法,自觉还有一点新东西,于是就陆续把这些想法和看法形成文字。虽然涉及面比较广泛,但也还有中心。一个中心是"激创法",另一个中心是学科建设。当然"激创法"也属于学科建设,但它有一定的独立性和特殊性。

　　2010年我发表了《关于对外汉语教学"激创法"与创造式汉语学习的思考》一文,概括地、略成系统地叙述了我想到的一些问题。激励学生创造式地学习,是我多年来形成的一个理念。上个世纪70年代末80年代初,在主编《初级汉语课本》(简称《初汉》)的时候,对此我就有一些初步的认识。在《初汉》第3册编写说明中,我提出"训练学生多方面的观察、理解和吸收语言的能力",提出"重视预习","通过预习培养学生独立工作能力,提高学习的主动性。课堂上则着重对学生进行熟巧性的训练"。这可以说是"激创法"最初的几个"闪光"。而后就逐步积累,围绕着这几个"闪光",我总在琢磨着说些自己的话。我一直在想,我们的对外汉语教学已经走过了几十年的路,为什么不能借鉴那些先进的教学法体系,总结出能反映我国对外汉语教学特点和自己经验的教学法体系呢?我深知要创建这样一个体系,非得靠一个强大的学术团队才能完成,而个人则力不从心,但为它添几块砖瓦总还是可以的吧?近几年来,这个教学法体系的影子在我的脑子里逐渐清晰起来,特别是当了几年教学督导员,我对教学第一线的情况有了直接的感受,发现了很多很好很新鲜的经验,这些新鲜的经验与自己对对外汉语教学法体系的一些思考互相碰撞,发出了一些"火花",按捺不住地写出了一些感受,最后汇集成比较系统的想法。

　　有关教学法的一些文章,既说明我的思考过程,也提出我的设想,虽然还没有能对这一方法的方方面面都涉及,但可以勾勒出我心目中的对外汉语教学应该是什么样子。

关于学科建设的一些议论，涉及办学方针、对外汉语教学学科史、科研方向、教师培养等，有的是有感而发，有的是我的兴趣所在，希望没有无的放矢。

本书所说，都是我个人对对外汉语教学所做的观察与思考，肯定没有想的那么完美，甚至也可能发了谬论。所谓"取法其上，得乎其中；取法其中，得乎其下"。我有自知之明，就是我的"取法"就不一定在"其上"，得的就可能在"其下"了。

我愿意用这本小书，跟对外汉语教学界的同好交流，"嘤其鸣矣，求其友声"。希望大家不吝批评。如果这本小书还有点可读性，而且对第一线的教学能有一点参考——仅仅是参考——作用，读者没觉得白白浪费了时间，我就心满意足了。

最后，这本小书能在北京大学出版社出版，深感荣幸。感谢责任编辑孙娴为本书的出版付出的劳动，感谢她提出的建设性的意见。

鲁健骥

2013年12月

关于对外汉语教学"激创法"与创造式汉语学习的思考

〇、缘起

本文是我最近一个时期对对外汉语教学法的一些思考。就是说,在我们考虑如何进一步提高教学质量的时候,应该从什么入手。是跟在别人后面亦步亦趋呢,还是借鉴别人的理论去探索一条自己的对外汉语教学法体系?我这里说借鉴,意思是不能照搬,只能吸收其长处,而避免其短处。再有,我们要清楚我们自己的经验,有哪些是要继承的,哪些是要抛弃的。在此基础上使我们在教学法上有所创新,有所发展。

本文谈三个方面的问题:

1. 教学理念;
2. 教学原则;
3. 教学实践。

一、教学理念

教育心理学告诉我们,只要头脑健全,创造能力人皆有之,只有程度上的不同。不管什么教学,都应该发挥和利用人的创造力。张德琇(1982)认为,"学校教育中,教师须引导学生自己探索新境界,自己去追求新知识,自己去发现新的原则原理;这乃是启发创造性思维与培养创造能力的必要途径"。"在教学方面,教师要安排适当的情境,引导学生思考学习,而非仅只通过感官学习;要引导学生考虑问题,或大家讨论,而非专事模仿,或机械记忆;要将学生引向自己探索发现的道路,而非完全接受教师的传授"。

这是认知派教育心理学的一个具有普遍意义的理念,也就是说,这个理念应该是对各种教育都适用的,当然也包括外语教学和作为外语或第二语言的汉语教学,即对外汉语教学。根据这一理念,我们认为,汉语教学应该是使学生的学习成为一个不断"创造"的过程:学生在教师的激励、指导与引导下,在"创造"中理解汉语、掌握汉语,就是在对汉语认知与理解的基础上形成汉语的言语能力,包括用汉语进行交际的能力,同时发展独立地观察、发现、吸收语言的能力,不可偏废任何一个方面。这里,教师的激励、指导与引导是关键,是对外汉语教学的核心问题,是教师非常重要的职责,是"以教师为主导,以学生为中心"的真谛所在。在这个意义上,我们不妨把这样的汉语教学称作"激创法"的教学,把这样的汉语学习称作"创造式"的学习。

在这里,发展学生独立地观察、发现、吸收语言的能力,是"激创法"汉语教学理念中非常重要的一点,也是教学的最终目标之一。因为只有具备了这种能力,学生才能独立地继续学习。这是可以终生受用的。这就是中国古训"授人以渔"的道理。

我们今天提出"激创法"汉语教学和创造式的汉语学习,基于以下几点考虑:

1. 目前中国的对外汉语教学中,有一种应试教育的倾向,即教学将汉语水平考试视为圭臬,把通过汉语水平考试作为对外汉语教学的目标。这种倾向,制约了汉语教学,弄不好会使它成了汉语水平考试的考前训练班,因而偏离了应有的教学目标,也限制了学生创造力的发展。汉语水平考试,包括为其服务的水平大纲,都是为了某种目的(主要是入学)而设立的,而各种门类的对外汉语教学也都有各自的培养目标和教学内容。一般来说,汉语水平考试的目标和内容涵盖不了。如果说,我们可以以水平大纲来衡量学生的水平的话,那也只有在汉语预备阶段,也就是在正式进入专业学习之前决定学生的汉语水平是否已经达到入学的要求的阶段。

2. 迄今为止西方的一些外语教学法,如听说法、视听法之类,多侧重于初级阶段的教学,最多讲到中级,而对高级阶段的教学则语焉不详,较少涉及。从我们现在接触到的文献和教材(包括英语教材)可以发现,到了高级阶段,他们没有什么新的"招数",练习方式简单,甚至还停留在初级阶段的做法。这可能与他们对外语教学的基本观念有关。中国的对外汉语教学则是一个从初级到高级的完整的教学。以北京语言大学四年制的对外汉语专业为例,该专业开设了8个专业方向的课程。这些课程除了围绕语言的训练,还有多样的语言知识课程、文化课程、专业课程。而以上提到的教学法,无法涵盖如此丰富多样的汉语教学。因此应该认真研究和总结自己的经验,把它提高到理论的高度,建立自己的教学法体系。我认为,"激创法"汉语教学和创造式的汉语学习,可能是建立这个教学法体系的一个切入点和突破口。因为这样的教学和学习,适应各种类型、各种课型、各个阶段的教学和学习,而且程度越高,越能体现出其优越性。在这方面,我们还有很大的创新空间。

3. 近些年来,我们重视了语言教学的交际性,引进了交际法,提出汉语教学培养学生用汉语进行交际的能力的要求,也提出了课堂教学"交际化"的要求。这都对汉语教学的发展起了促进作用。但我们同时也注意到,对交际性的理解有些偏颇,往往把"交际"仅仅理解为"口头交际",而忽视了整体上应该让学生在理解的基础上掌握汉语、运用汉语。这或许与交际法固有的对象特点有关。胡文仲(1989)在谈到交际法时曾经说过:"在国外,交际法的教学对象往往是准备去英美旅游或居住的人,或者至少在国内有机会与英美人有接触的人,用外语交际是现实的需要。"可见,交际法是有其特定对象的。就汉语教学的情况来说,对属于以上对象的教学,当然使用交际法很合适,对于不属于以上对象的,在教学的某一个阶段,或者某些课型(如口语课)使用交际法也是合适的。但若把交际法用于所有对象、所有课型、任何阶段,未免捉襟见肘,方凿圆枘。

4. 目前,"任务型"教学得到了汉语教学界的关注,对外汉语教学界也开始了一些探索。但主流的任务型教学理论,似乎不承认"交际任务"或"口头交际任务"之外的任务是"任务"。我们认为,"交际任务"固然是"任务"的一个重要的组成部分,但绝不是全部,在"交际任务"之外,还有其他的任务。不然就有将教学肢解的危险。我们认为,对任务型教学,应有这样的理解:(1)任务型教学所说的任务,不应该仅仅指口头交际任务。任务应该贯穿教学的全过程,即,在口头交际任务之外,在教学的各个环节上都应该有所体现,如思考性的任务,查找性的任务等。我们也认为应该让学生做事,但学生要做的事不只是交际上的事。(2)要注意任务的质的方面,即是否有利于学生调动已学过的知识进行"创造",是否有利于他们观察语言,吸收语言,发现规律。

5. 我们所说的"激创法"教学与创造式学习,并不是要完全否定与排斥其他教学法,只是针对它们的不足提出来的。它们的某些具体做法(如操练方法),在教学的某些环节仍然可以使用。"激创法"教学与创造式的学习,与交际法、任务法,并不矛盾,而是与它们有密切的关系,是对它们的借鉴与延伸,突显了应该突显而它们突显得不够之处。我们认为,假如说交际法、任务型教学法应该有一个统领思想的话,那么这个统领思想就应该是激发和发展学习者的创造力。只有这样的交际和任务才是有意义的。

6. 上述理念也有助于我们对"发现式"学习的理解。"发现"本身就带有创造的色彩,问题是作为一种学习类型,学生的"发现"应该是在教师的指导下的"发现"。学生的每一步"发现",都是"激创法"教学和创造式学习的结果,也是进一步创造的开端。

归纳起来,我们对"激创法"对外汉语教学和创造式的汉语学习,可以有如下的认识:

(1)"激创法"汉语教学,讲的是教学过程中应该激发学生的创造能力,教师的作用也在于此。创造式的汉语学习,指学生要在教师的激励、指导和引导下,使自己的学习成为"创造"的过程,学习的结果(如用汉语进行交际的能力)则是"创造"的成果。

(2)我们这里所说的"激创法"教学、创造式学习,像任务型教学法、发现式学习一样,本身都是教与学的理念,本来都不是专门为外语教学(包括汉语教学在内)设计的,因而它的适用面比较广。在汉语教学中,它适用于汉语教学的各个阶段、各种课型、各个环节。现行的一些教学法比较强调课堂教学的交际化,那是指学生的操练,对于语言知识的讲解,则多只有一些原则性的要求,如精讲多练、讲解不得超过教学时间的20%、少而精、由易到难、由简到繁、以旧带新等,至于如何使讲解过程也成为学生的"创造"过程,则比较忽视。我们认为,语言知识的讲解是教学不可分割的一个组成部分(但这丝毫也没有要把讲解作为课堂教学的主体的意思),也是我们所说的创造式学习的一个重要元素。

(3)"激创法"教学和创造式学习,符合人的认知规律。像认知类型的教学法一样,我们主张要使学生在理解的基础上学会汉语,只要是有利于学生"创造"的办法,我们都加以利用,因此我们并不简单地排斥具体教学环节中的操练、重复和机械的训练,更不排斥在必要的时候使用学生的母语,而是要把这些都纳入创造式学习的整体中,为学生的"创造"服务。

(4)由于在汉语教学中给了学生创造的机会,他们是在不断地探求中、发现中学习,从而产生持续的成就感。这样就会提高他们学习的积极性、主动性和兴趣。

(5)在创造式的学习过程中,学生也学会了学习语言的方法,学会了如何观察和吸收语言,而这正是"激创法"对外汉语教学的目标。这对他们后面的学习和离开学校之后的继续学习大有裨益。

二、教学原则

　　任何一种教学法体系，不能仅仅提出一种理念，还需要处理好教学中的各种关系，这就形成了一些教学原则。后出现的教学法体系，总是对前面的教学法体系有所继承与借鉴。当然，由于教学理念的不同，自然对教学中各种关系的处理也不会完全相同，有的甚至会截然相反，这正反映了各自的特点。我们所说的"激创法"汉语教学与创造式汉语学习，也必须考虑到教学原则的问题。除了那些教育学上的普遍原则，即李泉（2002）所说的"常规教学原则"以外，与对外汉语教学直接相关的有以下几项重要的原则：

　　1. 外语知识与外语能力（包括外语交际能力）的关系。我们坚持认为，我们教的是语言，而不是关于这种语言的知识。直接法的先驱们提出的这一论断是具有普遍意义的。但外语知识在外语能力获得中的作用仍然是不可忽视的。成年人获得外语能力的特点是建立在理解的基础上的。外语能力的获得固然是靠大量的实践，因此在外语课堂上，知识讲解在时间上所占的比例总是尽量控制在最小量，这就是"精讲多练"的含义。但这还不够，不应该单纯地靠讲解使学生理解，还应该把学生获得外语知识的过程变成语言实践的过程，而且不单是操练的过程，而是一个在教师的指导与引导下进行创造性工作的过程。

　　2. 听说读写四种语言能力的获得。迄今我们对外汉语教学安排四种技能训练的时候，有"突出听说"和"突出听读"的区别。其实这是可以根据教学目的的不同灵活处理的，不必划一。但我们现在要强调的是，训练语言能力的过程中应该创造条件，让学生做一些有创造性的事情。

　　3. 学生母语的作用。现代的任何外语教学法，都不像初期直接法那样排斥学生的母语，即使是直接法，经过改进之后，也已经改变了初始时绝对排斥母语的做法。因此，我们同意在必要的时候可以使用母语的提法。这对于本文所论的教学与学习尤其重要。什么是"必要"的时候？就是用目的语（汉语）讲不清楚的时候，为了不影响学生理解，不管是讲知识还是布置任务、提出要求，都可以使用母语。举例说，在基础阶段，为了有助于学生做创造性的工作，需要学生准确地理解教师的指令，这时候学生的汉语水平还不足以听懂或看懂这些指令，就可以使用学生的母语。

　　4. 教师和学生在学习中的角色。"以教师为主导，以学生为中心"已经成为对外汉语教学界的共识。我们认为,教师的主导作用,体现在教师在教学中对学生的激励、指导和引导,是"导演";学生是"演员",他们在课堂上是主要的活动者。但学生的活动一定要在老师的指导和引导下进行。在活动中学生一步步地"创造",最后形成用汉语进行交际的能力与学习能力。

5. 对学生偏误的态度。我们既然引导学生、要求学生通过"创造"来学习和掌握汉语,那么他们在创造中就不可避免地会发生偏误。因此我们要允许学生发生偏误,并且在发生偏误时,通过分析、讲解、进一步的实践,消除偏误,达到掌握的目的。

6. 学习能力的培养。"授人以渔"而不是"授人以鱼"。这是中国传统的教育理念。具体到汉语教学,就是教会学生如何观察汉语的语言现象、发现汉语的规律、吸收新的汉语知识,就是学习能力。这种能力的获得,不是靠讲解,而是靠教学与学习过程来培养。

8. 让学生做自己力所能及的事。也就是说,要让学生通过自己的努力去学习,而不是把什么都给他们准备好,他们不付出劳动就可以"不劳而获"。那是培养懒汉的办法。不通过自己的劳动,是学不好任何东西的。我们提出这一点,是有针对性的。目前的教学状况往往是一切都由老师和教材"包办"。这样做,学生上课非常被动,只要带着一张嘴、两只耳朵、一双眼睛来上课就够了。这与我们提出的教学方法和学习方法是相悖的。这样上课的起点接近于"零"——学生对老师教什么、怎么教心中无数;学了这一步,不知道下一步干什么。老师在课堂上做的许多工作其实都是学生在课前自己有能力做的。课上做这些事,浪费了宝贵的时间,教学效率低下。

9. 课内课外的活动相结合,课前、课中、课后的活动相结合。课内的活动指课堂教学,课外的活动指复习与预习。这是任务型教学的原则之一。但我们这里所说与任务型教学所说略有不同。主要的不同就是我们不仅仅是让学生完成交际的任务。如课前的预习,必须使学生明确将要上的课上老师每一步都要做什么,就是说,老师上课对学生是"透明"的。这样学生在课上从思想上就变被动为主动。为了做到这一点,老师就必须对预习提出具体的要求,让学生做他们力所能及的工作。这就需要给学生一份详细、具体的预习任务提纲。从预习开始,学生就已经在做"创造性"的工作了。只有经过这样的预习,学生上课才是"有备而来"的,才能带着一种探求的心理走进课堂。这样,课堂教学的起点就高了,教学效率也会相应提高。

三、教学实践

教学理念和原则只有贯彻到教学实践中去,并在实践中证明是有效的,才能站得住脚,因此我们在提出教学理念和原则的同时,必须解决教学实践的问题。但我们不能只是谈设想,更重要的是总结有关的实践经验。

前面我们讲过,对外汉语教学的目的,既要培养学生的语言交际能力,还要培养他们的学习能力。从这两方面的目的出发,我们要通过教学让学生做他们力所能及的、能发挥他们创造能力的事。那么,学生能做哪些事呢?大致有这样几个方面:

1. 查找:查找的范围很广,如初级阶段从教材或教材所附的字词表中查找语素意义或词义,中高级阶段从词典中查找生词的意义、成语的出处等;查找课文作者的介绍、专名的解释,若是文学作品,可以查找有关的背景等;从课文或已经学过的课文中查找出现的某一语言现象(使用某一句型的句子、词语搭配等);在汉字教学中,可以从已经学过的汉字中查找含有某个偏旁(声旁或形旁)的汉字,等等。

2. 调查:给学生布置课外的调查任务,譬如"打招呼"。现在的做法是通过翻译或解释,把汉语的招呼语介绍给学生,说明某些招呼语的使用范围、时间、对象等。按照"激创法"的教学,则要求学生去调查。从最简单的"你好""您好",到"你……呢"之类,都要求学生通过自己调查,总结出以上通常是通过讲解所给的规律。课上报告调查和总结的结果,互相补充,教师总结。在国外教学时,由于语言环境的关系,调查受到限制,这时就要发挥多媒体的作用,制作或者下载一些相关的画面,让学生观看后总结规律。

3. 比较:一说起比较,我们就会想起比较学生母语和汉语的不同,或者是比较相近的汉语项目(语法的、词汇的等)之间的异同。但这仅是比较的一种,且受学生汉语水平的限制比较大,最好是在知识课上使用。在以掌握汉语为目的的语言课上,我们所说的是另外一类比较。比如在学习新课之前,让学生根据课文的题目(或插图)猜测课文的内容(如果是叙述性的课文,学生的猜测就是根据自己的想象讲一个故事)。这是第一步的创造性工作。因为学生在猜测时一定要调动他学过的词汇语法等语言手段。既然是猜测,学生就可能猜测得五花八门,而这正是我们所希望的。这说明学生是经过自己的思考猜测的,同时也给上课创造了条件。上课的时候,报告自己猜测的内容。而后粗读课文,与自己猜测的内容作比较,引起讨论,说出自己猜测的故事与课文的故事的不同。这是第二步的创造。每一步都可以先口头,经过纠正再笔头做;从口头到笔头也是进一步创造的过程。这类的比较很能调动学生的积极性与创造性,引起他们对新课的好奇心,为进入课文的教学做出铺垫。但这里说的仅是这类比较的一种形式,教师在这方面大有创新的空间。前不久我听过一次课,老师在学了一则成语故事之后,放了该故事的动画片,然后让学生找出课文和录像片的不同之处。学生非常积极,发言踊跃,他们找出的不同甚至超过老师原来准备的。这就是这种比较的成功的例子。

4. 总结归纳：主要是课上要求学生总结归纳讨论中的各种意见、看法(前面的查找、调查、比较的结果都在此列),互相补充,不断"滚雪球",最后能够形成完整的总结。教师的作用是在学生总结的过程中不断给予启发,最后再强化总结的内容,使之更全面、更系统。

5. 创造性地运用：由于整个学习过程(无论是课前、课中、课后)就是创造的过程,所以学生随时都在创造性地运用已经学的和正在学的。但在不同的学习阶段和不同的学习环节创造有程度的不同。在开始阶段、初级阶段,教师的引导、控制会多一些。像变换人称的复述、变换体裁的复述,就是初级阶段后期以及中高级阶段很好的创造性地运用。之后过渡到较高程度的创造,如学生独立地设计情景、根据所学内容独立地创造新的类似的内容。假如学的课文是一位作家的小传,那么学生在学习的最后应该可以口头或笔头介绍其他作家的小传。假如教了按时间顺序的篇章结构规律,我们就可以让学生运用这种规律说或写一篇作文。

以上这几种能力的训练,既是语言的训练,又是学习能力的培养。教师应该采用各种手段给学生创造"创造"的条件,包括整个教学(课前预习、课上环节与步骤、课后复习)的设计。教具和多媒体课件的设计与应用,将使得这种创造条件的工作更加丰富与方便。

还应该有意识地培养学生使用工具书和互联网的能力和习惯。我们特别要提倡让学生尽早地使用原文词典(当然主要是专门为外国学习者编写的原文词典),这是提高他们语言水平、语言能力和学习能力的一个非常重要的手段。

在结束本文之前,我们还要说明：(1)本文所阐述的"激创法"汉语教学与创造式汉语学习的方法,虽然是在说对外汉语教学,但其理念具有较强的适应性,特别是对外国学生开设的专业课、知识课,也应该而且完全可以贯彻。(2)本文旨在探索一种教学法体系及其在课堂教学中的可操作性,尚未涉及教材的编写和测试。我们初步设想,假如这个教学法体系基本上可以成立,那么将会给教材和测试带来一些相应的变化。(3)我们以上所说的教学理念、原则和方法,虽然有一定的理论和实践的基础,但仍然属于"刍议"的性质,旨在抛砖引玉。我们认为这里提出的问题或许对建立我们自己的对外汉语教学法体系有些用处,也就是说,我们还没有拿出一个完整的教学法体系。一个教学法体系的形成,要靠群体的智慧与实践。本文提出的许多问题,都有待通过进一步的理论阐发和教学实践加以充实、深化、细化。希望能够引起业内同行的兴趣,更希望得到批评。

附 注

本文的撰写有一个过程。最初的想法,来自做北京语言大学教学督导员听课后的一些思考。2008年年底以此为题在北语人文学院作了一次讲座,2009年11月应邀在越南河内大学举办的"50年汉语教学与研究国际研讨会"上作学术报告,还是以此为题。本文就是在讲座和报告内容的基础上整理而成的。

(原载《语言教学与研究》2010年第4期,原题为《关于创造型对外汉语教学与创造式汉语学习的思考》)

对外汉语教学"激创法"答问

客：鲁先生，我注意到，近几年来，您一直在讲创造式汉语学习和如何引导学生在创造中学习的问题。您又把您的想法写成关于"激创法"的文章，发表在《语言教学与研究》上。读了您的文章，对您的想法产生了兴趣，有几个问题，想再听听您的看法。

鲁：谢谢您对拙文的关注，很愿意听到您的反馈，也很愿意跟您讨论。这样的讨论肯定能对我们建立自己的教学法体系起到推动作用。

客："激创法"，按照您的意思，就是激励学生在创造中学习汉语的教学法体系。这个名称倒是能够体现这种教学法的内涵，那么，我就几个有关"激创法"的问题，跟您探讨。

鲁：非常欢迎，请不吝指教。

客：别客气。首先，我觉得您的文章中没怎么对"激创法"的理论基础进行阐述。

鲁：是的，而且没有展开的也不仅是理论基础，因为我这篇文章只是对"激创法"搭了一个教学法体系的架子，但一般教学法体系应该涉及的问题，都提到了。至于理论基础的问题，我想您从文章中可能也看出了一些端倪。文中几处提到认知派教育心理学的观点，而且正是这些观点，激发了我对对外汉语教学法的一些思考。我曾经询问过一位从事心理学研究的老师，目前心理学研究是否还是认知派是主流，他做了肯定的回答。我想您大概可以发现，自功能教学法以来的几种教学法体系，都是以认知派心理学作为心理学基础的。比如认知派教育心理学的学习理论，我就觉得很有道理，发挥学生在学习过程中的创造能力，也是认知派教育心理学一个很重要的思想。我想，在我们研究自己的教学法体系的时候，这些都是值得借鉴的。

至于语言学的基础，我认为可以分两个层次。一个是宏观的、基本的，如对语言本质的认识，这直接影响外语教学的任务、目标，当然不可忽视。另一个层次是微观的、具体的语言学，如汉语语言学以及语言学的各分支学科对于对外汉语教学的指导作用。当然，这种指导作用并不是照搬，而是要清楚各派的语言学对语言教学能够起什么作用。比如，乔姆斯基的转换生成理论以及与其唱反调的一些非转换生成学派的理论，据说对电子计算机的研究起了很大作用，而对语言教学，由于这些语言学理论都没有形成为体系，所以实际上对语言教学是起不了指导作用的，说句玩笑话，谁见过用树形图来教外语的？实际上，乔姆斯基本人就宣称他的理论不是为外语教学服务的。但从心理语言学的角度，乔姆斯基区分语言能力和语言行为，对语言教学是有用的，所以为现代一些外语教学法体系所吸收。我还可以举一个例子，韩礼德的功能语法，也是很有影响的。韩本人曾经在澳大利亚麦夸里大学担任语言学系主任，其间，澳大利亚新南威尔士州中小学也按功能语法的路子教学，可是到了1995年韩氏退休，新州教育部1997年初就发出通知，改回教传统语法，理由是功能语法不适合教学。真正成了体系的，其实还是传统语法。英语教学，包括《英语900句》这样的教材和夸克等编写的教学语法在内，在我看基本上是在传统语法体系的基础上，突出了交际功能和用法，这就对教学特别有指导意义。在汉语语法研究中，近十几年来，有三个平面之说，也是把形式、意义与语用结合起来，这已经引起了对外汉语教学界的重视，运用到研究与教学之中，对语法教学起了推动作用。即使是这样，这些理论也是要经过消化才能用于教学，还得想出教学的路数。2008年我和几位老师一起重编了原来《初级汉语课本》的第三册，改名为《初级汉语精读课本》，比较突出的一点是试图落实在初级阶段后期进行语素和语篇教学，除了讲法之外，还设计了若干种练习方式。所以，看来问题还不全在于教什么，还要解决怎么教的问题。

一些语言学的分支学科，如社会语言学、语用学、篇章语言学、话语分析等，都对现代外语教学法影响很大，包括我们说的"激创法"。只要我们能够做好这些理论向教学的转化工作，就一定能发挥它们对教学的指导与推动作用。

客：我发现，您最近几年一直在说"授人以渔"的理念，这次在文章中，又把它提到很高的地位。这是咱们中国的古训，如何运用到现代的对外汉语教学中，倒还真是很值得研究的。

鲁：是呀。不过我要说明，注意到"授人以渔"，并不是从我开始的，而是对外汉语界近些年来一直在说的。我只是把它纳入"激创法"，并把它看成是教学目标之一。这也符合现代教学法的理念。我们不能教一句让学生学一句，而是要通过学习学会怎么学、怎么吸收，学生应该具有这种能力。这样他们出了学校门，碰到新的语言现象才能够自觉地学习和吸收。所以我说,这是可以终身受用的。

"授人以渔",古人的这个提法太好了,而且很形象。我觉得,我们其实可以从传统的语文教育中汲取不少营养,古代的一些教学理念、教学方法,哪些可以借鉴到对外汉语教学中,值得挖掘。我读过一本《中国古代语文教育史》,很受启发。比如背诵,是传统语文教学的办法,也是最受现代教育诟病的。可是我们许多外语教育专家,包括一些外国人,都认为背诵是学外语的一种好方法。北京外国语大学已故的王佐良教授上个世纪50年代就说过,从某种意义上说,你会说会写的,就是你会背的(大意)。胡明扬先生(2002)也说"背诵是学习语言的一种好方法"。美国黎天睦教授(Timothy Light 1984)也说他主张要让学生背一些东西。可是从学生方面说,西方学生特别是美国学生,最不愿意背书。怎么办?我觉得其实可以想一些变通的办法,学生又背了书,又不厌烦,甚至还挺感兴趣,我称它作"裹着糖衣的背诵"。我在澳大利亚工作时,有一次一位小学中文老师用中文翻译了几本儿童读物,作汉语教材,让我审稿,很受启发。比如有一本《海蒂和狐狸》,故事是:

> 第一页:海蒂是一只小母鸡。一天早上,她抬头一看,说:"天哪!我看到丛林里有一个鼻子!"
> 第二页:"(重复第一页的话),还有两只眼睛呢!"
> 第三页:"(重复第二页的话),还有两只耳朵呢!"
> 第四页:"(重复第三页的话),还有两条腿呢!"
> 第五页:"(重复第四页的话),还有身子呢!"
> 第六页:"真的?"鹅说。
> 第七页:"是吗?是吗?"猫说。
> 第八页:"管它呢!"羊说。
> 第九页:"那有什么关系呢?"马说。
> 第十页:"那又怎样呢?"牛说。
> 第十一页:海蒂说:"(重复第一～五页的话),还有一条尾巴呢!那是一只狐狸,那是一只狐狸!"

我觉得这是很巧妙的重复和背诵,可以起到"裹着糖衣的背诵"的作用。我们对外汉语教学是不是也可以想一些这样的巧办法,起到让学生背诵的作用呢?

再比如我在文章中提出的学生可以做的事情中有"总结归纳"一项,

其实这是我国古代语文教育里识字教材的传统做法。从汉代的《仓颉篇》《急就篇》以及后来类似的书,都是把字按意义或字形分类,我想我们推而广之,在汉字教学、语素、词语教学中都可以采用。

总之我们从传统语文教学中不但可以借鉴一些教学理念,也可以吸取一些行之有效的教学方法。上面我只是举了两个例子。

客:有意思!以前我还真没想过这个问题。您在几个地方,包括这篇文章中,都提到总结我国自己的经验,那么,"激创法"在这方面有哪些体现呢?

鲁:有啊。我们的一些教学理念是很好的。比如"精讲多练",就纯粹是中国化的提法,这就是我们从自己的教学经验里提炼出来的。它也很符合国际上流行的现代外语教学法,不过它们没有说过"精讲多练"这样的话,而是用一种量化的说法,如一节课讲的时间不得超过1/5~1/4,大约是10分钟左右。可是这里面体现不出对"讲"的质量的要求,"精讲"质量的要求就很明确。

"激创法"本身就是从我们的第一线教学中引发出来的,我们的课堂教学中有很多亮点,而集中起来,就是那些让学生有创造机会的环节,我提出的学生可以做的工作,也是从教学中总结出来的。

可以说,我们自己的教学经验,是"激创法"的基础之一。

客:现在对外汉语教学很强调文化,但在您的文章里,并没有提到文化的教学,是不是意味着"激创法"不管文化呢?

鲁:那倒不是。语言是文化的载体,语言教学怎么能脱离文化呢?文化因素的教学应该是语言教学的题中之意。不过,正如胡明扬(1999)先生所说,语言教学中的文化因素,"主要指教学内容而言",而非教学法问题。所以许多教学法体系并没有突出讲到文化教学的问题,但并不意味着它们完全忽略文化的教学。正如胡文仲、高一虹(1997)在《外语教学与文化》一书中所指出的,早在上世纪40年代,语言教学法专家就已经有不少关于语言教学中文化教学问题的论述。因此,"现在有不少人认为50和60年代的语言教学理论仅仅强调语言方面,这其实并不符合事实"。包括听说法以至于其后的各种外语教学法体系,无不包含文化教学的内容,但并不是某一种教学法体系独有的特征。"激创法"也不例外。如果这方面应该有所补充的话,我想说的是:(1)我们同意张占一(1987)提出的在对外汉语教学的文化教学中区分"交际文化"和"知识文化"。但我们认为"交际文化"应当有确定性,即"交际文化"应从文化因素的功能上定位,而不仅指那些会引起学习者误解的文化因素。(2)文化因素在外语教学中分布在各种课型中,各有侧重。比如,"交际文化"多分布在口语教学中,而"知识文化"则主要出现在各种阅读教学中。我们主张口语课应以功能为纲,这样,口语的内容中就必然会涉及在某种功能中的交际文化因素;阅读材料多为各个时代的书面语材料,这些材料中自然会涉及"知识文化"。当然这种分布不是绝对的,而是相对的,互有交叉,只要是涉及的,都应在教学中予以关注。(3)不管是"交际文化"还是"知识文化",对学生都不应该同等要求。比如"交际文化"有理解与会用两种要求。有的只要求理解,而不要求会用。比如"你……了吗"这种打招呼的方式,只要理解,而不一定要求学生必须使用;有的则可以要求在理解的基础上会用,如问年龄的几种方式,如"多大了""多大年纪""您高寿"等,则不但要求学生理解,还要要求他们正确使用。"知识文化"则主要是了解,学生根据自己的需要,了解的程度可以有所不同。但从教学的角度讲,"交际文化"因素是可以结合口语功能的教学比较有计划地安排的,而主要体现在各种阅读教材中的"知识文化"因素,除选材时可以有意识地选择某些文化内容之外,一般来说,有一定的随机性,特别是文学作品中更是如此。这就需要我们注意挖掘。有些文化因素是与语言现象融合为一体的,如一些有文化色彩的词语、成语等。有的却是隐含在内容中的。前些年,有的老师指出,中国文学作品中的长房长孙形象都有共同的性格,体现了中国传统文化。像这样的文化因素,在文学作品中比比皆是。至于属于中国国情的"知识文化",则较多地出现在新闻语言教学中,因此,在新闻汉语教学中,国情的介绍应是重要内容。这就是我对文化因素教学的基本看法。我还要强调的是,文化因素的教学,同样要运用"激创法",我在文章中说的学生可以做的工作,完全适合文化因素的教学。

客:我想也是。还有一个问题请教。您说的"激创法"跟教学模式有什么关系?

鲁:这个问题比较复杂。有的外语教学法跟教学模式有直接的关系,比如早期的语法—翻译法、直接法,以至于听说法等,基本上是单一课型;有的就不一定。我认为,像任务型教学法,都跟教学模式没有什么直接的关系,因为这种教学法,本来就不是专门为外语教学设计的,教数理化也可以用任务型教学法,所谓任务型外语教学法,就是把这种教学法运用到外语教学里,或者说是根据任务型教学法的原理、理念去设计外语教学;"激创法"也属此类。

说到底,教学模式是跟教学体制、任务、目标等相联系的。不过自上世纪 80 年代以来,按技能的分科模式逐步成了国内对外汉语教学的主流模式,所以我们当前首先需要研究的是在分技能设课的模式下,如何运用"激创法"。当然,我认为"激创法"也适合其他教学模式,包括对外汉语教学专业的知识课。

客:我注意到,您很强调预习和复习,这是出于一种什么考虑?您能不能说得详细一些?

鲁:好,那我就多说几句。近几年来,我之所以一再呼吁要重视预习和复习,并把预习和复习作为"激创法"的一个教学原则提出来,是因为我觉得这一直是教学中具有普遍性的相当薄弱的环节。

从历史上看,从一开始有对外汉语教学,就有预习和复习。预习是每次上课末尾布置给学生的任务,复习则是每次上课的第一个环节。在上世纪五六十年代的综合教学模式中,甚至每天都有一节复习课,可见当时对复习是很重视的。但总的看,我们不能不说,那时的复习和预习要求都不高。复习基本上是围绕头一天的学习内容进行反复的操练,除了听写汉字(词语、句子或课文),几乎是前一天讲练课的重复,只起加深印象和提高熟练程度的作用,缺乏更高一步的项目。预习则只是要求学生朗读第二天的生词、记住意思,或朗读新课文,或做几个书后的练习,要求也很低。

这样的预习和复习,延续到了今天。最近几年听课,不论什么程度的课,预习和复习几乎没有脱离这个套路。但这并不是说现在毫无改变。有少数课的预习和复习环节有些新做法,特别是复习。有的课的复习中有讨论、成段表达等,这是可喜的变化。不过,从"激创法"对预习和复习的要求来看,这些变化还是零散的,而且很不普遍,还没有成为广大教师的共识和通常的做法。

客:那么,在您看来,这是什么原因呢?

鲁:据我看,恐怕还是对预习和复习的作用认识不足。要提高预习和复习的效用,发挥其作用,还须先从认识上入手。

客:应该怎样认识预习和复习的作用呢?

鲁:最近我在几个场合都讲到预习和复习的问题,大致归纳了一下。先说预习。我把预习的作用归纳为三点:

1. 承上启下。承上,即预习要能促使学生调动他们以前所学、所掌握的知识和技能,在此基础上为下面的课做准备。比如根据课文题目(或插图、PPT)猜测课文内容,就属于此列。这时候,学生需要使用以前学过的汉语知识、发挥自己的汉语能力。再如让学生做某一方面的(语素、词语等)归纳、分类,也不仅仅要求他们就本课的语素、词语做工作,而是要求他们把以前学过的都归纳进去,新旧结合,以旧带新,用新的加深对旧的理解。学生在教学的引导下自己做了把已经学过的知识条理化、系统化的工作。

2. 解决学生自己有能力解决的问题,做力所能及的工作,并通过这项工作,使得课堂教学透明化,也就是说,让学生在课前就知道课上每一步将要做什么,使学生不是被动地学习,而是主动地学习。这样,课上师生之间的合作将更加默契,更加有成效。这样做的结果是,课堂教学的起点高了,课堂时间可以得到更合理更有效的利用,所谓把有限的课堂教学时间用在刀刃上。让我来打个比喻。几年前,电视里介绍了我国一位在欧洲几个国家的乐队担任首席指挥的指挥家,回国与某乐团合作。排练间歇时,记者问他在国内指挥和在国外指挥有什么不同。他回答说,最大的不同就是在国外指挥不需要他在排练场上给乐手纠正错误,因为他们在排练之前都做了充分的准备,排练时他可以集中精力把时间用在处理乐曲上;而在国内指挥,在排练场上他要用很多时间给乐手纠错,挤占了处理乐曲的时间。我们现在的课堂教学,就有点像这位指挥家指挥国内乐队,上课的起点比较低,浪费了宝贵的教学时间。

3. 前两项工作,都有助于使学生学会独立工作,学会如何学习语言。我们整个教学都有这个任务,这是创造式学习跟其他的学习的一个重要不同点。预习是其中重要的一个方面。

以上认识改变了检查预习只是课堂教学的一个环节、学生只是被动地接受教师检查的做法,而是使其成为贯穿于一次课堂教学(一般是两个学时)始终的教学活动,每一个教学环节中都有预习的内容,每一个教学环节都是在学生已经做了他们自己能做的工作的基础上进行的。这样,预习就与课堂教学融为一体,学生主动、有效地参与课堂活动。我们把教师比喻成课堂上的导演。只有学生预习得充分了,教师才能"导演",不然"导演"就可能成为"演员"。

在这种情况下,就需要教师根据教学内容和环节,拟定学生上课前要做的准备工作,给每个学生发一份预习单,要求学生课前逐项准备。拿生词来说,教师可以让学生从教材中(包括前面学过的)找出可能的搭配、近义词、反义词等(不是要求每次做所有的工作,而是根据教学需要做其中的一项或两项)。上课的时候,老师让学生先把他们找到的搭配等说出来,可能的情况是学生有的找的多,有的找的少;有的找对了,有的找得不对。这没关系,这正好能够互相补充,老师予以总结。再如,我们总担心学生的汉字回生,那么为什么不让学生在预习的时候也做些汉字的工作呢?我们不能简单地笼统地让他们记汉字、写汉字,上课时只是听写这样的单调的练习。我们可以借鉴我国蒙学读物的做法,让学生从不同的角度对学过的汉字进行归纳。还可以从语素教学出发,让学生按语素义归纳已经学过的和即将学的词语。如果是预习课文,那也不仅仅是念一念。教师应该根据自己对课文的处理,让学生做一些预习工作。比如在内容方面,一般的理解性问题,要事先提出,让学生准备;可能产生误解的问题也要让他们先考虑,给出自己的答案;需要讨论的问题,要让学生思考,准备好自己的意见。课上先让学生回答这些问题,引起讨论。

还可以通过预习有目的、有计划地培养学生使用工具书的能力。如每次预习中,指定几个词让学生自己查词典,找出符合本课课文所出的意义,分析语素义。专有名词如人名地名,则让学生自己查出有关的简介。这类的练习,其实是开放性很强的,比如可以让学生查出反义词、近义词,可以按主题归纳词语等。再比如课文,如果是名家的作品的节选,也应该布置学生自己查找作者和作品的介绍。

由于课堂教学是在学生做了充分准备的前提下进行的,每一个环节都主要是学生的活动,在活动的过程中,还可以让学生互相补充、纠正、归纳、总结,教师只在必要的时候,给予指导("导演"的作用)。这样,课堂教学就会十分紧凑,就可以提高要求。经过一个时期的训练,学生就能从中体悟到如何观察、吸收语言,如何使用图书资料、工具书。这样学生的学习能力就提高了,具备了这种能力,可以受用终身。

客:那么复习呢?

鲁:相对来说,复习的作用要单纯一些,主要是引导学生对所学做"升华"的工作,是学生将学过的内容进一步"内化"的过程,因此复习不能简单地重复上课的内容。复述、阐释,课后的调查、讨论、辩论等,都是可以使学生运用课上学过的知识进行创造的复习形式。教师布置给学生的应该是具有"实战性"的任务。课堂上的复习环节,就是检查学生任务完成的情况。例如学了某个功能项目,可以布置学生课后到实际生活中去运用,下一次上课时学生向全班报告。我曾经听过一次课,内容是找房子。课后我给老师建议,可以让学生到街上去抄几条出租房子的启事,下次上课时让他们说自己找到的租房启事,并说说这些房子符合不符合自己找房的条件。再如,一节课最后让学生做了自己设计情景的练习,可以让他们根据老师和同学的意见把自己设计的情景在课后写下来,再来上课时检查。我想,学生是愿意做些具有创造性的工作的,不愿意"吃已经嚼过的馍"。

复习的"升华"作用,应该成为教师的教学意识。比如教师不应把复述、阐释理解成背诵,更不能满足于学生用背诵代替复述和阐释。再有,在教学安排上,要分配给复习环节足够的时间,并使尽量多的学生有"表演"的机会。

客:您说的这些都是很理想的境地。不过我有两个担心,就是会不会加重教师和学生的负担,学生会不会接受不了您说的这种预习和复习方式?

鲁:我想这两种担心都是不必要的。确实,"激创法"对教师的要求是提高了,教师要使教学成为一个指导和引导学生在创造中学习汉语的过程,当然要对教学进行精心设计,加强预习和复习是其中一个重要方面。预习要有十分具体的提纲,而不是说一句"回去念生词、课文"这样的事了;课堂上也要有很强的组织能力、应变能力。这样看起来似乎要费时间、精力,可是这样做,教学肯定会更顺利,教学效率、效果会得到提高,师生之间的互动加强,形成一种密切、融洽的师生关系,逢此时,教师就会有更强烈的成就感。我想,这种教学法会加深他们对对外汉语教学事业的理解,激发他们对这一事业的热爱与责任感,而不会因为使用了"激创法"而感到沉重的负担。至于具体的事项,是可以化解的。既然第一线教师可以发挥团队的作用分工制作PPT,也可以同样解决给学生开列预习单的问题。教师应该能够适应这样的课堂教学。

是否会加重学生负担,首先要看需要不需要,合理不合理,是需要的、合理的,就不能算是加重了负担。拿预习来说,我们的办法总体上对学生有好处,学生在课上变被动为主动,能够更好地和老师互动;学生在课外做了充分的准备,提高学习效率和效果。久之学生还学会了独立工作,学会如何学习语言。因此,我们现在的设计,是必要的、合理的。

再看有没有可能这样做。我觉得我们多数(不是所有)学生现在太轻松了。课本上什么都给学生准备齐了,他们不必花大力气,只要带着耳朵、眼睛、嘴巴来就可以上课。我曾经跟一些老师说,这是培养懒汉的办法,不能再继续下去了。我觉得只要我们安排得当,时间是有的,只是我们要布置学生完成一些创造性的工作。

　　实际上,我听课得到的印象是,学生是有积极性做创造性工作的,凡有这样的机会,学生的情绪马上为之一振,就来精神。这也是人之常情,谁都愿意做创造性的工作。据我了解,西方学生从小就受到做创造性工作的训练,高中的上课方式就已经跟大学接轨了,课外需要阅读的参考书,要查阅的资料很多。所以,我们布置他们课外做这些创造性的工作,他们会觉得很自然,很习惯,也会很有兴趣,应该不会引起他们的反感。

　　客:听您这一番解释,我觉得自己有点理解"激创法"了。希望这种教学法能不断完善,获得成功,为广大对外汉语教师所接受。

　　鲁:借您吉言。话又说回来,"激创法"的完善要靠集体的力量。我所做的,不过是抛砖引玉的工作。

"授人以渔"是关键

在几篇小文里，我都提到任务法、发现法，提到"以学生为中心"，也曾提到"授人以鱼，不如授人以渔"等一些教学理念。作为教学的理念，这些其实并不单指外语教学（当然也不仅仅指对外汉语教学），而是具有普遍意义的。而在这些理念中，我以为最关键的是"授人以渔"这一条。我们常常把"交际能力"、"创造性地运用汉语"作为教学的目的或目标。这无疑是正确的，但在包括对外汉语教学在内的外语教学中，我们不能忽略的是，教学要培养学生观察和吸收语言的能力，同样应该是教学的目的或目标，极而言之，我们甚至应该把这一点作为首要的目标。因为对学生来说，只有这种能力才是可以终生受用的。教学的过程，应该是培养这种能力的过程。任何的教学，都是有期限的，而学习却可以是无期限的，可以"活到老学到老"，但是如果在教学期间，我们不同时培养学生如何通过独立的工作观察和吸收语言的能力，那么学生在走出课堂、走出学校之后，想继续学习仍然是一片茫然。

那么，如何培养学生的观察和吸收语言的能力呢？我在几篇小文中也略有提及。概括地说，就是要充分发挥学生（特别是成年学生）的创造能力，让学生在不断的创造中获得语言和获得一种语言所必需的知识；在获得了运用汉语进行交际能力的同时，逐渐培养起通过独立的工作观察和吸收新的语言知识的能力，所谓"逐渐"，即是说，这种能力的获得是一个发展的过程，它既不能一蹴而就，更不能不经过培养就可以获得。这种能力的培养应该从初级到高级，体现在整个教学过程中。

按照教育心理学的原理，创造能力人皆有之（这当然指头脑正常的人）。在教学上，应该引导、指导学生发挥他的创造能力。尤其是对成年人的教学，更应如此。按常理，学生对做创造性的工作比对做枯燥无味、死记硬背的工作兴趣会高得多，从而刺激他们的成就感，形成学习的动力与积极性。

发展学生的创造能力，应该体现在教学的各个阶段、各个环节，体现在各种课型的教学中。目前的外语教学法，比如交际法，强调课堂教学"交际化"，自然不错，但是交际法不怎么注意语言知识的掌握，未免有些偏颇。我们的对外汉语教学中,虽然没有这样的偏颇,但教学上较少启发学生的创造力,仍然带有很强的传授的色彩,是"教"会学生,而不是启发学生通过自己的"创造"去理解、去掌握,恐怕这也是事实。自从出现了HSK之后,更使对外汉语教学蒙上了应试教育的阴影,忽视了学生创造力的发挥。而这些都正是我们教学中应该改变与改进的地方。我想,我们不妨提出教学过程"创造化"的目标。这里所说的教学过程,不仅包括语言的实践环节,也包括讲解环节。就我的认识来说,这样的教学,才是比较理想的教学。而这正是在课堂教学"交际化"的要求中比较忽略的一点。

当我们进入一个教学环节的时候,应该有一种意识:我如何在这个环节中让学生去"创造"。这有两方面的意义:一是,在语言应用的环节,我们采取的教学手段应该能够启发学生运用已经学过的知识(如语法、词汇等),充分表达自己的思想;二是,在讲解新的语言知识的环节中,我们应该联系以往的知识,让学生做一些自己有能力做的工作,使新的语言知识的理解与运用成为水到渠成的事,而且这种处理方法可以成为学生将来自动吸收新的语言知识的手段。举例来说,假如我们是教语素,就可以让学生先从工具书(或者词汇表)中查出语素的意义,然后再从已经学过的词语中找出含有该语素的词语,并且按照语素的不同意义将这些词语分组。接着可以给出若干学生尚未学过的含有该语素的词语,让学生猜测词义。我们可以看到,在这个环节的每一个步骤,学生都在做工作,每一个步骤在课堂上都可以引起讨论(如找到词语的多少、按语素意义给词语分组、根据语素对未学词语意义的猜测),而讨论本身既可以调动学生探求的积极性,又可以给学生"创造"的机会,还可以达到学生之间互相启发,互相补充,共同提高的目的。更重要的是,通过这样的教学,学生学会了在遇到新的词语时,如何利用语素义去掌握词义,可以说是一举数得。我们完全可以期待,这样"创造化"的教学过程,在教学上可以取得事半功倍的效果。

"授人以渔",应当成为对外汉语教学的重要目标,教学过程的"创造化"是达到这个目标的重要途径。

(原载韩经太主编《教学督导的实践探索》)

探索中的实践
——《初级汉语精读课本》中的"激创法"元素

近些年来,笔者一直在思考对外汉语教学在教学法体系(approach)上如何有所突破,如何建立我们自己的教学法体系。2010年发表的《关于对外汉语教学"激创法"与创造式汉语学习的思考》一文(见本书 pp.1—9),就是对这种思考的梳理。本人主编的《初级汉语精读课本》(以下简称《精读》,北京语言大学出版社2008年出版),实际上是对"激创法"的一些探索,或者说是"激创法"的一次尝试性的实践。2010年的文章发表之后,有的同事觉得文中提出的教学理念、原则尚可以接受,但教学中如何具体操作,仍不甚了了。因此我认为有必要在这方面做出补充,结合精读课的特点,展示一下"激创法"是怎么回事。重点谈三个问题:
一、关于教学理念及其贯彻;
二、关于语法的延伸——语素和语篇教学;
三、关于教学方法。

一、关于教学理念及其贯彻

我们在《精读》的"使用说明"中,提出如下的教学理念:

> 培养学生独立学习的能力,引导他们逐步获得自觉观察、吸收语言的能力,整个教学过程都贯穿着给学生任务,让学生在完成任务中学习、在完成任务中去发现和掌握语言知识和技能的理念。

这一理念的形成,有一个过程。《初级汉语课本》(以下简称《初汉》)第三册(1988)的编写说明中,我们把"训练学生多方面的观察、理解和吸收语言的能力",作为一项编写原则提出来,"预习培养学生独立工作能力,提高学习的主动性"。经过二十年之后,我们把这些尚显零散、带有局部性的原则概括为一种指导整个教学过程的理念,也成为重编这本教材时的指导思想。

我们这里提出了"任务",但我们所说的"任务",不仅指交际任务,同时也包括为了培养学生的独立学习能力要完成的观察、理解和吸收语言的任务。

在《精读》中，我们通过以下一些措施，贯彻这一理念：

教材的整体布局为培养学生的独立学习能力创造了条件。以往的教材往往是一切齐备，学生不需要做什么"费力气"的工作；而且，教材提供给学生的是否齐备，往往成为评价教材的一个条件。我们认为这是一个误区。我们必须引导学生做他们能做的工作，而不是给他们"吃嚼过的馍"。

《精读》取消了一般教材（包括原来的《初汉》）都有的，每课课文前或后的生词表和书后的词汇总表或词汇索引。《精读》在课本之外，另编了一本《字词总表》，总表按词典的办法，先出字条，字条分义项，把书中出的词语按其首字的意义分别列于字的义项之下，并附逆序索引（汉字加注音，需要时可以据此从总表中查出词的意义）。课文中的生词和注音放在课文的边上。学生要知道词语的意义，需要像查词典那样，自己从《字词总表》中，先查某词的首字，再查该词在字的哪个义项下，才能查到词语的意义。开始的时候，学生可能不习惯这样做，但久之他们就会发现，自己已经养成了使用工具书的习惯，为他们将来使用字典、词典做了准备，这对他们将来的学习大有裨益。这种安排，是出于培养学生独立学习能力的考虑。

教学的任务是要创造条件，给学生制造发挥创造能力的机会。在这方面，教师提出的任务、问题，要具有挑战性，要能激发他们思考，引起他们的好奇心、想象力和兴趣。这里，掌握好课堂控制的"度"是非常重要的。课堂是需要控制的，完全没有控制，课堂就会流于散乱；控制过死，看似很有秩序和成效，实际上是限制了学生创造能力的发挥，并不能使他们形成真正的语言能力。所以，做到既控制又能发挥学生的创造能力，实在是一种教学的艺术。

《精读》在培养学生的语言能力方面，主要是叙述能力、理解与阐释（paraphrase）能力、讨论能力、语体转换能力、创造性地运用语言的能力等，在这些方面做了一定的尝试。下面做一些说明：

1. 叙述能力：叙述能力包括根据要求讲述一件事情、介绍一个人物等。例如，我们设计了如下几种叙述性的练习：

（1）每一课的首页不见课文，而以一幅插图和一个问题开始。这是一个课上预习（即上一课结束后，留出半个小时的时间预习下一课）的叙述性任务。一类问题是让学生根据插图猜测新课的内容。一类问题是让学生根据画像(如老舍、孔子)讲他们知道的关于这个人物的情况。这两类问题,都需要学生调动他们已经学过的语言,发挥他们的想象力,才能回答;后一类问题知识性更强一些,可能还需要学生课前查一些资料才能回答。这是一种创造性的叙述活动。这一活动就像一团线的头,成为全课其他活动顺利进行的前提。

为了完成这一任务,特别是在开始阶段,教师可以做一些引导性的提示,如就插图提出一系列的问题,学生回答,学生将这些问题的答案连起来,就成为对插图的描述。当然,学生也可以按照自己的理解回答这些问题。教师不必强求一致。

(2) 复述。首先要明确,复述不是背诵,因为背诵表现不出学生的创造性。在《初汉》(第三册)中,我们曾要求教师设计几种复述的开头,让学生接着复述下去。但我们发现,很少有教师这样做。在《精读》中,我们把这个要求具体化了,每一课都设计了几种复述的开头。如,第一课《让上帝原谅我》,我们设计的复述开头是:

① 小王妻子的语气。
　　我是六年前认识小王的……
② 小王同事老张的语气。
　　我们办公室的小王是个好小伙子……
③ 小王母亲的语气。
　　我儿子可是个好孩子……

这是用课文中不同人物的语气复述。本课课文是用小王的语气写的,现在要把同样的内容分别用他妻子、他同事、他母亲的语气说出来,就要重新组织,要有所取舍、有所补充,从而使这一课堂活动成为有创造性的活动。规定用哪个人物的语气复述,这是控制,而接下去的复述内容,则学生可以发挥自己的想象力、创造力。

2. 理解与阐释能力:在外语课堂教学中,阐释历来都受到重视。阐释是对课文中的某些词语、语法现象、言外之意等进行解释性的叙述,俗说"换一个说法",但"换一个说法"的要求是要把原意表达出来,不能走样。因此,阐释的条件,一是要理解,只有理解了,才能进行阐释;阐释是理解的表现。二是要能用学过的词语表达,这对学生是具有挑战性的。具体做法上,阐释可以从单句做起(即说出句子的意思,对句中的某一个词语或几个词语进行阐释),扩大到对句群、段落的阐释。为了说明什么

是阐释、如何阐释,在此举出一例:

《精读》第一课的第一段原文是:

小王有记日记的习惯。新年前一天的晚上,爸爸妈妈早已睡了。他回到自己的房间,打开电脑,在日记里写了一段话……

阐释:

小王每天都要记日记,这已经成了他的习惯了。12月31号晚上,虽然明天就是新年了,爸爸妈妈也不晚睡,他们已经睡了很长时间了,可是小王还没有睡,他还要记日记。他走进自己的房间,打开桌子上的电脑,开始写日记。在今天的日记里,他写了这样一段话……

在这一段的阐释中,把"习惯""新年前一天""早"的意思表示出来了。如果学生能够这样阐释,那么就说明他们对这段话的内容理解了。

3. 讨论能力:讨论能力的训练,关键是讨论的题目要具有启发性,要能够引起学生发表各种不同的观点,也就是说,要讨论得起来。比如第四课《挖一口自己的"井"》是说人要应对生活中的各种变化,为此要随时有所准备,这就是"为自己挖一口井"的意思。我们的讨论题是:

① 课文"挖井"的意思跟你原来想的一样吗?
② 你认为人需要挖这样一口自己的"井"吗?为什么?
③ 你对这两个和尚各有什么看法?
④ 你认为各种年龄的人都会有哪些问题?该怎么看那些问题?

4. 语体转换的能力:我们说的语体转换,指口语体与书面语体的互相转换。一般来说,精读的课文都具有书面语的特征,而对学生的语言能力的训练(如叙述能力、阐释能力、讨论能力)却需要学生将课文的书面语体转换成口语体;反过来,当我们要求学生将自己经过教师纠正的口头叙述写成文字的时候,则又要能写出具有一定书面语特征的文字。年级越高,书面语的程度就越强。语体的转换能力,是一种很重要的语言能力,只有具备了这种能力,学生才能在口语和书面语上得到提高。

《精读》在语体转换的训练方面也做了一点尝试。

书面语到口语:前面讲的叙述、阐释、讨论等都属于从书面语到口语的转换,除此之外,《精读》还专门设计了一项分组对话的练习,即将书面语的叙述性课文,变成对话。对话是典型的口语体。如第三课是关于求

职的两封信。我们设计的对话练习是:

① 两个大学生谈自己对找工作的想法。
② 一个快毕业的学生问自己已经工作的朋友,怎样找到好的工作。
③ 公司经理正跟来公司求职的人谈话。
④ 已经找到工作的同学向同学们介绍找工作的经验。

这里给的几个话题,学生既要围绕课文所提供的内容,又要加上自己能够想象的内容,加以发挥。

口语到书面语:凡是学生在课上口头做过的练习,都要求他们课后写出来。如"猜测"课文内容、复述,都要求学生课后把自己课上说过的内容写成文字。此外,《精读》还结合课文设计了一些写作的练习,如第一课内容是小王学习英文的情况,我们就要学生写写自己学习汉语的经历。第三课是关于求职的两封信,我们就要求学生按中文书信的格式写一封信(包括信封)。

在课堂上书面语到口语的语体转换训练活动中,学生和教师、学生和学生之间是互动的,在互动过程中,他们都会从中找出自己的不足,发现自己的偏误等,在课后的写作练习中,学生就会对说过的内容进行各方面的完善、提高。这样,这种语体转换的工作,课上课下的配合,环环相扣,学生的创造性工作就一步步地得到提高,起到了"滚雪球"的作用。

二、关于语法的延伸——语素和语篇教学

早在上世纪 90 年代初,吕文华就一再提出对外汉语教学语法应向语素和句群(盖指本文所说"语篇")延伸,但在教学上似乎响应者甚寡,直至新世纪来临之后,才有极少数教材出现了很简单的语篇结构的练习(排句子顺序)。我们认为,语素和语篇(或语段、句群、篇章)教学应是语法教学的发展,是对外汉语语法教学与时俱进的一个标志,应该成为对外汉语语法教学不可或缺的部分,应该大力探索。

关于语素教学,吕文华(1999)认为:"其主要作用是可以大大提高学生学习词汇、掌握词汇、扩大词汇以及正确运用词汇的能力。"研究证明,汉语的强理据性的表现之一就是语素。掌握语素是学生理解汉语词语构成的内在结构、意义和用法的有效途径。《精读》在语素教学方面,做了一些尝试。第一课的语法中对语素做了简要的讲解,要求学生通过《字词总

表》查语素义和词义,这是语素教学的一项有效的训练。此外,《精读》还设计了下面两项语素练习:

1. 从学过的词中找出带下列语素的词。
全书此项练习中出了下列语素(共 56 个,个别有重复):

办	笔	车	词	打	地	店	度	饭	费	分	复	馆	国	好
和	后	话	活	教	节	看	名	内	年	片	品	钱	亲	球
区	人	入	色	时	生	实	食	市	事	书	水	说	台	天
同	问	习	想	演	业	衣	自	族	照	指				

2. 根据共同语素说出下列词语是什么或者跟什么有关。
全书此项练习中出了下列语素(共 46 个,个别有重复):

岸	报	杯	部	场	车	蛋	度	法	糕	河	壶	机	家	间
具	剧	客	路	年^1	年^2	品	琴	曲	人	肉	诗	师	史	手
书	数	厅	网	位	箱	学	眼	业	语	员	元	长	者	纸
作														

这两项练习的目的是让学生把已经学过的词语跟语素联系起来,理解其意义,以及掌握吸收新词语的方法,使新旧知识得以融会贯通,既将已经学过的词语系统化,起到复习巩固的作用,又通过语素对所学词语的结构、意义的理解得到深化。

关于语篇教学,自上世纪 90 年代开始,对外汉语教学界就多有呼吁,但始终未见落实到实际的教学之中。笔者(1998)认为,语篇教学是使学习者的汉语能力达到接近母语者水平(各种教学大纲都提出这一要求)的一个重要因素。

《精读》主要依据廖秋忠(1988,1991)的观点,将语篇教学的内容分为语篇结构和语篇现象两个方面,并根据初级阶段的特点,选取了一些点,做了一些尝试。现归纳如下:

1. 指称的练习:

(1)给若干组句子,让学生把每一组句子连成句群。学生须按照汉语指称使用规则,有所取舍。如:

约翰病了。约翰去医院看病。约翰遇见了阿里。

(2) 给若干组句子(属两个句群),让学生把每一组句子变成一段连贯的话(注意什么地方用代词,什么地方不用代词)。如:

小张有记日记的习惯。每天晚上家里人都睡觉了,小张就打开电脑记日记。

2. 省略的练习:

(1) 给若干个句群,让学生观察其中哪些地方省略了什么。如:

他又拿出几支粉笔,交给魏敏芝,说一定要省着用。

(2) 给若干组句子,每组两个句子,让学生把每组句子合并成一个句子,并省去不必要的成分。如:

小王今年没学成英文。他决心从明年开始自学英文。

(3) 给完整句,让学生省去该省的成分。如:

a. 我有两本词典,这本词典是《汉英词典》,那本词典是《英汉词典》。
b. 甲:我买点苹果。
　　乙:您要多少苹果?
　　甲:来二斤苹果吧。
c. 甲:你喜欢看电影吗?
　　乙:我喜欢看电影。

3. 指示代词"这""那"的衔接功能:

(1) 让学生补出"这"前边或后边的句子。如:

她得了这么重的病,还要上台演出,这_____。
_____,这就是来家俊的老师。

(2) 让学生用"这+(量词)+名词"或用"这儿""这些""这样"等词语把一组句子衔接起来,并注意使用其他照应手段。如:

祥子不吸烟,不赌钱,苦干了三年,终于买上了一辆自己的车。他激动得几乎哭了出来。祥子想,不吸烟,不赌钱,干上两年,就可以再买辆车。

答案：

祥子不吸烟，不赌钱，苦干了三年，终于买上了一辆自己的车。他激动得几乎哭了出来。他想，这样干上两年，就可以再买辆车。

(3) 让学生用"那"把一组句子衔接起来，并模仿写一段话。如：

小王是五年前开始自学英文的，_____。

(4) 让学生用"那"把两个句子衔接起来。(用于口语)如：

你没生病。你为什么没来上课？

答案：你没生病，那你为什么没来上课？

4. 用"这时""这样"表示指示照应：

(1) 让学生补上"这时"前面的情况，并模仿造句。如：

_____，这时，我才发现我已经爱上了他。

(2) 让学生补上"这样"前面的情况，并模仿造句。如：

_____，这样，我们俩就有了更多的接触机会。

5. "那么"的衔接功能：

让学生写两段话，中间用"那么"连接。连词"那么"用来承接上文，引出表示结果或判断的分句，意思是"在前面说的那种情况下(实际情况)""要是像前面说的那样的话(假设)"，就会出现下面的结果。

6. "此外""总而言之"的衔接功能：

(1) 给两个句子，让学生用"此外"把两个句子连起来。"此外"的功能是引出对前面说过的情况的补充和增加。如：

他来中国学习汉语。他还想在中国参观、旅游。

答案：他来中国学习汉语，此外，还想在中国参观、旅游。

(2) 给"总而言之"后面的部分，让学生补出前面的部分。"总而言之"的功能是引出对上文所说的情况和观点的总结。如：

……总而言之，骑自行车有很多好处。

(3) 综合性的练习:模仿造句、模仿课文用所给词语(如"此外""总而言之"等)写一件事。

7. "确切地说""实际上"的衔接功能:

(1) 给若干组句子,让学生用"确切地说"或"实际上"把各组句子连接起来。"确切地说"后面的句子是对其前面一个句子的补充,常有某种纠正前一句话的意思。如:

他只有十三岁。他是个孩子。

那个和尚以为他的朋友病了。他的朋友已经挖好了一口井,不需要下山挑水了。

(2) 用所给词语完成对话。"实际上"的后面说明事实,是对前面说的意思进行解释或纠正。如:

——听说你当时学习汉语时,特别努力,常常是一天学十二个小时,是这样吗?

——_____。

(怎么……呢?实际上)

(3) 模仿造句。如:

大家都以为这个机器是给老年人用的,实际上,多大年纪的人都可以用。

(4) 用上所给的词语(如"实际上""确切地说"等)写一段话。

8. 重复词语的连接功能:

给若干组两句对话,用重复词语的方式使对话衔接起来。(重复词语的衔接功能之一是对前面的内容提出疑问或否定,或要求对方进行解释)如:

A:我想用泥土做一幅地图。

B:_____?那怎么做啊?

9. 重复使用"……吧,……"把两种情况衔接起来:

给若干组句子,要求学生重复使用"……吧,……"把每组句子改写成一段话。用"……吧,……"把两种情况衔接起来,表示左右为难、犹豫不决。如:

  我想买这种词典,又不想买这种词典。因为有的时候需要用它,但用的时候并不多。

10. 语义连贯:语义连贯主要是某类文体篇章结构的训练:

(1) 练习是给一段使用表示语义连贯词语的话,让学生模仿写一段话。

(2) 介绍人物时的一般顺序:a. 身份——姓名、身份、民族、籍贯等;b. 家庭情况;c. 受教育情况;d. 工作经历和成就。按上述顺序介绍一位作家。

(3) 用观察到的表示时间顺序的词语写短文,如前所引写自己学习汉语的经历。

(4) 举例的连接成分,"如""比如(说)""例如"等。

完成句子并模仿造句。如:

  中国人常用一些问题跟熟人打招呼,如_____。
  北京有一些非常美丽的公园,比如_____。
  我从小就喜欢看小说,像_____,我都是在上中学的时候看的。
  多义词就是一个词有不止一个意义的词,例如_____。

(5) 列举成分的连接:列举的如果是比较长的句子或段落,可以用"有……,另……,还有……""有的(人)……,有的(人)……,还有的(人)……""有些(人)……,有些(人)……,另有些(人)……,还有些(人)……"等连接。

给出一个情景,让学生用上以上连接成分写一段话:

  儿童节那天,公园里真热闹!看,这边的小朋友在演节目,那边的小朋友在做游戏。

以上这些都可以定为语篇教学初期的内容，是适应本阶段学生的语言水平和接受能力的。中级或高级阶段的语篇教学应当进一步规划和设计。

三、关于教学方法

《精读》的"使用说明"中对教学方法有几点提示，强调了预习的作用、如何突出重点、如何讲解课文、如何复述和讨论等，特别提出要充分利用《字词总表》。可以看出，我们的重点主要放在培养学生独立学习能力、运用能力和提高表达能力上。

我们一般说教学方法，体现在课堂教学和教材两个方面；在教材中则主要体现在练习项目的设计上。《精读》练习的设计从我们的教学理念出发，为课堂教学提供了依据，这可从前文所举各项练习看出。除此之外，我们还设计了其他一些练习，也是以培养学生的独立工作能力和语言学习能力为目的的。如：

观察性的练习　《精读》主要设计了观察课文篇章结构的练习，如找出与某种篇章结构有关的词语。若课文是按时间顺序写的，就让学生从课文中找出表示时间顺序的词语；若是按事物重要性的顺序写的，就让学生找出相关的词语（"首先""其次""还有"等）；若是列举性的，就让学生观察并找出表示列举的词语。在观察的基础上，要求学生模仿这些篇章结构写话。

查找性、归纳性的练习　有几项练习是要求学生从本课和以前学过的内容中查找、归纳相关语素和词语。这也是一种有创造性的、可以发挥学生主观能动性的工作。这种工作主要在课外完成。假定学生的学习积极性是相同的（实际上当然不同），那么由于他们的汉语水平不同、学习能力不同，查找的结果也会不尽相同，有的查到的多，有的查到的少；有的查得对，有的查得不对。这正好为课堂教学做了铺垫——学生可以互相启发、互相补充、互相讨论。

判断性的练习　学了一种新的语言现象，让学生从已学过的语言中找出例证，起到新旧相互联系的作用。如学了离合词，就让学生从本课和以前学过的课文中找出离合词；学了某个动词，就让他们从已学过的词语中找出可与这个词搭配的名词。

比较性的练习　比较可以有多个角度，如对相近的语言项目的比较，这是通行的做法。《精读》则提倡一种更富创造性的比较。比如前面讲过的让学生根据插图猜测课文内容,就可以在学生读了课文之后,比较课文和自己猜测的有何不同。由此扩展开去,其实这类的比较可以有多种形式,如可以比较自己说的和别的同学说的不同,比较自己所说和老师所说的不同,等等。

这些练习的核心就是发挥学生的创造能力,形成语言学习能力,不断地使所学得到复习、巩固、提高。

以上所说,都是《精读》的一些具体做法。实际上,只要教学理念清楚了,更新了,具体的教学方法(methods)教师是完全可以创造的。所谓"教无定法",就是这个意思。

四、结语

本文所说明和体现的教学理念是具有一定普遍意义的,也就是说,这些理念一般也适用于对外汉语教学的其他课型,当然,运用到其他课型时,应结合其他课型的特点,有新的创造。《精读》的一些具体做法则凸显了初级精读课的特点,其中的有些做法,可以延伸到中高级精读课,有些则应该根据中高级精读课的特点加以发展,并创造出一些适合的做法。

《精读》出版后,参加重编的姜丽萍、张伟、刘丽三位老师曾在她们各自的课堂教学中运用了其中的一些做法,如语素、语篇的训练,收到了预期的效果,引起了学生的兴趣,受到他们的欢迎。这给我们以很大的鼓舞,说明这些理念和做法是符合对外汉语教学实际的,同时也为我们提出的对外汉语教学"激创法"提供了实践的基础。

附 注

《初级汉语精读课本》是《初级汉语课本》(第三册)(北京语言大学出版社与华语教学出版社1988年联合出版)的重编本,于2008年由北京语言大学出版社出版。重编本由鲁健骥、姜丽萍、刘丽、张伟编写,鲁健骥主编。

对外汉语教学改进模式的构想：
口笔语分科，精泛读并举

〇

当前，全世界汉语教学界都在讨论如何提高教学质量的问题，对于现在的教学有各种各样的批评。这场讨论关系到在新世纪里汉语教学如何发展，因此是十分必要的。改革教学首先还是要从整体的格局上去考虑，从某个角度说，整体的格局决定着教学的走向。所谓整体的格局，其实可以概括为教学模式。

各国的汉语教学都有自己的传统，有自己的教学模式。教学模式体现了教学的指导思想，体现着教学法的发展。

本文拟结合一些新的教学思想，从总结经验入手，对当前的教学模式进行"一分为二"的分析，并在此基础上提出一个改进的教学模式。

一

我们说的对外汉语教学模式，是指以零起点来华外国留学生为对象的一年制正规汉语教学模式。

过去 50 年间，大致有两种模式：50 年代初到 70 年代末、80 年代初是一种模式；80 年代初到现在是一种模式。除去"文革"一段停顿期，这两种模式大约各占 20 年。中间有一段交叉。

前一种模式，可以概括为综合教学的模式，就一个班来说，是一本书、两个老师、三门课（复习、讲练、练习）。"一本书"，即 50—60 年代的《汉语教科书》，70 年代的《基础汉语》、《汉语课本》和《基础汉语课本》；课程由两位老师分担，主讲老师上讲练课，另一位（多为年轻教师）上复习、练习课。这里的三门课，其实只是一门课，复习、练习课只是为讲练课服务的。这种模式的渊源可以追溯到美国在第二次世界大战期间采用的"非普遍教授的语言"的教学法，"这就是语言学家和说所教语言的教师合作授课的教学法。根据这种方法，语言学家在说所教语言的教师的协助下分管该语言的训练"(Richard T. Thompson 1980)。具体说来,就是由语言学家讲解,而由说该语言的教师给学生练习,因为"语言学家往往不会说这种语言,甚至连读写也不会"(同上)。

这种模式是由北京大学邓懿教授引进的。邓懿教授 40 年代初在美国时,曾在赵元任先生主持的哈佛大学陆军特别训练班(ASTP)中文部任教。她在《难忘的岁月》(1994)一文中回忆说,"他(赵元任)自任主讲教师外,还有一个二十来人的青年集体,作为练习课教师","赵先生很重视口头练习,他的大课之后,总要配上几节练习,那就是我们这些青年教师的工作了"。50 年代初清华大学成立东欧留学生中国语文专修班时,因为邓先生有在美国任教的那样一段经历,就被当时任清华校务委员会主任的周培源教授请去主持创建工作。当时在专修班任教的杜荣教授回忆那时的教学说:"邓先生每天上一节讲授课,由其他教员上三节练习课。"1952 年北京大学成立中国语文专修班时,已经改为"基础课每天授课两小时,练习课两小时"。

如果说 50 年代初的这种教学模式与美国的教学模式有什么区别的话,那就是我们把由语言学家担任的大班讲授课改为由有经验的老师担任小班讲练课,70 年代又把"复习—讲练—练习"改为"讲练—复练"(我们认为应该是"讲练—练习"),应该说没有质的变化。

这种教学模式,在美国取得了很大成功,所以"直到今天,在美国非普遍教授的语言的教学法中仍多有体现"(Richard T. Thompson 1980)。这大概是因为当时美国办训练班是为美军到海外执行任务,只需具有一定的听说能力,并不强调读写能力的培养,是一种不正规的语言训练。这种教学模式引入中国时,教学对象都是语言生,即使经过专修班的学习,转到系里去,主要还是学习语言和其他相关的课程。因此,也还比较适应。但当教学对象、培养目标发生变化时,矛盾就出现了。自 60 年代初,中国开始大量接受来自第三世界国家的学习理工农医科的学生,对外汉语教学主要是预备教育的性质,学生学了一年汉语,要去学习专业。原来的教学,无论是内容还是方法,以至于教学模式,都很不适应新的情况。由此产生的教学上的矛盾,到了 70 年代中期已经很突出了。

这些矛盾,归结为一点,主要是综合教学实际上是以语言知识为纲,对语言能力的培养十分薄弱。当时借用了中国外语教学的口号,叫做"听、说、读、写全面要求,突出听、说"。但由于教材内容的关系,学生的口头实践非常有限,而且并没有真正意义的听力的训练。所谓"听录音"不过是用几分钟的时间听生词、课文的录音;即使这样的"消极听力"还不得保证,常常被挤掉。所以,总的说来,外语教学的实践性原则没能很好地贯彻。结果是,学生在开始学习专业后,在语言上困难很大,要有一段很长的"坐飞机"的时期。在这种情况下,对外汉语教学模式的改革,已是势在必行、十分紧迫的事了。

二

上世纪 70 年代,外国新的外语教学法理论已经介绍到中国,如功能—意念大纲、交际法等,都引起我们对对外汉语教学现状的思考。始于 1979 年初的教学改革,就是在这种情况下进行的。首先是考虑如何在有限的一年时间里,加强学生的语言能力的培养,改变教学以语言知识为纲的状况。经过认真的分析,我们认为,四种语言能力不能平均使用力量。因为听和读是被动能力,听和读的内容,学生自己无法控制;而说和写是主动能力,说什么和写什么,自己是可以控制的。对于在华学习汉语,又要进入中国高等学校学习专业的外国学生来说,这四种能力如何安排得合理,就成为我们思考的核心问题。我们认为,在一年的时间里,"说"应该控制在一定的限度。这限度就是学生"说"的能力应该能够满足生活上的需要,而不必提出更高的要求。在他们专业学习阶段,"说"的能力的提高,是跟他们的专业学习同步的;在一年的汉语预备教育阶段,没有必要也不可能顾及那么多。但是"听"和"读"就不同。从学生的实际情况考虑,他们学习专业的时候,上课要听讲,课下要阅读大量的讲义、参考文献。外国学生如果缺乏听和读的训练,不掌握听和读的技能,没有养成听和读的习惯,是很难适应的。因此,我们把"突出听、说"改为"突出听、读",这就是改革后的教学模式的总格局。

为了突出听、读,我们对原来的课程做了调整,情况如下表所示:

第一学期	第二学期	日学时数	周学时数	年学时数
口笔语综合实践课 ——→ 精读课		2	10	400
听力练习课 ——→ 听力练习课		1	5	200
汉字读写课 ——→ 阅读理解课		1	5	200

这样的课程设置已经形成了一个按语言技能分科的教学模式,根据这个模式编写了系列对外汉语教材《初级汉语课本》。

我们不难发现,在这个模式中,听读能力的训练显然得到了保证。听和读单独设课,才有可能对听读能力进行系统的训练。试行的结果表明,这一模式适合它所规定的教学对象,也达到了预期的"突出听、读"的效果,因而得到推广,并为全国有同类教学对象的学校所接受,采用至今。

但是20年之后,当我们对这一模式进行重新审视、进行总结的时候,我们会发现其中不尽如人意之处。

首先是主干课,即口笔语综合实践课任务庞杂。这门课的具体体现就是《初级汉语课本》第1—2册。这里面包括语音、语法的教学,又兼听说读写(特别是说)的综合能力训练。结果是什么都想兼顾,又什么都没有兼顾好,互相掣肘。比如,这个模式中没有专门的口语课,主干课虽然尽量要贴近口语,但为了照顾语法,却又不能完全上成口语课,所以整个教学不能满足学生对口语的需要。就"笔语"(即笔头表达)来说,也仅限于笔头练习,缺乏书面汉语的阅读和写作训练,影响了阅读能力的提高。语法和词汇项目没有区分哪些是口语的项目,哪些是书面语的项目,哪些是介于二者之间的所谓"共核"项目。

第二学期的阅读课,尽管量已经比精读课大了,但毕竟还不是泛读课。泛读与精读是相辅相成的,缺一不可。精读课是从质的方面提高学生语言水平,因而选材要精,处理上要细,使学生加深对语言的理解和提高运用能力。但仅此远远不够,仅凭少量的精读,学生是不可能掌握语言的。必须有泛读与精读配合,使学生从精读学到的知识,能通过泛读得到扩展、巩固、重现,增强语感。精泛的配合,符合学习规律,已经成为中外语言教学界的共识。而我们目前的教学模式中,精读和泛读一直处于失衡状态。这种状况已经拖了教学的后腿。

三

针对现行模式存在的问题,我们提出一个改进模式。

要先解决一个认识问题,即如何看待和对待现行模式。我们认为,对于任何一个模式,都不能采取简单化的办法,要么墨守成规,要么全部抛弃,重新打鼓另开张。应该采取分析的态度,继承前面模式成功的部分,而针对其问题,采取改进措施,形成改进模式。只有这样,教学才能不断在原有的基础上得到健康的发展,避免教学模式的突变给教学带来的负面影响。我们就是基于这样一个认识,提出改进模式的。

所谓改进模式,概括说来,就是"口笔语分科,精泛读并举"。

"口笔语分科",大致可以理解为将现在的综合技能课分为"口语"和"笔语"两门课,但要重新设计,二者有分工,也有配合。

口语课以功能为纲,包括外国学生在中国生活的主要话题,可考虑有两个循环:第一个循环用一个学期的时间,解决最基本的日常会话;第二学期上升一个循环。口语课还承担语音教学,口语句式、交际文化项目的教学任务。

在第一年口语课自始至终都是通过对话体的课文进行教学,因此应该进行语篇中的对话规律的训练,如开头、结尾、话轮交替、打断、插话、转换话题等。当然也要包括得体性的训练。

笔语课则侧重汉语书面语的教学,大致可以说,在语言技能上,是对读写能力的训练,特别是读的能力。在语言知识上,则以语法为重点,进行词法、句法、语义、语用的教学。强调"字"的教学,汉字的书写和认读,要尽量使学生掌握汉字的规律,理解汉字的理据;在语法的范围里,"字"的教学则体现在语素的教学。课文的形式和内容都从与口语的"共核"开始,逐步发展到书面语,以至带有较多文言成分的现代文的阅读。在写作方面,在一年级应以应用文为主,以后发展到说明文和论说文,直至论文的写作。即使在初级阶段,也应该有语篇的教学,这一阶段主要是有意识地教衔接与连贯规则。

与以上两门课配合的课,有听力课(和现在的模式一样,听力训练仍要给予要突出的地位),第二学期再加上泛读课。

"精泛读并举"是从第二学期开始的。笔语课发展为精读,语法开始第二个循环,要增加语篇、语体、风格、修辞等方面的训练。泛读要落实,要先编出泛读材料再开课。泛读材料是一个开放的项目,经过若干年的积累,能够形成一整套的成系列的泛读材料。到了中级,还要加上报刊阅读、文言阅读、快速阅读等课程,同时还要根据教学对象的情况开设语言学特别是汉语语言学基础课程、文学课程等,语言课要和这些知识课配合,为之打语言基础。

这就是我们提出的改进模式的基本内容。第一学年的课程可用下表表示:

	第一学期			第二学期			
	口语课	听力课	笔语课	口语课	听力课	精读课	泛读课
日学时数	1	1	2	1	1	2	2
周学时数	5	5	10	5	5	8	2
学期学时数	100	100	200	100	100	160	40
年学时数	200	200	—	200	200	—	—

　　我们可以看到,这个模式继承了现行模式的分科教学,以及突出听读能力的培养(听力课、笔语课的设置),同时也加强了口语的训练。另外,这一改进模式强调了语法教学的规范化,把口语语法的内容并入口语教学;"字"的教学将有所加强。在技能训练中,强化"精读",开创"泛读",力求"精"和"泛"的平衡。总起来说,这个模式并不是简单地对现行模式的修修补补,而是有一定革新意义的改进。本文不涉及具体的教学方法,无疑地,教学方法也要在总结现有经验的基础上加以改进,要能体现新的教学思想。

　　按照这个改进的模式,教材将要进行改革。教材建设的任务将是十分繁重的。每一种可行的教材都要重新设计,特别是要将编写大量的泛读教材的工作提到日程上来。这既是满足新的教学模式的需要,更是整个对外汉语教学教材建设的需要。符合科学性要求的泛读教材的编写,将是对外汉语教材建设中的一个突破。

(原载《世界汉语教学》2003 年第 2 期,原题为《口笔语分科,精泛读并举——对外汉语教学改进模式的构想》)

语言知识课与语言技能课的互补关系

专业课中有一部分是跟语言有直接关系的,如语音、语法、词汇、修辞、汉字等。这些课跟学生学的语言技能课的关系更为密切,因此就存在着一个二者如何互相促进的问题。这里提出一些意见。

语言技能课上出现的语言知识,与语言知识课是不同的。人们常常抱怨语言技能课的语言知识不系统,因而说它不科学,进而把这一点作为评价语言技能教材优劣的标准。其实这样说、这样要求是不公平的,因为语言技能课上的语言知识,是按照交际的需要、逻辑的顺序、难易程度安排,对于这类课程来说,只有这样安排才是科学的,才是符合学习规律的。比如语言技能课的语音训练,一般是从音节开始,声韵调不能分开,即使要教哪个声母或韵母或声调,也是声韵调作为整体出现的;而汉语语音学则往往是按先韵母系统,再声母系统,再声调系统的顺序讲的。如果一定要把语言项目按照语言知识的顺序安排到语言技能课中,那就违反了语言交际训练的规律。从这个角度来说,也是不符合人的认知规律的。

学生对所学的语言知识需要不需要系统化?对某些学生来说,如将来要从事汉语研究的、要做汉语教师的,当然需要系统的语言知识,但这应当是到了一定学习阶段的事。只有在学生已经初步掌握了汉语,对汉语有了一定的感性认识之后,才有条件学习比较系统的语言知识。也就是说,语言技能课涉及的语言知识,是学生学习语言知识课的基础。语言知识课必须紧密结合学生在语言技能课上学过的知识,二者不能脱节。语言知识课应该起到加深学生对学过的汉语知识的理解的作用。在我看来,这才是开设语言知识课的真正目的。

这点道理是很清楚的,但清楚道理不等于就一定能够自觉地进行实践,还得创造一些切实可行的办法。我想这个原则就是在语言技能课上充分利用学生在语言知识课上所接触到的语言知识,启发他们运用语言知识课上所学的系统的理论,去回顾、观察、解释他们已经接触过的语言现象,使之深化、系统化。这是一个从"知其然"到"知其所以然"的过程,也是一个从感性到理性,再到感性,而后指导他们在新的基础上运用语言进行交际的过程。

这里我们从具体操作上就语言知识课的上法提出几点建议：

1. 教师的举例尽量从学生在语言技能课上接触到的他们所熟悉的语言现象中寻找，经过教师对语言规律的讲解，使学生有恍然大悟的感觉：啊，原来是这样。

2. 教师给学生布置任务，让他们根据已经学得的语言知识，去观察技能课的语言材料中的语言现象。比如讲的是某一种修辞项目，教师就可以让学生从指定的一课或几课课文中找出例子。当然也可以在此基础上从课内扩展到课外，如有的老师在讲了语音修辞之后，布置学生去从广告中发现语音修辞的运用，就是很好的做法。课内课外可以结合起来。

3. 有些事情可以通过预习让学生做。比如某个语法现象，可以让学生先从学过的课文（教师可以指定）中找用例，课上检查，引导学生讨论。这种做法最容易引起讨论，可以活跃课堂气氛。由于学生是有备而来的，是他们事先思考过的，再经过课堂上的学习，就会加深印象。

4. 教学要有针对性，不可平均使用力量，全局如此，局部也是如此——一个语言项目中也有难点。这就要求教师根据学生的难点或者经常出错的地方来设计自己的教学，一是要抓住重点。语言知识课给外国人讲，应该把重点放在用法上，而不是在术语、定义上打转转。二是要抓住汉语的特点。比如语法上，汉语主语的话题化，动词和宾语之间复杂的语义关系等都是外国学生比较难理解的，语言技能课上一般不讲这些，或者是有意回避，只要学生知道什么意思就行了，在知识课上就不能回避了。为了突出汉语的特点，必要的对比是有效途径。比如语音上汉语中送气音和不送气音的对立比较突出，而英语（举例说）清浊音的对立比较突出。这样一比较，就使学生了解不能把汉语的不送气音发成浊音。

以上几点，都是举例性地提出的几点建议。只要把语言技能课和语言知识课之间的关系搞清楚了，具体的操作，人人可以创造，这是一个很开放的领域。

（原载韩经太主编《教学督导的实践探索》）

寻找语言课和专业知识课的接口

这是一个老问题,但我之所以又提出它,是因为在听了一些专业知识课之后,感到这个问题还是没有得到解决,而我对它又有一些新的认识,所以愿意提出来跟大家交流。

我们现在要说的语言课和专业知识课的接口,跟我们争论了几十年而未得解决的专业汉语问题不尽相同,但有联系。说有联系,是因为都牵涉到如何处理专业与汉语的关系;说不尽相同,因为过去的专业汉语的性质仍然是汉语课,只是在如何结合专业上大家意见不同;而现在的专业知识课,则是在学生汉语学到一定程度后学习专业课。这跟学完汉语到其他院校去学专业比较类似。经验告诉我们,从前这种接受了汉语预备教育的学生(理工科一年,文科两年)学专业的时候,学得好的学生也要有大约一个学期的"坐飞机"的过渡期,学得差的学生"坐飞机"的时间还要长,于是许多院校都请中国同学一对一地帮助外国学生,帮助他们读专业教材和参考书,整理听课笔记等。但今天的情况完全不同了,而且现在的专业知识课就在本学院开设,就是说,必须在本学院内部来解决专业知识课和语言课的衔接问题,我们必须找到一个接口。这个接口其实就是解决学生如何能够顺利地上专业课的问题。

从略微宏观一点来说,寻找接口,首先要对专业知识课加以定位,即这些课程在整个课程体系中的纵向和横向位置,纵向位置尤为重要,就是要使教师和学生都清楚,上这一门课的语言前提是什么、专业前提是什么(如果是一门入门课,则可以不规定专业前提);换句话说,如果学生没有修过前提课,他就不具备选修这门课的资格。这样就保证开课时学生的语言大致是在同一个水平上。

但这只解决了一个方面的问题,仍然解决不了学生的语言水平与专业课所要求的有差距的问题。如前所述,即使学得好的学生,仍然有困难,仍然会有一个"坐飞机"的阶段;学得差的困难就更大些,何况我们目前还有不少的学生根本就是不合格的学生"混"上来的(学校应该采取措施,不允许学生"混")。当然"坐飞机"也不完全是因为语言关还没过,也与对专业知识完全生疏有关,但解决语言问题是学习专业知识的前提,因此,专业知识课必须把扫除语言障碍放在重要地位。这里说的语言障碍主要是指跟专业知识有关的概念、术语、专名等,同时也应包括阅读中一些句法现象、句式等。至于一般性词语,学生到了这个阶段大部分应该已经学过,即使有少量生词,他们也应该能够自己解决。再就是对学生的语言表达能力(口头的、书面的)应有所要求。一般认为,到了学习专业知识阶段,学生的语言表达能力应与专业知识的学习同步训练,应结合所学专业进行训练。

上面所说,是原则,具体操作,大体上应该和我在《对外汉语教学"激创法"答问》一文(见本书 pp.10—19)中所说是一样的。那里面我比较强调预习。这里需要补充一句:预习的要求要明确。比如查资料,现在网络上查什么都很方便,学生很容易地就能查到很多,因此完成这个任务并不难。我们还要求学生不但要查,还要能说出来。为了让他们能说,最好提出具体要求,如查一个人名,就要求学生查几个方面的内容,如出生年月、籍贯、受教育情况、工作情况、学科领域、学术成就等。这对他们是一种锻炼。教师甚至可以指定学生到哪些比较适合他们水平的工具书中去查找。

教师还须善于引导学生表达。比如,有一位老师说到发展经济的代价,让学生说,一人说一点,老师加以总结。这种做法就很巧妙。再举一个例子,就是分组准备发言。假如一个问题有三个方面的话,那么就把全班分成三个组,老师把有关材料发给三个组去阅读,要求各组分别准备,上课的时候,每一组都要给全班介绍自己这一组读了什么,主要内容是什么。由于大家都有自己不知道的内容,必须听另外两组的介绍,还可以提出问题,这样起到学生互动、训练表达的作用。这就是英文所说的 jigsaw(拼图)式的练习。在中高年级,这种练习是很有效,也很能引起学生兴趣的。这只是举个例子,在这方面,教师创造的空间是很大的。

(原载韩经太主编《教学督导的实践探索》,收入本书时有修改)

切实提高汉语专业学生的阅读能力

阅读能力对汉语专业的学生至关重要,阅读能力的高与低关系到他们能不能成为合格的本科毕业生,也关系到他们能不能顺利地进入硕士研究生的学习阶段(假如他们继续攻读硕士学位的话)。这是衡量我们的学生阅读能力的"刚性"标准,也是我们制定教学大纲、教学计划时最重要的依据。

我们至今还没有读到过对外国留学生实际阅读能力与教学目标(即他们应该具有的能力)之间的差距的考察和实证性研究。我以为应该做这一步工作,重点是以下四个方面:

1. 目前各种教学大纲规定的对阅读能力的要求,与汉语专业的教学目标是否相适应?以北京语言大学汉语学院的情况为例,汉语专业包括了汉语言方向、经贸汉语方向、翻译方向(韩汉/日汉)、汉语教学方向、双语方向(汉英、汉日),还有一个中国语言文化专业。就是说,我们对阅读能力的规定,是否就一定是这些专业毕业时应达到的水平?

2. 每个年级的要求是否与课程的实际相适应?

3. 每个年级以至毕业时学生的总体平均阅读能力是否达到了以上要求,他们的阅读能力是否能与所学课程相适应?

4. 上面几个方向的学生,除经贸汉语方向的,都有可能继续攻读语言、文学、课程与教学论等专业的硕士研究生课程。那么,我们规定的对阅读能力的要求,是否考虑到与硕士研究生课程的衔接?

总起来说,就是作为本科专业的毕业生,到底阅读能力的上限是什么?也就是说,他们应该有能力阅读多大难度的材料?当然要实事求是,不是难度越大越好,但应有具体的要求。学生阅读的材料,无非是这样几个方面:语言课的教材、课外读物(泛读)、专业课的教材、为完成自己的研究课题选读的参考文献。在确定上限的时候,必须考虑与研究生课程的衔接,应该尽量降低中间的"台阶"。因此,从某种意义上说,这个"上限"似乎应该是比较"刚性"的,只看我们如何安排课程,采用什么教学方法使学生达到这个上限,而不是降低要求(包括考试和学士学位论文在内)。

国家汉办主持制定的《高等学校外国留学生汉语言专业教学大纲》对

四年级提出的"读"的要求是：

能够读懂《人民日报》《瞭望》《人民文学》等报刊上的说明文、议论文、文艺作品和一般古文，正确地理解内容大意，撷取其主要论点和信息；能够通过上下文猜测词义、推断隐含信息和多重复句的内部关系；能够借助图书目录、章节标题、段落主题句、文章标识符号等，正确概括文章中心意思、论点、论据，理清文章结构层次；能够较为正确地评价所读文献材料的内容及特点；能够熟练地利用工具书，独立释疑解惑，自己获取新知识。

阅读中文书报已经成为自觉习惯，一年阅读量不少于35万字。

细读报刊文章、现代说明文和文艺读物，阅读速度为每分钟180字以上，正确理解率为90%左右；速读难度略低于或近似于上述情况的同类文章，阅读速度为每分钟500字，正确理解率为80%。

这里对阅读速度的要求，应当是本科毕业的阅读能力标准。而阅读量只是四年级的，加上三年级的25万字、二年级的15万字和一年级的8万字，那么四年的阅读总量应该在83万字。

我的感觉是，阅读的要求不低，数量不够。但这个不低的要求，还是不够具体，缺乏可操作性。据我观察，目前多数学生的阅读能力达不到这个要求，质量上、数量上都有比较大的差距。在本人担任教学督导员期间，听了一些汉语本科专业各方向高年级（三年级以上）的课，我对学生的课堂表现突出的印象（仅只是印象）是，且不用上述要求去衡量，即使是阅读教材，也有相当数量的学生（除去最好的和最差的）还有一定的困难，特别是专业课。再者，显然大纲没有考虑到与研究生阶段教学的衔接。本人自上世纪80年代开始，指导和接触过一些来自汉语专业的外国硕士研究生（包括指导论文写作和开设方向课），他们的语言水平和知识结构与对硕士研究生的要求相差甚远，其中阅读能力的不足极大地影响了他们的学习。这一点不但为指导教师所认同，外国研究生自己也有这方面的反映。

我们可以用我们对本科专业的阅读要求，与其他（国家）同类专业的要求相比，看是否适当；也可以根据我们汉语专业的发展情况，重新审视《大纲》的规定是否适当。西方国家的情况跟我们的做法完全不同，似乎缺乏可比性，但教学体制跟我们类似的苏联或者今天俄罗斯的情况却是可以比较的。我手头有一本祝康济（1992）写的《苏联的对外俄语教学》，其中介绍了苏联的几种对外俄语教学大纲,比较有参考价值的有两种:一种是苏联高等学校语文系(下称"语文系")外国留学生适用的《俄语教学大纲》,一种是苏联高等学校非人文系科(下称"非人文系")外国留学生适用的《俄语教学大纲》。

语文系是5年制,分基础阶段和提高阶段,前者4~5个学期,后者3~4个学期,视学生预科阶段程度而定。该大纲对阅读的要求是:

基础阶段结束时要求掌握的阅读形式和技能是:

(1)研究式阅读:阅读选自专业课本和科学书籍的课文及社会政治和文艺书籍中的文章;

(2)熟习式阅读:阅读科普作品、国情书籍以及报刊上的文章;

(3)快速浏览式阅读:阅读科学和社会政治专著以及其他体裁的作品,以获得必需的信息;

(4)一般了解式阅读:阅读文学课大纲中规定的文学作品和补充材料。

提高阶段的要求是:

(1)精读文艺批评书籍和文艺书籍,能分析作品,撰写书评、摘要和毕业论文,参加讨论;

(2)阅读并研究教学法书籍;阅读社会科学原著,能在课堂讨论中复述,以及在准备报告、学术会议的发言时创造性地运用其中的观点和知识。

要求以近似于阅读本族语读物的速度阅读未经改写的大部头文艺著作。显然,这个要求比我们大纲规定的要高。但该大纲没有说明阅读量。"非人文系"大纲有对阅读量的要求:

一年级精读100~150页,泛读300~400页;

二年级精读200页,泛读量400页;

三年级认知式阅读600~700页,浏览式阅读250~300页,摘录式阅读200页;

四、五年级摘录式阅读150~200页,认知式阅读400~500页。

各种阅读的总页数为2600~3050页,折合成中文约为153~180万字,约为我们四年阅读量要求的二倍。若是语文系的阅读量,当比非人文系的更大一些。当然,这些都是大纲中提出的要求,实施情况,不管是中文的还是俄文的,本人不得而知。只是说,我们在考虑规定阅读量时,可以参考,可以引起我们的思考:何以我们的阅读量只是俄语的二分之一,哪个是合适的要求?

我们在考虑阅读要求如何更切合实际,方便检查,阅读量规定得如何更加合理,能满足学习期间的需要和与硕士研究生阶段的衔接的同时,还应该进一步审视我们的阅读能力的训练。我们认为,阅读能力的训练要靠多种阅读课程,如精读、泛读、报刊阅读、专业参考文献的阅读、古汉语课等,再加上阅读技巧,如快速阅读的训练等。这些阅读的课程,需要巧安排,把时间用在"刀刃"上,使教学效率"最大化"。比如精读,本来是材料要"精选"、少量,而处理要精细,才能达到使学生加深对汉语的理解,学会学习方法,能够举一反三的目的,而现在的中高级教程,课文都相当长,这样就造成了"精读"不"精"的问题。因此应该下决心,把精读的课文篇幅压下来,不同程度的精读主要应体现在课文的难度上,而难度的区别又不仅仅表现在生词的多少上。我觉得,难度应体现在中高年级精读课文书面语的成分要不断增加,这里面要特别注意现代文中的文言成分,如古汉语虚词、句式等。难度提高了,最后读懂书面语的教材、参考文献就是水到渠成的事了。进一步我还建议,不必把古汉语(现在叫"文言阅读")课的目标定在"读懂一般性古文"上,而应定在"读懂含有文言成分的现代书面语"上,使古汉语课为提高学生的现代汉语书面语服务,"阅读一般性古文"的要求可以留给研究生阶段。

必须加强泛读。泛读是精读的延伸,是培养阅读能力的不可或缺的手段。现在的问题是泛读量没有得到可靠的保证。我曾经建议研制一份汉语专业本科生四年的阅读书目(见本书 p.52《编制一份汉语专业外国学生阅读书目如何?》)。这份书目应是一份分级的书目,每一级每一专业方向都用一两种书作为标杆,表示具有刚性的能力要求。

现在有一个共识,就是我们的学生如何扩大词汇量的问题。这方面也是见仁见智,但我不赞成采取突击的办法。因为这是我国外语教学中在上世纪50年代就做过而被实践证明是失败的做法(胡文仲1989),我们何必在对外汉语教学中去重复半个世纪之前的失败的做法呢?我觉得出路之一,就是加强语素教学。对此,上海外国语大学金立鑫教授(2005)提出过"词族教学"的设想,我认为可行。"词族教学"可能是迅速扩大词汇量一个有效的方法。而且学生可以举一反三,把在精读课上学到的这个方法用在泛读上。这是精读、泛读相互配合的极好的例子。到了专业阶段,阅读主要是结合专业学习和自己毕业论文的研究课题进行的,他们应该提高这些方面的阅读能力,扩大词汇量也应该与此同步。

加强高年级研究性阅读。这要跟学生撰写毕业论文结合起来。通过研究性阅读,不仅要读跟毕业论文选题有关的文献,还要使学生运用以前学过的各种阅读技巧(如快速阅读)、检索方法以及写读书笔记、归纳观点的方法等。至于读什么,一方面当然跟学生自己的课题有关,同时也跟我们对论文的要求有关。课题的选择,是从对论文的要求来的。

总之,提高汉语本科专业外国学生的阅读能力,已经成为刻不容缓的工作了,我们应该采取切实的措施,使这一工作得以落实。

建议给入专业的学生开设汉语后续课

有几位在理工院校任教的老师来电话或电子邮件,问学完汉语进入专业学习的学生,汉语水平还不足以应付专业学习的要求,怎么办。我告诉他们,没别的办法,只能给这些学生开设后续的汉语课程。

其实这个问题是个几十年都没解决得很好的问题。上世纪50—60年代,北京大学曾经从中国学生中挑选专业对口的,给外国学生作课外辅导员,上课时没听懂的,辅导员下课后再慢慢给他们讲一遍;笔记没记下来的,帮助他们补笔记;讲义或参考书看不懂的,帮他们看懂。这种一对一的办法当然有效果,但那时留学生少,好办一些;而且这样做,无疑会增加中国学生的负担。几十年过去,今天再想这样做,恐怕行不通。

为了解决这个问题,上世纪60年代和70年代,北京语言学院(今北京语言大学,下文简称北语)曾经先后派出过调查组,去专业学校跟踪调查入系学生的学习情况,并与学生、教师座谈,听取他们的意见和建议。两次调查虽然相距10年左右,但结果却很一致,就是即使在汉语预备教育阶段学得好的学生也要"坐半年的飞机",学习差的学生上专业课在语言方面的困难可想而知。解决的办法,除了希望提高汉语预备教育阶段的教学质量之外,并没有什么更为具体可行的办法。有的学校为了使学生提高汉语水平,安排中外学生合住(同楼同屋或同楼不同屋),跟外国学生合住的中国学生无形中成了外国学生的辅导员。这样做也是有效果的。60年代,我有一个锡兰(今斯里兰卡)学生,汉语学得也就是及格的水平,怪调也很严重,转到北京医学院(今北京大学医学部)学习,跟中国同学合住,一年以后,他回北语来看我,竟是满口北京话,一点口音都没有,令我和别的老师吃惊。这是合住成功的例子。但总体上看,中外学生合住,产生一些语言之外的其他问题(如因生活习惯、文化不同,多有矛盾)。

关于如何提高汉语预备教育阶段的教学质量问题,一直有争论。一种意见认为应该从一开始就结合专业,典型的例子是,有人说为什么第一课要教"这是书",而不教"这是氯化钠"?另一种意见则认为还是要打好基础,要强调口语。双方争论不下,几十年下来,也没争出个什么结论来。

实事求是地讲,一个外国人,从零开始学汉语,一年之后就去跟中国学生一起听专业课,有困难是完全正常的。他们的困难,单就语言来说(不说他们的知识基础),可能主要是听和读的问题。听课的困难在于专业课的老师讲课,不可能跟汉语老师那样,普通话标准,语速相对来说较慢(可能是有意适应学生)。他们有不少都是带有方音的,语速多是正常偏快的,有的吐字还不十分清楚。读的方面的困难也很明显,就是读不懂教材、参考书,而且一进入专业学校,阅读量一般都比较大,即使他们能读懂,速度也很慢,可能要用多于中国学生几倍的时间。

为了提高学生的听读能力,上世纪 70 年代末 80 年代初,北语改革了教学模式,实行按能力分科教学,加强了听力和阅读,取得了一定的效果。当时在实验班任课的老师曾经去北大跟踪调查,发现这部分学生相对来说对那里的教学适应得快一些。他们的教师也有同样的反应。但并不是说没有困难。从专业学校的角度看,则希望学生一来语言上就没有一点问题。这只能说是表现了一种心情与愿望,实际上并不现实。现实的办法,在我看来,除了在预备教育阶段提高教学质量之外(如上述用加强听读的办法),应该是在学生入系开始学习专业之后开设汉语后续课。这种后续课,在今天,当然还应该针对那些在"汉语专业"学习的本科学生,从他们选择专业方向开始,也要开设后续课。我在做教学督导员时,曾经提出过寻找语言课和专业知识课的接口的问题,那是从对专业课教师的角度提的,但在此之外,还应该有针对学专业的学生的汉语后续课,这样"内外配合",或许能解决一些问题。

后续课的开设,要考虑如下几个因素:

1. 学生原有的汉语基础。过去的汉语预备教育,文史和中医专业的要学习 2 年,理工农西医要学 1 年。现在有了 HSK,则可按学生的 HSK 成绩规定学生达到几级可以入学学专业(虽然 HSK 的权威性还没达到各校都遵守的水平)。按北语汉语水平考试中心编的《中国汉语水平考试》[改进版]的说明,初级考试的对象是"掌握 400~3000 汉语常用词及与之相应的语法和文化背景知识的学习者";中级考试的对象是"掌握 5000 左右汉语常用词及与之相应的语法和文化背景知识的学习者"。也就是说,初级的上限是 3000 词,中级的上限是 5000 词。我们可粗略地认定初级的上限相当于一年汉语预备教育结业时的水平,认定中级的上限相当于二年预备教育结业的水平。

2. 与学生所学的专业(文、理、工、医、农等)结合;

3. 专业语言的特点(专业术语的分析、常用书面语句式等);
4. 学习环境(教师的语音条件、语速等)。

从上面几点出发,我认为汉语后续课应该包含如下元素:专业汉语阅读;带有几种方音的普通话的、内容与专业有关的听力技能;论文写作指导。至于是分科还是综合,可以根据具体情况决定,但以上几个元素是应该都包括的。

编制一份汉语专业外国学生阅读书目如何？

在汉办2002年制订的《高等学校外国留学生汉语言专业教学大纲》（下文简称《大纲》）中对各年级的阅读量、阅读速度等都有规定（执行情况不得而知），但《大纲》里对"读"的内涵，却没有界定，至于作为汉语专业的外国学生，在四年中要读一些什么书，当然不属于《大纲》的范围，但是作为一个教学单位，对此却不能不有所考虑。否则"读"就可能各行其是，有关规定不得落实。有鉴于此，我愿意就这几个问题说一说自己的想法，跟大家交换意见。

在外语教学中，其实"读"即"阅读"，是一个宽泛的提法，它包含着各种阅读，如精读、泛读；就阅读技能的训练来说，有快速阅读；就阅读的内容说，有报刊阅读和各种专业阅读；就目的说，有研究性阅读，等等。因此就课程设置上说，本不应该有"阅读课"的，阅读课属于上述这些类型的哪一类呢？哪一类都是，又哪一类都不是，不能有如此模糊的课程，不然这课程就可能上得不伦不类。讲一件逸事。1958年大跃进的时候，我正在北外英语系上二年级，当时提出学外语也要"大跃进"，要"多快好省"，为了"多快好省"，进行了两项"改革"，其中一项就是打破原来的精读、泛读的格局（另一项是搞突击词汇，此处不细说），只开了一门既非精读亦非泛读的课，想不出这门课应该叫什么名称，最后就叫"阅读"，在教学方法上和对教材的处理上，粗于精读，细于泛读，用的时间也是比精读少，比泛读多。这样上的结果是学过之后学生虽然学过了，却模模糊糊，在语言的掌握上大打折扣，欲速则不达。所以几十年之后，北外胡文仲教授在总结那一阶段的教学时说，那时"犯过只重数量忽视质量的毛病"（胡文仲1989）。这种违反科学性的"毛病"，今天不应该在对外汉语教学中重复。

还是回过头来说读什么书的问题。给外国学生读什么书，是指精读和报刊阅读以外的各类阅读。剩下的几种阅读大致有两类，一类是配合语言学习的，一类是配合专业学习的。配合语言学习的，主要指泛读，通过泛读扩大对汉语的接触，在较大的范围内多种语境中复现、巩固精读课上所学，广泛地了解中国文化和国情，获得汉语的语感。再者就是进行快速阅读技能的训练，为专业阅读和研究性阅读做准备。配合专业学习的，主要指阅读跟学生专业方向有关的书籍、材料。这又可以分成两种情况，一种是专业知识方面的书籍（教材、学习参考书等），一种是跟撰写毕业论文有关的书籍。专业阅读不同于精读和泛读，要求学生能够具有较强的快速阅读能力，迅速地抓取专业学习和研究所需要的信息。

　　解决了读什么的问题，就要考虑整个学习阶段（四学年）的阅读数量和速度，以及对理解程度的要求。这些《大纲》都已经提出了具体的量化要求。不过由于《大纲》对阅读本身没有细分，所以提出的量化要求也没有按不同的阅读提出不同的要求，但似乎还是应该有细化的要求。在阅读量方面，泛读的量比较容易控制，而专业阅读，特别是研究性的阅读，数量比较难以估计。比较可行的办法是规定阅读教材和学习参考书的数量，研究性的阅读，可根据研究的课题帮助学生选择一两种主要参考书通读，同时阅读相关文献。

　　至于对以上几种阅读的要求，有苏联对外国人的俄语教学大纲的要求可以参考。他们规定泛读要求理解60%～70%，专业阅读要求理解90%以上。我们当然要考虑对外汉语教学的特点，提出我们的要求。具体一点说，我认为泛读（假如是叙事性文学作品如小说）只要求知道主要人物、人物关系与主要情节就够了。而专业阅读，因为读了之后要进行专业学习和研究，就要理解得准确，自然要求要高一些。至于是不是60%～70%和90%以上，是要经过论证的。

　　选择与编写阅读材料，应该考虑两个方面的问题：

　　一方面，内容要比较积极，背景能够为外国学生理解。无论是选用还是编写，都是用作教育目的的，而且是给对中国的历史文化背景了解不多的外国青年学生，更要考虑这些材料可能会起的效果。要有意识地避免粗俗的作品进入课堂。在这一点上，教育学上的教养性原则还是要坚持的。仅就语言教学来说，背景复杂的材料，很影响阅读的理解程度。所以，尤其是低年级的泛读材料，一定要选择背景比较单纯、理解起来不会很困难的材料。

　　另一方面，所选材料的语言难度要适合学生的汉语水平。特别是泛读材料，一定要按难度分级，方言成分多的，不宜选用。专业阅读控制上就难一些，但也不是完全不能控制。同样是专业书籍，也有通俗易懂的，以一般读者为对象的。

　　从以上各点考虑，阅读就不是随意的，而是有计划的。为此，我建议在院或系一级编制一份从第二学期开始到四年级共七个学期的分年级的阅读书目。假如三年级以后分专业的话,那么第二、三、四学期的书目是各个专业共同的,而且这一阶段的阅读应该是泛读(不包括快速阅读训练用的单篇文章);从第五学期开始分专业之后,泛读可以继续(主要指专修汉语、文学、新闻、汉语师资等专业的),同时开始专业阅读和研究性阅读。

这份书目中同一等级的书,数量应该超过实际的需要量,题材应该是广泛的,使教师和学生都有选择的余地。三、四年级的选书,应该以浅近的原文作品为起点,如文学作品可以选《骆驼祥子》,因为这本小说用字、用词都很有限。对浅近的原文作品,可以有组织地编写"助读"之类的小册子,一本书配一本助读,介绍作者和作品本身,解决语言和背景的疑难问题(不是生词表,生词应该由学生查词典解决)。

材料来源如何?从上个世纪 80 年代以来,各出版社都陆续出版了一些供外国学生阅读的读物,虽然不够系统,但我以为可以先摸摸底,看看有哪些可以选入书目,先搭起架子来,把现有的资源先利用起来。每一级别的书目都是开放性的,可以不断增加、淘汰。

这份书目的编制,一定要经过论证,避免个人的偏爱。书目草案确定之后,由院系学术委员会通过,作为系或院的教学计划的一部分贯彻执行。

顺便提一句,三、四年级的专业阅读和研究性阅读,可以和毕业论文的撰写结合起来。这样学生的论文题目就不会是"海选",失去控制,从而有助于避免论文写作过程中的一些弊端。

(原载韩经太主编《教学督导的实践探索》)

说"精读"和"泛读"

○

我国外语教学界和对外汉语教学界讨论"精读"的问题,已经有些年了,到目前,可以说方兴未艾。这一讨论的焦点是,"精读"在我国近几十年的外语教学和对外汉语教学的历史中,到底起的是什么作用。在对外汉语教学界,否定者认为"精读"是对外汉语教学质量提不高的主要根源,所以讨论实际上关系到对外汉语教学的全局。对外语教学,本人不甚熟悉,不敢妄言;对对外汉语教学,倒还算了解,愿意就这个问题提供些情况,发表一些看法。由于"精读"和"泛读"不可分,特别"泛读"还是当前教学中影响全局的薄弱环节,所以本文将较多地涉及"泛读"。

一

讨论任何问题,都应对这个问题的来龙去脉有所了解,不然就会言不及义,"跟着感觉走",讨论不清楚。因此,为了把"精读"和"泛读"的问题讨论清楚,我们在这里给大家提供一些跟"精读"有关的背景。

胡明扬先生(1997a)在谈到我国外语教学的历史时介绍说,上世纪50年代以前中学和大学的英语教学法,是从西方引进的直接法和间接法,"只强调书面语,强调阅读和理解","靠大剂量的输入来保证小剂量输出的质量"。可见,那时候是没有什么"精读""泛读"之说的。

50年代以后,我们全面学习苏联,苏联当时流行的外语教学法自觉对比法自然也就引进我国的外语教学中。而"精读"和"泛读"就是自觉对比法指导下开设的课程。自觉对比法强调在理解的基础上学习(这就是"自觉"的含义),"精读"就是这样产生的,所以当时"精读"(intensive reading)也叫"分析性阅读"(analytical reading)。按照自觉对比法以文学语言为基本教材的原则,"精读"都选用文学作品,即所谓"名家名篇"。60年代以后,苏联又产生了自觉实践法。章兼中教授(1983)指出,自觉实践法"从直接法那里吸取了'言语实践'这一精华,从语法—翻译法那里继承了'学习外语从自觉开始'这一合理内核","在其发展过程中还不断吸取了当时国外外语教学新流派的优点及其新成果",其中包括"从英国功能法中吸取交际性等原则",到了70年代,交际性成了自觉实践法的一个主导原则。我国研究苏联外语教学法的另一位著名专家俞约法教授(1989)也认为,"自觉实践法自觉地充分利用了言语活动论的研究成果,从而把本门学科的科学水平提到了一个新的高度"。我们特别注意到,自觉实践法保留了"自觉"二字,"自觉性"仍是自觉实践法的原则之一。因此,"精读"作为在这种教学法指导下的一门主干课程也继承下来了。我们看到,80年代苏联制订的用于高等学校的外国留学生的俄语教学大纲,仍然保留着精读课。

尽管80年代以来外语教学界(主要是英语教学界)一直存在着关于精读的争论,但精读以及因精读而形成的教学模式,始终在外语教学中占据着主导地位。

我们再来看看对外汉语教学的情况。首先,我们要澄清对外汉语教学界对于精读课的认识中的一个模糊之处。在对外汉语教学界,在一些讨论课程的论述中,把精读课和零起点或与此类似的汉语综合基础实践课等同起来。其实,二者是不应混淆的。它们是不同教学阶段的两种不同性质的课。综合基础实践课在上世纪五六十年代,是对大学外语院系初学者(即所谓零起点学生)进行的最基本的语言训练,包括语音、基本语法等语言知识的教学和初步听说读写(突出听说)等语言熟巧的训练。这个阶段是无所谓精泛的。精读课是与综合基础实践课衔接所设立的各种课型中的一个主要课型。后来(主要是"文革"之后)随着中学外语课程的加强,本科生入学时外语程度提高,情况有所变化。对外汉语教学中一直都有的所谓"讲练课"就是这种综合基础实践课,但不能叫做精读。

我国对外汉语教学中本无精读课。在上世纪五六十年代,对外汉语教学规模很小,只是预备教育的性质,最长的是为学文科的外国留学生开设的二年制汉语课。从教学方法来看,当时大体上跟美国在第二次世界大战时创制的速成外语教学模式相像,而受苏联外语教学法的影响较小(关于这一点,笔者曾口头上与当时负责教学领导工作的李培元教授讨论过,他表示同意笔者的看法),这在当时的情况下是一种很特殊的现象。从教学阶段来说,在学了语音和基本语法、掌握了一定数量的汉字和词语之后,在"文革"之前,就是学完《汉语教科书》(上下册),在70年代,则是学完《基础汉语》之后,相当于外语教学精读教学阶段的课,叫做"短文课"。在很长一段时间内,短文课是这一阶段唯一的课型。"文革"前不久,才增加了阅读课,70年代又增加了口语课和听力课。

但短文课并不是精读课,这通过对短文教材和外语的精读教材的对比就可看出。北京外国语学院英语系编写的出版于1963—1964年的一套《英语精读课本》(商务印书馆出版,因"文革"只出版了3册,第1、2册供三年级使用,第3册供四年级使用),比较典型地代表了我国外语教学界对精读课的观点。关于精读课的任务,该书的说明中说:"是通过对少量的、但是精选的文章的比较细致深入的分析,来提高学生理解语言和内容,辨认文体和风格的能力,同时帮助他们吸取表达方法,学习写作技巧。这里面又以提高理解能力和吸取有用的语言最为重要。"概括地说,"精读"的意义有二:选材"精",教学上对文章的处理"精"。不符合这两点的就不能称作"精读"。在对外汉语教学中将短文阶段定位为词汇教学阶段,所以教材(如五六十年代未正式出版的《短文教材》、《汉语课本》和70年代商务印书馆出版的《汉语读本》)和课堂教学都是围绕词汇设计的。1972年出版的《汉语读本》每课只有生词表、词语例解,练习也只有词语的练习。这比起外语教学的精读课内容要单纯得多,训练的方面要狭窄得多。简单地将基础课之后(即语音和基本语法教学之后)的教学归结为"词汇教学"是有偏颇的。因为语言水平和能力的提高,涉及多方面的因素,不是任何一个方面能够担当的任务。然而这种词汇教学"一军独进"的做法在今天仍然在一定范围内影响着对外汉语教学的指导思想。这种做法早已被我国外语教学的实践所否定。胡文仲教授(1989)在总结北京外国语学院的教学经验时指出,"在1958年和1960年又曾多次在基础阶段搞突击,犯过只重数量忽视质量的毛病"。据笔者所知,当时的突击,主要就是突击词汇。看来,我们应该认真从外语教学的经验教训中汲取营养,避免重复他们失败的经验。

对外汉语教材中比较早地按精读原则编写的教材是上世纪70年代末80年代初北京语言学院的《初级汉语课本》的第三册。事实上,这本教材在试用阶段就叫《汉语精读课本》,它对语言材料的处理和教学原则,都是按照精读的模式做的,其编写说明说:这一册"是在前一阶段训练(即该书第一、二册对学生进行基本语言技能和基本语音、语法知识的训练)的基础上,通过对典型语言材料的分析,加深学生对汉语的理解,提高口头及书面的表达能力。"说明特别指出,"这一阶段的教学,是实际意义上的初级汉语精读教学"。

正因为在上世纪80年代出现了精读课,才出现了一种新的教学模式:分科教学。分科教学在近20年的对外汉语教学中也成了主导的教学模式。

精读本身在其几十年的历史中,也在发展,前面提到,即使在之前的苏联和今日的俄罗斯,精读也不是一成不变的。自觉实践法虽然从自觉对比法那里继承了精读,但也不是完全照搬,在强调交际性这一点上,就是一个重大的变化。就阅读来说,上世纪80年代苏联对高等学校语文系外国留学生的俄语教学大纲中,研究式阅读(大致相当于精读)的材料就包括"专业课本和科学书籍及社会政治和文艺书籍中的文章",选课文时要求"所选题材应符合……学生的交际和职业需求"(祝康济1992)。据我们观察,我国英语教学界在引进自觉对比法和自觉实践法的过程中,对"精读"无论从内容上和教学方法上都进行了一定的改造,使之适合我国的教学实际。比如在选材上,早在60年代就适当地突破了文学作品的限制。上面提到的北京外国语学院英语系编写的那套《英语精读课本》,就选入了一些政论作品;在教学上则强调精读课和其他课程的配合关系。80年代胡文仲教授主编《COLLEGE ENGLISH》的时候,仍然采取了精读课的路子,在教学方法上也与传统的精读有所不同。《初级汉语课本》第三册在选材方面,有针对性地强调了"体裁多样,风格不同,题材广泛"的原则。

二

了解了以上的背景,我们就可以来看看精读课本身了。

"精读"和"泛读"代表着一种教学法,一种教学模式,即由自觉对比法产生,又为自觉实践法所继承下来的一种教学模式。这种模式被引进我国之后已经有了近半个世纪的实践基础,并在实践中不断对它进行改造,使之适合我国国情,又用其他现代外语教学法充实它,使它更加完善。

关键是应该如何看待作为精读的理论基础的自觉实践法。如前所述,自觉实践法是一种比较成熟、有坚实的理论和实践基础的外语教学法,在它的指导下创造的教学模式,很值得我国对外汉语教学界研究,并借鉴其对我们教学有用的部分。对于外国的外语教学法,不管它是哪国的,也不管它是哪个流派,我们都要采取"为我所用"的态度,进行客观的分析,不应为时尚所左右。上世纪50年代,我们全面引进苏联的自觉对比法,有点强制的味道,那是不正常的,是教条主义的表现;后来中苏交恶,又来了"文革",也没有,更不可能形成自己的外语教学法体系。"文革"之后,在我国改革开放的形势下,我们大量引进了西方的外语教学法,促进了我国外语教学包括对外汉语教学的发展。在这种情况下,我想,我们也不必冷落了自觉实践法,对脱胎于自觉实践法的"精读",也不应盲目地否定。

如果我们把"精读"和"泛读"(当然还有其他跟精读配合的课程)放在一起来看,我们就会发现这种精泛并举的做法是符合"质"和"量"的辩证关系的,是符合外语学习的规律的。要掌握一种外语(包括作为外语学习的汉语),应该以对这种语言有深刻透彻的理解为基础,要提高水平,也必须提高对所学语言的理解的水平。"精读"的作用就在于此。这是从"质"上提高学生的水平。人们对直接法和视听法的批评之一,就是学生的语言质量不高,因为最初意义的直接法和视听法都绝对排斥母语,在很多情况下学生是靠猜测理解外语的,这往往就造成了理解上的偏差,影响了学生的语言质量。我们知道,这两种教学法基本上只适合初级的教学,在初级阶段已经是质量不高了,这样学出来的外语,在提高的时候,恐怕问题更大。这样说,并不是要全部否定这两种教学法,只是说它们存在着这样的弊病。而"精读"就避免了这个问题,这一点,越学得多,就越看得明显。

但是只有"质"是不够的,还要有"量","质"和"量"互相依存,互相补充,既有"质"又有"量",才能培养出合格的外语人才。基础阶段也有"质"和"量"的矛盾,但那是跟以后阶段情况不同的。基础阶段由于涉及的语言材料比较简单,"质"主要表现在基本的熟巧,而不表现为对语言材料和语言项目的理解的深度。"精读"阶段的"质"则相反。这一点又决定了"精读"的具体操作:要达到"质"的要求,所用语言材料的量就不能大,否则就不能"精"。但"精"的目的是实践,是应用,如果只有"精",只有质量,学生就会十分局限,按照胡明扬先生所说"输入大于输出"的道理,学生的输出能力就必然受到很大限制,总体的教学质量就会受到影响。解决这一矛盾的办法之一,就是要有与"精读"相配合的"泛读"。我们说是办法"之一",就是说还有其他课程配合,只是都不如"泛读"跟"精读"配合得那样直接罢了。

"精"和"泛"相辅相成的互补关系,反映了人们的共同认识。在西方的教学法中,实际上也并不否定"精""泛"的结合。如果说他们编写的一些课本是"精读"的话,那么,他们编写的大量简易读物,就是"泛读"。加拿大著名语言学家麦基(William Francis Mackey 1975)在谈到阅读理解的时候,也主张"可以通过(1)精读教材,(2)泛读教材训练对书面语的理解"。1978年来我国讲学的英国外语教学法专家 Patricia Mugglestone 就明确地把阅读训练分为"精"和"泛"两种。美国匹兹堡大学 William E. Noris(1981)在《教高级阅读:目标、技巧和顺序》一文中也区分精读和泛读。英国著名英语教材编写专家 L. G. Alexander 编写的系列英语教材《New Concept English》的中级课本(Developing Skills)和高级课本(Fluency in English)不管选材(内容、篇幅)还是对材料的处理上都跟我们说的"精读"有很多共同点,可谓异曲同工。

在我们总体上肯定"精读"的时候,并不是说它就不需要发展了。正如前面所说,我国的外语教学和对外汉语教学对精读已经做了一些调整。从对外汉语教学的具体情况看,应该确定以"精读"为核心的教学模式的适用对象。我们认为,这种模式只是众多的外语教学模式中的一种。任何一种教学模式都有其使用范围和对象,这是由教学对象的多样性所决定的,因此,在选择教学模式的时候,主要应该从教学对象出发。在评价一种模式的时候,也应该从实际出发,首先看它适合不适合它的使用对象,而不能笼统地说某一教学模式好还是不好,更不能因为它不适于其他对象,就言称它不好。也不能把各种教学模式对立起来,企图用一种模式一统天下。对以"精读"为核心的教学模式也应该采取这样的态度。

以"精读"为核心的教学模式,简单地说,就是所谓"分科教学"。以北京语言文化大学对外汉语教学的情况为例,"分科教学"是随着开设精读课而出现的。这并不是偶然的。这种模式比较适合正规的、课程比较集中的长期班(学制在一年以上)。因为这样的学生更需要,教学时间也允许对所学材料进行"精雕细刻"式的分析,使学生对汉语有较为深入的理解。近20年来的精读教学实践证明,这门课的教学效果是应该肯定的。

但这种模式不能一成不变,而是要随着对外汉语教学的发展,随着教学法的发展而有所创新,使之具有新的活力。从目前情况来看,分科教学还不够完备。比如应该有哪些课程与精读配合,才能使得这种教学模式能够发挥它的优势,这是很值得研究的。其他的不说,现在各年级的阅读课,就应改为泛读课,只有这样,"精"和"泛"才能平衡,才是"两条腿走路"。

另外,在精读课的内部,也应该根据现代的语言教学理论做些调整。比如,应加强语素的训练,应加强篇章结构方面的训练,以及语体(特别是书面语体)、风格、修辞的训练等等。

总之,我们的看法是,精读的存在是有其理论基础的,是比较适应其特定的教学对象的。今后,应该在教学中不断改进它,完善它。同时,我们也不排斥创造新的教学路子,特别是针对各种不同的教学对象,应寻找出适合的教学模式。

三

在对外汉语教学中,"泛读"始终没有跟上,到目前为止,无论从认识上还是实践上,泛读都是教学中的一个最薄弱的环节,因此需要集中加以讨论。

"泛读"比较薄弱,是整个外语教学中普遍存在的问题,胡文仲先生(1989)在总结北京外国语学院的基本经验时指出:"在五十年代初期曾经有过在篇幅很短的精读课文上花过多时间,忽视了阅读量的偏向。"胡明扬先生(1997a)也指出:"综合法又强调'精读',强调'活用',整个四年的课文加起来还抵不上一部原著的分量。虽然有泛读课,分量也很小,内容也不够广泛。"包括现在关于"精读"的讨论,往往只谈"精读"而不谈"泛读",可以说,也是对"泛读"的重要性认识不足,对"精读"和"泛读"的关系认识还比较模糊的反映。

但据笔者观察,外语教学中的"泛读"尽管还存在着不足,但至少在英语教学中还是有一定保证的,一是有材料,二是有课时。这种情况比起对外汉语教学的情况来,应该是好得多的。对外汉语教学中,泛读课始终没有得到足够的重视,虽然我们曾经编写过、出版过一些属于简易读物或简写读物性质的材料,但由于不适用,这些读物都自生自灭了。到目前为止,还没有适当的泛读材料,当然也没有相应的课程。

现在有的文章在探讨对外汉语教学质量的时候,把教学质量不高的原因归结到精读上,似乎只要取消了精读,教学质量就提高了,这样立论未免有失公允。我们认为,精泛的严重失衡才是影响教学质量的一个重要因素。现在不是要抛弃精读,而是要在改进精读、完善精读的同时,大力加强泛读,求得精泛平衡,达到提高教学质量的目的。

"精读"和"泛读"本是外语教学中的两种相辅相成的课程,两者是不能分开的,他们的关系,就像人吃饭要干稀搭配才吃得调和,砌墙要"灌浆"墙体才牢固一样。"精"和"泛"是相互依存的,没有"精"就无所谓"泛",没有"泛",也无所谓"精"。不能有精无泛,也不能有泛无精。要两条腿走路,哪一条腿也缺不得;也不能一条腿长,一条腿短。

"泛读"的作用是什么?我们认为,精读课上学过的语言知识,必须通过大量的泛读(当然还包括其他与之配合的课程)才能得到重现、复习、巩固、扩展。泛读还可以扩大学生的知识面,主要是增进对目的语国家的了解。尤其是近些年,外语的简易读物已经大大扩大了范围,从只有文学作品发展到科普读物、地理、历史、艺术、政治等多个方面。此外,"泛读"也是培养学生良好的阅读习惯,训练阅读技巧的重要手段。我国著名的英语教学家南京大学的陈嘉教授曾经说过,精读也是为了泛读。这话说得是很精辟的。因为无论学生将来用所学的语言从事什么工作,阅读的东西大都是泛读,不可能是精读。

在外语教学中,都把培养学生对目的语的语感作为"泛读"的一个任务。在对外汉语教学中,《初级汉语课本·阅读理解》也明确提出"增强语感"的问题。对此有的论者提出不同意见,但我们认为把语感作为"泛读"的任务提出来是有道理的。语感问题虽然"见仁见智,概念抽象","不易把握",是"虚的东西",但语感是客观存在,学习汉语的外国学生需要培养起对汉语的语感,也是客观的需要。语感可以促进学生对所学语言的内化,可以提高运用和吸收语言的质量,而且一旦获得了语感,是终生受用的。我们不认为语感是可以不经过培养就获得的。张普先生(1999)在归纳老一辈语言学家吕叔湘、朱德熙、邢公畹等对语感的精辟论述时指出,语感是在长期的语言实践中逐步地、自然而然地形成的,语感可以通过语言教学实践来培养和训练。我们认为,还应该加上一条:语感必须通过**大量**接触那种语言才能获得。显然,这是精读或少量的其他阅读难以做到的,只有泛读才能完成这个任务。

西方的外语教学法专家,包括汉语教学专家,并不否定"泛读"。前面我们已经提到加拿大语言学家 William Francis Mackey、英国外语教学法专家 Patricia Mugglestone 和美国的 William E. Noris 明确地把阅读训练分为"精"和"泛"两种的事实。他们的文章和专著里,都对泛读或课外阅读作了专门的论述。我们还可以介绍一些情况。英国 L. G. Alexander 编写的系列英语教材《New Concept English》的中级课本(*Developing Skills*)和高级课本(*Fluency in English*)的使用说明中都专门提到"补充阅读材料"。他说:"学生在课余时间尽可能多读,是很重要的。课外阅读的书应是经过简写的,适合他们的程度的。"我们知道,他供职的朗文出版社(Longman)在他的倡导下出版了大量成系列的英语简易读物。他在编写说明中就提到了 Longman Simplified English Series, Longman Bridge Series, Longman Abridged and Heritage Series 等三个系列。1981年他在北京语言学院讲学,在一次回答听众问题时曾说,他的理想是编写两万种英语简易读物,成立一个简易读物图书馆。国外的汉语教学界也对泛读给了足够的重视,赵元任先生曾经亲自动手编写过三大本 Readings in Sayable Chinese,黎天睦教授(Timothy Light 1984)曾经介绍过黄伯飞、王方宇教授编写的"配合基本教材的书",如《画儿上的美人》《中国历史纲要》《中国文化二十讲》《中国的毕加索:齐白石》《聊斋》等。

泛读的量必须大。多大的量才是合适的,现在没有定论。我们见到苏联的对外俄语教学大纲,对非人文系科的外国留学生提出的二年级泛读量是一学年400页,是精读量的两倍多。三年级认知式阅读量600~700页,浏览式阅读量是250~300页,摘录式阅读200页。四、五年级浏览式阅读量为150~200页,认知式阅读量为400~500页。泛读量也应随着程度的提高而逐步加大。为了加大阅读量,就必须降低泛读材料的难度。麦基(Mackey)在《语言教学分析》(1975)中说:"泛读应使学生读起来没有困难;如果可能,还应该使人读起来饶有兴趣。学生需要的是有广泛选择余地的阅读材料,不仅适合他的词汇量,而且也适合他的兴趣。"Noris(1981)的文章说:"泛读应当用比较容易的材料。如果不能全部避免的话,也要尽量减少新词汇和新语法结构,因为泛读材料的目的是要为已知的词汇和句型提供范围广泛的用法和有意义的语境。"《初级汉语课本·阅读理解》虽然还不是真正的泛读教材,但编写的时候把每百字的生词量控制在2个。上述美国王方宇教授编写的《画儿上的美人》,全书长度近15000字,只用了300个学生已经掌握的汉字和82个生字,生词(只用拼音)99个,平均每100字只有生词0.66个,说明作者对难度的控制是很严格的。为了降低难度,初级和中级的泛读材料就需要简写、改写,只有高级的泛读材料才可以选用浅近的原文,还要加上必要的注释。由于泛读量大,就只能靠学生在课外阅读,事实上最初的泛读就叫"家庭阅读"(home reading)。课上只是检查阅读情况,答疑。这种做法,既是客观需要,也可以从读的方面给学生创造一个语言环境,使他们在课外仍然能够大量地接触所学的语言。

"泛读"材料的编写需要专门的技巧,"泛读"的教学也需要有适当的方法。对此,需要专文论述,本文不涉及。

总之,大力加强泛读课程的建设,是对外汉语教学的当务之急。首先要编写大量适用的供泛读使用的读物,使泛读跟上去,使精泛平衡,从整体上达到提高学生汉语学习质量的目的。

四

本文所讲,情况多于论述,这恐怕也是必要的,有利于互相交流与沟通。在讨论精读和泛读以及与此相关的问题(如教学模式)的时候,只有大家都比较了解情况,才有共同的讨论基础,才能够做出中肯的分析,尽管观点可以不同,结论可以不同。当然,由于本人掌握材料有限,这里介绍的情况不一定全面。如果这篇短文能够引起讨论,引起对外汉语教学界对泛读的重视,那么,也就起到了抛砖引玉的作用,也就实现了本文写作的初衷。

本文涉及的教材

《英语精读课本》(1—3册),北京外国语学院英语系三年级教学小组编,商务印书馆1963年出版。

College English(第三册),杨立民、徐克容编著,外语教学与研究出版社1985年出版。

Developing Skills, *New Concept English*, L. G. Alexander, Longman, 1976, new impression.

Fluency in English, *New Concept English*, L. G. Alexander, Longman, 1976, new impression.

《汉语读本》,商务印书馆1972年出版。

《初级汉语课本》(第三册),北京语言学院来华留学生三系编,北京语言学院出版社、华语教学出版社1988年第二版。

《初级汉语课本·阅读理解》,北京语言学院来华留学生三系编,鲁健骥、李世之、肖秀妹执笔,北京语言学院出版社、华语教学出版社1989年第一版。

《画儿上的美人》(*The Lady in the Painting*) by Fred Fang-yu Wang(王方宇),Far Eastern Publications, Yale University, 1957.

[本文曾在中国对外汉语教学学会第七次学术讨论会上宣读,后收入会议论文选(人民教育出版社2002年出版),并载《海外华文教育》2001年第3期]

关于语感和如何训练学生的语感

对目的语的语感,对于外语学习者是非常重要的,只有具有了语感,外语学习者才能自觉地发现与吸收对他来说是新的语言现象。近些年来,对外汉语教学界关于语感的讨论多起来了。这是件好事。只有大家都关注这个问题,一些相关问题才能得到深入的认识,才能在教学中注意语感的培养,才能找出培养学生语感的办法。应该说,至今这些还是比较模糊的。

什么是语感?李泉(1995)在比较了几种定义之后,提出:语感是人们在长期的语言实践中逐渐形成的判断语言运用的"正/误""优/劣""常/殊"等的语言能力。我想,这样说大致可以回答什么是语感的问题。语感对本族人来说,是自然形成的,而学习外语的人建立起对目的语的语感,就不是容易的事了,而且对目的语的语感与对本族语的语感虽有相同之处,也有其特殊之处。比如说"长期",到底是多长?对外国人来说,要建立起对汉语的语感来,显然不能像中国人那样,要经过很多年,而是应该从一开始学习,就要有意识地培养,这样才能使学生在两三年之内初步形成对汉语的语感。再如这里说的"正/误",应该理解为学生对他所接触到的汉语表达形式是否正确具有敏感性,这对本族人不是难事(本族人当然也会出错),对外国人却不容易,因为他自己使用的汉语中介语中就可能包含同样的偏误,如何能判断别人的汉语表达形式是否正确?对他来说,很可能有两种情况:一是他认为凡是中国人说的就一定是正确的,因此无法判断中国人表达中的不合汉语规则的错误;第二种情况是不能识别其他外国人使用汉语中的偏误,往往把偏误当作正确(特别是母语相同的人之间)。说到这里,我想起自己年轻时学英语考口试的情况。当时我们就怕英国或美国老师考我们口语,因为他们对我们的错误(应该是偏误)非常敏感,不管哪方面有一点哪怕是很小的毛病,他/她马上就感觉出来,或者是眉头一皱,或者是眼睛一瞪,或者是嘴一撇,我们就知道自己肯定出了毛病。而中国主考老师就不一样,除了很明显的错误(偏误),比较细微的毛病他们一般不大有什么反应,也可能是他没觉察出来,也可能是他可以理解、可以容忍,于是就"放了一马"。我想我们在汉语教学中也有这种情况。这就是语感问题。至于"优/劣"与"常/殊",要求就更高了,不是具有较高的汉语水平,恐怕很难有辨别优劣与常殊的语感的。

那么,语感表现在哪些方面呢?我以为是表现在语言的各个方面,如语音方面,不但能辨别中国人的方音,而且能辨别外国人说汉语的语音是否正确、标准;语法方面,能够辨别语法形式的使用正确与否。语法规则是有限的,而对这些规则的使用是无限的,任何使用这种语言的人都是在语法规则的指导下创造性地使用语言,因此,在对外汉语教学中,当我们听到或读到外国人说的话、写的文章时作为本族人可以敏锐地判断其正误、优劣、常殊,而外国人就不一定了,这就是说他还不具备相应的语感。词汇方面,主要是对词义、各种搭配关系、使用的语境、感情色彩、语体色彩等的把握。汉字方面主要是能识别笔画、字素的组合、字的使用、错字、别字等。当然语感不仅是对语言要素敏感的问题,还包括对语体的敏感、对语篇是否连贯的敏感、对语用规则的敏感等。

语感是一种感知能力,它并不等于语言能力。比如你可以判断对方表达的正误,甚至优劣、常殊,但不等于你就一定能运用。就像我们可以欣赏文学作品,但我们自己未必能写出同样的作品。我也有一点个人的体会。上个世纪80年代,我参加翻译一本讲非语言交际的学术著作,我分工的一部分,那英文读起来感觉很别扭,主要是长句太多,不是一般地长,最长的句子竟然有9行之多,从句一个套一个,这是一般英文文献中从未见过的。类似的情况,此前我只在曾经读过的恩格斯亲自翻译成英文的《反杜林论》中碰到过,因此我怀疑这一部分也是从德文转译的,一查果然是。这就是语感——我感觉出那篇英文"不地道",但如果让我把它变成地道的英文,我却没有那个能力。然而有这种辨别能力对外语学习是很重要的,它帮助我们识别哪些是可以学的,哪些是不能学的。

关于语感,我在《说"精读"和"泛读"》一文中曾说过这样一段话(见本书 p.62):

> 在外语教学中,都把培养学生对目的语的语感作为"泛读"的一个任务。在对外汉语教学中,《初级汉语课本·阅读理解》也明确提出"增强语感"的问题。对此有的论者提出不同意见,但我们认为把语感作为"泛读"的任务提出来是有道理的。语感问题虽然"见仁见智,概念抽象","不易把握",是"虚的东西",但语感是客观存在,学习汉语的外国学生需要培养起对汉语的语感,也是客观的需要。语感

可以促进学生对所学语言的内化,可以提高运用和吸收语言的质量,而且一旦获得了语感,是终生受用的。我们不认为语感是可以不经过培养就获得的。张普先生(1999)在归纳老一辈语言学家吕叔湘、朱德熙、邢公畹等对语感的精辟论述时指出,语感是在长期的语言实践中逐步地、自然而然地形成的,语感可以通过语言教学实践来培养和训练。我们认为,还应该加上一条:语感必须通过大量接触那种语言才能获得。显然,这是精读或少量的其他阅读难以做到的,只有泛读才能完成这个任务。

由此我们可以知道,语感的形成,是一个"自然而然"的过程,一是靠长期的语言实践,一是靠与目的语的大量接触。二者都不只是学习期间的事,但在学习期间应该给学生创造条件。学习期间与目的语的大量接触,主要是通过大量的听和读解决,培养语感的任务主要是通过泛读、泛听以及中文新闻阅读、听力完成的。其他课程如精读不能说与培养语感无关,但其主要任务不是培养语感,而是为大量阅读与聆听打基础。正如上文所说,光靠少量的精读培养不了语感,它解决的是语言的"质"的问题。如果我们打个比方来说,学习外语就像学习游泳,精读好像初学,老师讲理论,学习者在游泳池里实践;泛读像是河湖里游泳,有了一定的自由度,也接触了比起游泳池复杂一些的情况;而最考验水性的是在大海中游泳,这时会遇到各种各样的需要应付的情况。一个学外语的人获得了语感就像已经能在江河湖海中游泳一样。精读中遇到的语言现象是最基本的、有限的;有许多东西还是接触不到,进入泛读,特别是阅读原文,随时都会发现以前没有见过的语言现象:新的句法现象、新的搭配、成语、惯用语等等。在泛读中常常会遇到一些原来想表达而不知如何表达的东西,碰到一些自己感到十分"新颖"的搭配,这些积累多了,就会形成语感,同时也有助于提高自己的语言水平。不管是汉语还是外语,都有一些非通过语感才能学会的东西,如英语冠词的使用,如果按条条去记,要记住一本书,还要能运用,显然是不现实的,但若是接触多了,形成了语感,则在运用中比较自然地就能用对,对于用得不对的冠词,也能比较敏感。汉语的一些老大难的语法现象如"了""把",单凭记条条,是学不会的,但接触(读或听)多了,对这些有了语感,使用起来就能够比较自如,所谓"见多识广""熟读唐诗三百首,不会作诗也会溜"。因此,在学习期间,加强泛读、泛听,给学生创造大量接触汉语的机会(所谓加大输入量)是培养语感的最有效的途径。

　　由此我想到在泛读、泛听教学中应该强化培养学生语感的意识,探索培养语感的方法,这就需要对传统泛读、泛听有一定的突破。传统的泛读教学,语感的培养是隐性的,或者是让学生自己去体悟,教学本身只是从材料上为学生形成语感创造了条件,但并没有有意识地进行培养。我们今天既然对语感的认识有了一个新的高度,那么我们就需要创造出一些显性的教学方法,使语感的培养成为我们有意识的教学行为。显性的语感教学方法,我想还是要调动学生的潜能,在这方面给学生任务。比如让他们自己在保证快速、大量的阅读或聆听的前提下,发现自己熟知的语言规则的扩展,像句式的运用、句子的组合、词语的搭配、用法等,逐步形成对这些扩展的敏感,并且能够敏锐地发现。但不要求学生刻意地掌握,那不是泛读或泛听的任务,更不是语感教学的任务。

　　总之,要把语感的培养纳入教学的日程,进而探索出一套自觉的显性方法,这就是我们的当务之急。

书面语教学断想

我最早听到关于语体教学的论述，是1998年在中国对外汉语教学学会第六届年会(大连)上，当时烟台大学的丁金国先生讲的就是这个题目。后来提出"字本位"的问题，实际上就把语体教学的问题提到日程上来了。吕必松先生提出教书面语的问题。近几年来冯胜利先生也在探索书面语教学的问题，取得了有益的经验。

此前，对外汉语教学是不太注意区分语体的。我在《对外汉语教学改进模式的构想：口笔语分科，精泛读并举》一文(见本书 p. 34)中，在反思综合课的问题时指出我们缺乏对学生进行书面语(即文中所说"笔语")的训练。我们的词汇项目和语法项目没有分别哪些是口语的项目，哪些是书面语的项目，哪些是介于二者之间的所谓"共核"项目。最多教材里面注一下，但并没有专门的训练，特别是对书面语成分，基本上是一带而过。朱德熙先生在上世纪50年代为保加利亚编的汉语讲义中难能可贵地介绍过几个常用文言虚词(参见本书p. 139)，当属语体教学的初步，还不是成系统地进行书面语教学，而且这一做法后来也没有继承下来。

由于缺乏书面语的训练，外国留学生的阅读理解能力和必要的书面语写作能力都受到很大的影响。我发现，现在四年制汉语专业的毕业生，阅读能力还不理想，比如他们在读硕士课程时，阅读专业参考文献还比较困难，就是一个证明。根据我的观察，可能有些本科生连某些课程的教材读起来都比较费劲。再者，学生不会按照中文的习惯写应用文。我手里保存着一张学生写的假条：

97/04/29

×老师，
今天上午，我不会上课，因为我应该去看大使馆的医生。对不起，我希望没关系。
今天下午，我要学习今天的课了。
谢谢您。

戴欧维

这张假条是外文便条的格式，意思清楚，语法上也没有什么问题，但是不符合中文书面语的规范。中文假条中常用的词语，如：兹有、请假、一日、望批准为荷、此致、敬礼、于……学生都不会用。

有鉴于此，对学生进行书面语的训练，就是刻不容缓的事了。

那么，书面语教学的目标是什么？我以为是：

（1）提高学生阅读现代汉语书面语的能力；

（2）训练学生听懂带有一定书面语成分的专业课或演讲、讲座；

（3）训练学生写带有书面语成分的应用文和毕业论文。

书面语教学主要是要有这种意识，笔语课是专门的书面语课程，但其他课程也应该负有书面语教学的任务。

在阅读方面，精读课应该把训练书面语的阅读能力作为教学内容。为此，精读教材的选用，就要考虑到书面语成分应该随着水平的提高而增加，要有相应的讲解和练习；泛读教材应该跟上。专业课除了知识之外，也应该同时进行书面语的教学。我曾经提出过给学习各种专业的学生开设后续的汉语课程（见本书 p.49），恐怕这样的课程很重要的任务就是进行书面语的阅读能力训练。另外，报刊课、古汉语课，应该纳入训练书面语阅读能力的范围。本科阶段的古汉语课，应该把目标从培养学生读古文的能力调整到提高他们阅读书面语的能力上来。

在听力方面，一般认为，在专业课上，教师的授课往往带有书面语体的某些特征，一些学术的表述，口头和书面没有太大的分别，因此，应该将听懂这样的授课作为书面语训练的目标。

应用文和毕业论文的写作训练，应该是我们写作课的主要任务和内容。这方面，需要对目前的写作课做必要的调整。我们认为，这样做是符合外国学生的写作实际的。我们可以设想，外国学生在校学习阶段和学成出了校门之后，或继续读研究生课程，最需要他们动笔写的是什么。我想，还是这两类文章。目前外国研究生多数不具备用书面语体写作论文的能力的状况必须改变。因此，我们不赞成提出把"写典雅文章"作为外国人学汉语的目标。放着必须做的事不做，而去"写典雅文章"，从哪方面看都不是正确的路子。

进行书面语教学，还要做一些前期工作，其中之一就是摸清现代书面语的底：词语的、语法的、古汉语成分等，这样的调查对教书面语很有必要，非常有意义。书面语中包括的语言现象，基本上是完全的书面语词汇（包括固定格式）、语法和中性语体的词汇和语法现象。这两类分开，书面语的内容就清楚了,但这还不是书面语的教学内容。教学内容是根据学生的专业加以选择的。

教学中,要从教学目的出发,想出办法来,想出教学的路子来。比如,语体转换就是一种很有效的练习。在阅读课上把书面语体的内容变为口语体、中性语体说出或写出来,可以起到加深学生对书面语的理解的作用,同时也训练了他们的口头表达能力。

书面语的写作训练方面,关于毕业论文的写作,我在其他文章中已经谈过训练过程,其中当然包括训练学生写作合乎汉语书面语特点的论文的能力。至于应用文的写作,也是要训练学生具备把口语体的内容写成符合规范的中文应用文的能力。

教学还应该紧密联系日常生活中常见的书面语,提高学生对书面语的敏感度。这一步工作做好了,对学生总体的语言水平的提高也是大有裨益的。过去我们对这些都没有加以发掘,在教材中也是"隐性"的。既然要进行书面语教学,就要把这些隐性的书面语成分变为"显性"的。如教材中应该对书面语的词语、短语、句式加以注释并与口语或中性语体的对应形式进行比较。如:

  日——天:今日、明日、昨日、前日、后日、近日、一日、某日、星期日、日前
  入——进:入口、入门、非请莫入、病从口入
  售——卖:售货员、售票员、售货窗口、售价、本店出售、此车出售
  购——买:购票、购货
  归——回:归国人员、海外归来
  银——钱、款:收银员、收银台

另外,要教会学生从总体上把握汉语书面语的特点,因为语体是一种综合的语言现象,不能靠词语、语法、句式任何一个单独进行训练,不然学生还是学不会书面语体。有一个例子:* 其的一目标是……。这里的"其""一"都是书面语的用法,但是由于没有从整体上把握语体,没有掌握相关的句式,还是用不对。若说"其目标之一是……"就对了,这才是符合规范的书面语。一个句式如此,一个段落、整篇文章,更是如此。

总之,书面语教学可以说还没有真正开始,还有很多问题等待着我们去解决,去开发。我们这里所说,也旨在提倡,在呼吁,在引起同行们关注。

新闻汉语综合课设计

一、什么是新闻汉语综合课

迄今对外汉语教学中有报刊阅读课、新闻听力课。"新闻汉语综合课"是本人拟想的一门课,代表了本人对新闻汉语教学的思考,目的是提高学生新闻汉语的阅读和听力理解能力,落实语体教学,教会学生从书面语体、中性语体转换成口语体,训练口头叙述新闻的能力。因此,这里所谓"综合",有两方面的含义:

(1) 听读说的综合训练:听新闻,读新闻,说新闻;
(2) 书面语体、中性语体和口语体的综合教学。

这两方面大致可以对应起来:广播、电视上的新闻是中性语体,报刊、互联网上的新闻多是书面语体,人们口头上说的新闻是口语体。听可以和说结合,读也可以和说结合,无论如何,人们口头上说的新闻,在广播、电视上听的新闻和在报刊、互联网上读的新闻,三者在语体上是不同的,是不可互相替代的。举一个简单的例子:

  美国总统奥巴马定于明日抵沪[书面语体]
  美国总统奥巴马定于明天到达上海[中性语体]
  报上(广播里、电视上)说,奥巴马明天到上海。[口语体]

显然,假如广播或电视节目的主持人用书面语体或口语体播报新闻,或者人们在日常谈话中用书面语体或中性语体谈新闻,或者报刊、互联网上用口语体刊登新闻,那将是很不得体的。因此,在不同的情况下,存在着语体转换的问题:电台、电视台播报新闻之前,要先将新闻稿(或报刊、互联网)的书面语体转换成中性语体,这样才能上口,也才能为听众听懂;人们从报刊上、互联网上读到新闻或从广播、电视上听到新闻,要口述出来,也需要把读到或听到的新闻从书面语体或中性语体转换成口语体。兹用下图表示三种语体的转换关系:

一般来说,从书面语体转换为中性语体是广播或电视台在播报新闻之前要做的工作(只有文件、社论等才不需要转换)。学习汉语的外国人,他们需要掌握的是从书面语体和中性语体转换到口语体的技能。讲述新闻应是各类学生的语言能力之一,当然讲述什么新闻他们可以根据自己的专业需要有所侧重。

二、新闻汉语教学中三种语体的特点

1. 书面语体:这是阅读理解的问题,必须掌握汉语书面语在报刊、互联网新闻中的表现,才能顺利理解(看懂)。本人认为,新闻汉语的阅读在语言上突出特点是:

(1) 长句多;
(2) 文言成分(句式、词语等)多;
(3) 缩略语、简称多;
(4) 新闻标题除上述书面语的特点之外,还有一些其他特点,如如何断句、几个层次的标题如何连贯起来,有不尽工整的对仗,有时会杂有一些非常口语化甚至方言俗语的成分等。

2. 口语体:这是人与人之间以口述新闻为内容的日常谈话,具有口语表达的各种特点,主要是:

(1) 句子短小;
(2) 文言成分不多,但口语词语比较多;
(3) 一般不太使用缩略语、简称,除非某些缩略语、简称已经非常常见,并且已经进入口语;
(4) 可能有停顿(完全停顿或用"衬字"停顿)、重复等口语特征;
(5) 人们使用具有口语特点的语音互相讲述新闻。

3. 中性语体:中性语体可以看成介于书面语体与口语体之间的语体,它没有书面语体那样"文",能够为听众听懂;但也不像口语体那样"俗"。中性语体既可以进入报刊、互联网新闻,也可以在某种程度上进入口头叙述。主持人用与口语有较大距离的"播音调""朗读调"播报新闻，一般十分连贯、流畅、语速适中。

所以,报刊、互联网新闻阅读教学是解决阅读理解问题,广播电视新闻汉语教学是解决听力理解问题,而新闻汉语口语教学则解决将上述两种语体转换成口语——述说新闻——的问题。在语音上,中性语体的播音与口语的讲述有比较大的差别,同样不能互相代替。

三、新闻汉语综合课的教学内容与顺序安排

1. 引导课
（1）介绍中国主要报刊、主要互联网站、主要广播电台、电视台（中央的、地方的、专业的等）、通讯社。
（2）介绍中国报刊、电台、电视台、互联网的版面、栏目（报头、副刊、图片、头版、第×版、标题——大标题、小标题、通栏标题、套红标题等）。
（3）介绍与新闻有关的文体与用语（本报讯、×消息、据×消息、据×报道、简讯、社论、评论、评论员文章、短评等）。
（4）介绍新闻作者或报刊的其他人员（编辑、总编辑、主编、通讯员、评论员、实习生、记者——特约记者、驻京记者、本台记者、本报记者）。

2. 正课内容及教学顺序
（1）纵向教学顺序与分级：
标题——引导段——简明新闻——新闻全文
初级：从单条到组合：标题——标题组合；引导段——引导段组合；
中级：从单条到组合：简明新闻——简明新闻组合
高级：新闻全文——全文组合
说明：所谓组合，就是关于某一事件全过程的数条新闻的组合。如一次访问，从到达、访问期间的活动直至离开的全部新闻与相关的文件的组合（可以是标题的组合，也可以是引导段、简明新闻以至新闻全文的组合）。

（2）涉及的方面：
A. 国内、国际（先国内后国际）：政治、外交、经济、贸易、工业、农业、交通运输、军事、文艺、体育、历史、医学、旅游等；
B. 以上各方面都可以分：往来、会谈、宴请、参观游览、业务活动、学术活动、会议、公报、声明、信函、电报、展览等。

C. 以上可以 B 为主线,如"往来",可以是 A 中任何一方面的,这可以视学生情况或学生的兴趣所在确定一个或几个方面;在中级以上,则可以给学生以充分的自由,教学只规定 B 的某一方面,而选取 A 的哪个方面,则由学生根据自己的需要或兴趣来定。比如选取"往来",可以是政府间的往来,也可以是贸易代表间的往来或文艺、体育方面的往来等。B 类内容是控制的,在此情况下,学生选取的自由度越高,越能发挥他们的主动性、积极性,使他们在学习中感到自己是在做创造性的工作。

四、新闻汉语综合课的教材构成

1. 教材分级

初级:引导课;第一部分——标题;第二部分——标题组合;第三部分——引导段;第四部分——引导段组合。

中级:第一部分——简明新闻;第二部分——简明新闻组合。

高级:第一部分——新闻全文;第二部分——新闻全文组合。

附:各级共用的读报手册:

国际:
A. 世界主要国家和地区简表
B. 世界主要国家和地区议会、国家元首、政府首脑等职务名称
C. 世界主要国家和地区主要政党
D. 联合国
E. 主要国际和地区性组织、条约
F. 各国主要通讯社、报刊

中国:
A. 中国历史纪元简表
B. 中国行政区划简表(省、市、自治区名称、简称、别称)
C. 中国民族
D. 中国国家机关及职务名称
E. 中国主要党派、团体及职务名称

新闻中常见西文字母词表

2. 教材大致结构

(1) 引导课：会话体（附：各大报刊、通讯社、电台、电视台的简介）
(2) 正课：

本课题目。从第三部分 2.(2)B 中选。

与题目相关的结构、格式。如与"往来"相关的结构有："××率领×代表团""以×为首的……""应……的邀请""对……进行……访问""在座的有……""陪同……访华的有……"等。

例文。报刊、互联网新闻标题、引导段、简明新闻、新闻全文或以上各类的组合，不称课文。因为新闻是有时间性的，设课文，必然是过时的新闻，失去新闻的价值，也不能引起学生的兴趣。称作例文，意思是说，上课时教师必须使用最新的与例文相当的新闻。

列出例文中涉及的文言成分、缩略语、简称、专名等。对文言成分（词语、句式）作适当解释，能对应出现代汉语形式者，应给出；缩略语、简称、专名，只给拼音，由学生到书后的缩略语表、简称表和专名表中查找。

列出讲述新闻中常用的表达法。如"报上说""我听广播里说""报上今天有一条重要的消息""《人民日报》第 3 版上有一条消息""这张照片是××拍的""照片上第一排左边第三个人就是××"等。

教材中不出生词表，因为学习本课的学生至少具有准中级的水平，一般的词语问题，完全可以通过查词典自行解决。但一般词典中未收的新词语可以加以注释。

练习。目的是培养学生阅读书面语的能力，发现书面语体与中性语体差别的能力、将书面语体和中性语体转化成口语体的能力（即讲述新闻的能力）。练习的量相对要大、有选择性。例如：

A. 听一段与例文或选用的最新新闻相同的广播或电视新闻，然后说出你读到的新闻和听到的新闻在语言上有什么不同。

B. 阅读跟例文的主题相同，但方面不同——可尽量包含第三部分 2.(2)A 类诸方面的新闻。说明：学生可以全读，也可以选读。

C. 讲述例文或选用的最新新闻和练习 B 中所读的新闻，或练习 A 中所听到的新闻。

D. 讲述读到或听到的新闻组合（标题、引导段、简明新闻、新闻全文）。可采取内容互补式拼图的办法。

E. 讲述你自己国家跟本课题目相近的新闻或新闻组合。

五、新闻汉语综合课的教学要点

1. 教学要求

(1) 考虑语言特点；
(2) 着眼于提高学生的阅读、听力理解能力和口头讲述新闻的能力；
(3) 有助于学生提高自学的能力；
(4) 让学生不断地在自己语言水平的基础上创造性地学习。

2. 教学过程

(1) 预习
详细开列预习内容表，包括：

第一次：
A. 语言项目：查生词、查搭配、文言成分、常用格式；从新闻中体会新词语的意义，从中查出缩略语的扩展形式、简称的全称等，查出西文字母词语的汉语说法。

B. 从互联网上查与例文相近的新闻；挑出所选新闻中的专名（人名、地名、机关、组织名等）。若是人名，要求同时找出其职务；若是地名，则要求查出其所在省、市、自治区。

第二次：
C. 组织组合新闻。
D. 读报刊新闻、听相同内容的广播、电视新闻。
E. 口述自己准备的新闻。
F. 高级阶段（全文新闻），要让学生做些归纳的工作，如对一次会议的报道中与会者对某个问题的几种不同意见的归纳；国家领导人的互访中，双方各讲了什么，公报中双方有哪些共同点，有哪些分歧；国际会议（如联合国大会）上对同一问题有哪些不同的观点等等。

(2) 课堂教学

A. 课堂教学主要按照预习规定的内容进行，步骤大致相同，以使学生上课时心中有数，知道老师每一步都做什么。

B. 要求学生报告预习中所查的项目，互相补充，同时引导学生归纳总结，每一项结束时教师在必要时进一步总结、讲评。

C. 学生朗读从练习中选读/选听的新闻,并讲述。讨论书面语体或中性语体与口语体的区别。(听的新闻可先由教师选择并在课上让学生听)

D. 学生展示并讲述从报刊上、互联网上找到的与例文相近的新闻。

E. 学生讲述本国报刊、互联网上登载的与例文相近的新闻。在全文新闻阶段,学生可以分工,各讲一段。

F. 高级阶段要组织好课堂讨论。

(3) 复习

复习包括两个阶段,第一阶段是完成教师布置的课后的复习任务,第二阶段是再次上课时检查复习情况。复习应该能使课上学过的内容得到进一步提高和巩固。像预习一样,教师应该给学生开出详细的复习要求内容表。

A. 将课上做的新闻讲述写下来。由于学生的讲述已经得到了改正,因此这一任务是提高一步的工作。

B. 高级阶段则是做一些笔头综述的工作。

C. 课上将前一课后做的笔头工作再报告一次。

D. 即席阅读和听最新的新闻,读或听后讲述。

六、结语

本文对新闻汉语综合课的设计,虽然看起来是一门新的课程,但仍然是在分技能(报刊阅读、新闻听力等)课的基础上设计的,它突出了讲述新闻的训练和语体的训练。笔者在国外教学时,在不同时期曾经有过一些实践。最近的一次实践是2001年在牛津大学,帮助他们设计了类似课程,编写了教材,在一个实验班使用。这次设计又贯彻了本人近几年来对整个对外汉语教学法的思考,即提倡"激创法"教学法体系和学生创造式的学习。

当然,任何一门新课程都需要实践的检验,在实践中得到完善。第一步应该先根据这一设计编出相关的教材。在编写教材的过程中也一定会对这一设计做出改进。

古汉语教学的任务与教材设计

我关心对外国人的古汉语教学,是在上世纪 80 年代初在俄亥俄州立大学做交换学者的时候。当时美国西东大学教授王方宇先生送了我一本他编写的《文言入门》。读过之后,最突出的感觉就是他的编法跟国内同类教材不一样。随后就写了一篇书评《一本有特色的古汉语教材——〈文言入门〉读后》,文中谈过一些对古汉语教学的看法。我之所以推崇王先生的那本教材,就是觉得那才是语言教材的编法,符合语言教学的规律。虽然在校内没有上过古汉语课,但也不是完全没有接触过,没有思考过有关的问题,也曾就古汉语的教学问题跟任课的老师进行过探讨,这样就形成了一些自己的看法。

对外汉语本科专业古汉语教学的任务是什么?我认为对这样的对象来说,古汉语教学首先还是为现代汉语教学服务的。根据我对目前汉语专业本科学生的了解,他们到了毕业的时候,阅读现代文的能力还不太高,特别是阅读专业书籍的能力更差。他们无论出去工作还是读研究生,阅读能力都会掣肘。在设计课程的时候,必须考虑与学生毕业后的工作对接,考虑与硕士研究生阶段的衔接。因此,在本科阶段,古汉语教学的任务应该定在提高学生阅读现代汉语书面语的能力,而不是培养学生阅读文言文的能力,后面这个任务应放到硕士研究生课程中。

古汉语教学应该以学生的现代汉语作为基础,使古汉语课成为现代汉语课的延伸。因此,古汉语教材必须打破时间顺序,按时间顺序编,不符合对外汉语教学的规律,应该贯彻先易后难、从简到繁、循序渐进的原则。为此,我设计了一个分七步走的教材方案,我把它叫做"古代汉语七步桥":

第一步,从现代文里的文言成分(词语、虚词、句式)入手,使学生先受些熏陶,有一定的知识。朱德熙先生上世纪 50 年代在保加利亚编写的汉语教材的最后就教了一些现代文中常出现的古汉语虚词,值得继承。这一步可以结合现代汉语精读课进行。假如这门课开两年,那么三年级的精读教材就要有意识地选择一些含文言成分的文章。

第二步,选三十年代以前的所谓"白话文",那里面夹杂的文言成分就比较多一点了,但毕竟是"白话",有第一步的基础,读这样的文章,难度应该不会太大。这一步学下来,学生的古汉语程度会有一点提高。

第三步,读一些白话小说的片断,其中的文言成分又多了一些。

第四步,读一些童蒙书,如《增广贤文》,里面收了许多至今仍然活在现代汉语中的格言,是很浅近的文言文。

第五步,读笔记小说。一般来说,笔记小说的语言比较浅近。

第六步,读简单易懂的先秦寓言。

第七步,读《论语》《孟子》等先秦散文的选段。

与此同时,每一步都可以配合浅近的古诗——从散曲、小令开始,也可以配合选一些成语故事。这样既可使课文中所学得到重现与扩展,也可以了解一些中国的文化,也增加教学的趣味性。

过了这座"七步桥",学生才可"登堂入室",既具备了一定的古汉语知识,有助于他们提高阅读现代汉语书面语的能力,同时也为下一步学习古汉语打下了基础。整个教材,要短小精悍,每一步的量都不要大,但练习的量要足。

古汉语的教学,主要是培养阅读理解能力,所以应在练习上下功夫,练习的设计必须为教学目的服务。练习还是要围绕阅读理解进行。如文言虚词、词语、句式的练习,不是从古文里面去找练习材料,而要从现代文里找,让学生去理解。再者,教学可以跟语素(古汉语中的词可能在现代汉语中就是语素)和语体教学结合,要多安排语素搭配成词和语体转换(主要是从书面语体转换为中性语体或口语体)的练习。

关于听力理解训练的几点思考

关于对外汉语教学的听力理解训练问题,有不少论者涉及,对于他们所论,诸如对听力理解的心理学阐释以及各种技能的研究,本文不打算重复,仅就听力训练中一些讨论得不够,甚至尚未有人涉及之处,提出一些看法。

听力理解课,应该有针对性,即,学生的需要是什么,或者说在学习中和学习后将会遇到哪些需要听的场合、处于什么样的听的环境、可能遇到什么问题、有哪些影响理解的因素。听力理解的训练,应该针对这些需要、问题和因素,满足学生的需要,给学生解决问题。集中起来,主要是要分析影响听力理解的因素和针对这些因素应该采取的对策。对这个问题,毛悦(1996)、马燕华(1999)从各自的角度做过很深入的实证性研究。本文则从另外一些方面就此问题进行一些探讨。

本文写作的主旨,还有另外一层针对性。笔者感觉,当前的听力理解课,过于受汉语水平考试(HSK)的限制,几乎成了 HSK 的考前培训,走入了误区。如不消除这种"应试教育"的阴影,听力理解课就很难继续提高,很难有所突破,一些本来属于听力理解训练的内容,就不能纳入训练的范围;有些即使认识到了,也难以得到落实。本文下面的论述,旨在说明,作为一种水平测试,HSK 不能涵盖听力课的任务(我们也不能对 HSK 提出这样的要求),如果处处以 HSK 为准,实际上是降低了听力理解课的教学要求。只有这样去认识问题,才能使听力理解课走出 HSK 的樊篱。

那么,影响听力理解的因素到底有哪些,我们又可以采取哪些对策呢?影响听力理解的因素大致可分为语言的和非语言的两大类。下面我们就分别对此做一些分析,并对可以采取的对策提出一些建议。

一、语言的因素

影响听力理解的语言因素,大致有:听的内容、语言难度、语体区分、语音条件等几个方面。

（一）听的内容

关于听的内容对听力理解的影响,毛悦、马燕华都有论述。我们稍作补充。

对于外国学生来说,听的内容可能是他熟悉的,也可能是不熟悉的。熟悉的内容容易听懂,不熟悉的内容比较难懂。有些内容属于专业性的,假如学生具有那个专业的知识,则对他来说,就容易懂(假定该内容的语言难度适合他的汉语水平),否则就很难。背景复杂的,假如外国学生不了解听的材料的背景,即使从语言上讲对他并不难,他也听不懂。笔者在澳大利亚新南威尔士州教育部工作时,他们把电影《芙蓉镇》作为给学中文的高中学生听的材料,结果是连刚到澳大利亚不久的华裔学生也听得云里雾中。因为要能听懂或看懂《芙蓉镇》,必须对中国 1949 年以后的历史,特别是从土改到"文革"的历次政治运动,都十分了解,而这正是他们所不具备的背景知识。

因此,听的内容,一般来说,要选择学生熟悉的,或其常识范围内的。到了高级阶段,会有一些涉及专业的内容,也要随着其专业(如经贸、旅游、理工、农医等)学习的进度,循序渐进地安排相关的听力内容。

（二）语言难度

所听的材料的难度与听者的语言水平相当或高于或低于听者的语言水平(这主要指词汇、语法、修辞手段等)。这一点许多文章都有论述,也有实验的依据(如毛悦 1996),此处不加赘述。但总的情况是,语言的难度相当或低于听者的语言水平的容易听懂,若高于听者的语言水平,则听起来较为困难。不过一般不应该采用低于学生语言水平的材料。

我们认为,为了训练学生的听力理解能力,包括听的技能(即所谓"微技能"),一定要把听力材料的难度控制在最小,尽量不出或少出生词。《高等学校外国留学生汉语言专业教学大纲》对听的要求是:一年级——一级"不含生词及新语法"、二级"生词不超过 3%[①]、无关键性新语法";二年级——"生词不超过 3%";对三、四年级未作说明。《高等学校外国留学生汉语教学大纲》(长期进修)对各阶段的听的要求中也未作说明。我们认为对此加以说明还是必要的。原则应该是尽量少,不能因年级高而

[①] 笔者认为应解读为每 100 字含 3 个生词,如每个词有 2 个字,则是 6 个字。下同。详见本书 pp.177—178。

增加听力材料的生词量。

这里涉及如何训练学生"跳障碍"的能力的问题。我们认为,有针对性地设置一些障碍,是允许的,但必须有计划、有控制、有帮助学生"跳障碍"的具体办法。拿词语的"障碍"来说,可以分为三类:第一类是学生熟悉的语素的新组合,让学生猜测词义;第二类是其中有一个语素是学生熟悉的,让学生猜测大概词义;第三类是词语中的语素都是新的,训练学生在听的时候能够跳过这样的词语,把握语篇的整体内容。这与其说是一种技巧,不如说是一种心理训练:训练学生在遇到完全不懂的词语时不纠缠而继续往下听,从而不会因为纠缠个别词语而错过整体的理解。这一点虽然在对外汉语教学界有共识,但从实际教学(包括教材)的情况看,还缺乏具体的有针对性的训练。

还应该认识到,语言的难度不等于听力理解的难度。语言难度相同时,听力理解的难度受其他语言因素(如语音条件)和各种非语言因素的影响。这将在下文讨论。

(三) 语体区分

一般把语体分为口语体、书面语体、中性语体(common core,口语与书面语都适用的一种语体),听的材料主要是口语体和中性语体(除了听广播电视中播出的文件、社论是书面语体),即使是新闻节目也是用中性语体播出的。听力训练中的书面语体,不是一般所指书面语,而指有一定专业特点的演讲、大课之类。我们的教材一般都采用"中性语体"的文章,即使是口语课,也都是经过加工基本上接近"中性语体"的。至于口语中大量存在的一些特殊的语言现象,如更正性或思考性的重复、某些补充或强调成分的后置、表示停顿的衬词,有些人说话时有轻微的口吃,使得话语不那么连贯,等等,这些目前都缺乏必要的训练,听惯了朗读出来的"中性语体"的口语,再听真实的口语,就会发生困难。因此,我们应该有意识地训练学生从听"中性语体"的材料过渡到听口语体的材料。当然这不完全是材料问题,同时也包括语音条件的配合问题(见下)。

(四) 语音条件

说话人的语音对听话人的理解的影响是很大的。不仅是外国人听汉语如此,中国人听外国人讲外语,也是如此。就汉语而言,最常为人所关注的是比较标准的普通话与带有方音的普通话与听力理解程度的关系。如郭金鼓(1984)认为"对语音的适应能力"是影响听力理解的因素之一。

上世纪80年代美国芝加哥大学赵智超教授曾经与北京语言大学胡炳忠教授合作录制过20个地区带方音普通话的音档，并转写出来，准备用于教学，解决这方面的听力理解问题。但后来因为某种原因，仅见北京大学出版社出版了该音档的CD-ROM，但未见利用该音档编写的教学材料。现在这个问题重又提到日程上来。《高等学校外国留学生汉语言专业教学大纲》规定四年级要能"听懂用汉语普通话或略带方音的普通话所做的……讲座或报告"。《高等学校外国留学生汉语教学大纲》（长期进修）对中等阶段和高等阶段的"听"也有类似要求。《国际汉语教师标准》对教师的汉语听力理解能力的基本能力的第1点也提出"能听懂在各种场合下的普通话或带有方音的普通话"的要求(《国际汉语能力标准》没有相应要求)。但至今尚未看到这方面的研究成果与具体操作方面的报告。

然而我们说的语音条件不仅仅指方音，还有其他影响听力理解的语音条件。比如同样是普通话，有广播调的普通话、读书调的普通话，也有口语的普通话。我们现在给学生听的录音，包括口语会话的录音和HSK考试的录音，多属于广播调、读书调，而较少口语的普通话语音。前面两类是很不自然的，如果只用这样的录音训练学生的听力，当他们乍听自然的语音时，就会感到不适应，因而影响理解。从这个意义上讲，我们也不应以HSK为听力训练的最高要求。

再比如说话人的性别、年龄以及不同社会阶层的人在语音上的表现等都会对听力理解产生影响。比如男人和女人的语音由于生理条件的不同，也有一定的差别。一般来说，女性语音比较清晰、尖细，男性语音略显含混、低沉。年轻女性有时带有尖音，也可以说是一种语音的性别变体，这些也给理解带来一定的困难。有些儿童、老人说话口齿常常不太清楚，听的人理解起来有时感到很困难。笔者上英文系三年级的时候（1959年），有一次听海牙国际法庭英籍庭长普利特的演讲，当时他大约有70岁左右，讲题是肯亚塔（Jomo Kenyatta，1893—1978，后来担任肯尼亚独立后的第一任总统）案件，内容并不复杂，语言难度也不大，语速也不快，可是我们多数学生就是听不懂，因为他年老口齿不清。过后在听力课上英国专家柯鲁克把他讲的内容重复了一遍，语速比普利特快得多，可是我们差不多全能听懂。我想外国人听中国的老年人说话，可能也会有类似的情况。不同的社会阶层在语音上也有不同表现。我们平时给学生听的，都是至少具有中等文化水平的人说的话，但是学生将来听的却是什么文化水平的人都有。一般来说，文化水平低的人语音就不太清晰，有时有"吞音"的现象，使外国人听起来非常困难。我们当然不是主张学生必须能听懂北京公共汽车售票员报站,但是售货员、饭馆或旅店的服务员、出租车司机的话,可能他们还是经常接触的。我们应当训练学生能听懂这些人群的真实话语。

有鉴于此,我认为我们应该有计划地让学生听各种语音条件的材料。比如在中高年级给学生听带有方音的普通话,就要先确定听带哪些方音的普通话,然后要对这些地方的普通话语音上的特点作重点交代,如 l 和 n 不分,z、c、s 与 zh、ch、sh 不分,声调特点等。首先是改变目前的广播调、读书调的录音方式,从低年级开始,凡是讲述、会话的录音,都应该具有"实况性",即录音的人不是在"念",而是在"说",对话中的男女老幼,应该由男女老幼来"说"。"说"的时候,要体现口语的特征,如允许停顿、重复、不连贯、语速有变化,甚至有咳嗽声等,总之是越自然越好。如果是银行换钱、商店购物等题材,不妨到实地去录音。中高年级可以开设实况听力课。天津师范大学孟国先生十几年前就开始做了,取得了很好的效果。

二、非语言的因素

影响听力理解的非语言音素主要包括:说话人的语速、音量、与听话人的距离、听的方式(直接听还是通过设备听)、听的环境(有无背景音)等。现对这些因素分别加以讨论。

(一)说话人的语速

正常语速是多少,现在还没有统一的认识。刘镰力对电视新闻的统计是 280~300 字/分钟,刘超英对 10 位教师语速的统计是 207~297 字/分钟(刘颂浩 2001)。HSK 听力理解部分的语速为 170~220 字/分钟。汉办制订的《高等学校外国留学生汉语言专业教学大纲》规定的语速要求是:一年级(一级、二级)160~180 字/分钟,二年级 180~200 字/分钟,三年级 180~240 字/分钟,四年级 180~280 字/分钟。《高等学校外国留学生汉语教学大纲》(长期进修)规定的语速要求是:初等阶段 120~140 字/分钟,中等阶段 180~220 字/分钟,高等阶段 200~240 字/分钟。我想一般人谈话的语速可能会略低于上述统计的高限,而略高于 HSK 的要求。但就听力理解来说,在内容相同的情况下,语速的快慢与理解的难度成反比,对此大概不会有什么异议。为了训练的需要,听力课上的语速是可以控制的。可以通过控制语速来控制理解的难度。

（二）说话人的音量

在其他条件相同的情况下，说话人的音量与听话人的理解难度成正比。这里，我们用听话人经常所处的情景，对说话人的音量提出几个标志：

1. 演讲音量：在听话人所处各种情境中，演讲音量可能是最大的；演讲者的音量，即使不使用扩音设备，也是比较大的；

2. 电视音量：即看电视时所定的音量，一般会低于演讲音量；

3. 谈话音量：即二人或多人在一起谈话时所取的音量，一般会低于正常的电视音量；

4. 耳语音量：是这几种情况中音量最低者，但在学习期间，外国学生听耳语的机会不会很多（除非是为了训练的需要，如做传话游戏）。

前三种音量可以纳入训练范围，初中级以 2、3 为主，到中高级听演讲时，同时就训练了对音量的适应。

（三）说话人与听话人的距离

在其他条件相同的情况下，说话人与听话人的距离越远，听的清晰度越低，而且，听话人与说话人距离越远，听话人也越容易受环境的干扰，分散注意力，因而影响理解。我们也提出几个标志性距离：

1. 耳机距离：包括戴着耳机听和打电话。这是最近的距离，当然听得真切，而且听话人注意力集中，对理解最为有利。这是当前听力理解课采取的主要方式，也是 HSK 听力测试的方式。

2. 谈话距离：较耳机距离稍远。一般两个人谈话时的距离较近，多人在一起谈话距离较远，但一般总会在三米之内。这样的距离听起来还比较清晰，也较少受其他因素（如环境）的干扰。

3. 电视距离：一般认为观看电视的适当距离应是屏幕对角线长度的 5 倍左右（约 2～3 米），在适中的音量时，听得清晰。

4. 演讲距离：这是说话人与听话人之间的最远距离，至少在 5 米以上，清晰度会大打折扣，而且最容易分散注意力，因而影响理解。

（四）直接听还是通过设备听

直接听指直接听说话人读或说；通过设备听指使用耳机、录音机、电脑、电视、收音机、手机、MP3、扩音器等。直接听与通过设备听的效果是不同的，一般来说，直接听的效果会好于通过设备听，相应地，对理解也会产生不同的影响。

（五）有无背景音

有背景音与没有背景音听的效果会不一样。背景音又分两种，一种是为了提高效果而专门配的背景音，如影视作品中的音乐等；一种是在说话的时候，有别人说话，有周围环境的噪音、回声等。前者可能对理解有一定的帮助，而后者则对听力理解造成干扰。但在自然的环境下，这些背景音都是不可避免的。因此应该有计划地对学生进行训练。在这方面，天津师范大学孟国教授做了许多开创性的探索。

从上述情况可以看出，听力理解训练其实内容要比 HSK 丰富得多。而目前的听力训练，基本上是跟着 HSK 转，主要考虑材料的难易，如生词量的控制、语速的控制、从单句到一问一答的对话，再到一段话。训练的目的则侧重于听的技巧（所谓"微技能"）。这些应该说都是必要的，但又是非常不够的。这牵涉到整个听力训练的目的和模式的问题，目前的训练方法比较单调，因而学生和教师都兴趣不高。只是按照 HSK 的题型训练学生的听力理解能力，那是很不全面的，满足不了学生的需要。

三、分析

我们不妨根据以上所论，对听力理解训练做一些探索。总的来说，听力理解的训练应该针对上述影响理解的各种因素进行，这些都应该是训练的内容。应注意的是，上述各因素，有些是相互交叉、互相制约的。也可以分出难易，本着先易后难的原则加以安排。对此，我们做一些分析。

（一）关于语言因素

听的内容和听的难度，如前所述，是可以控制的，现在实际上也做到了控制，此处不多说。语体问题，一般的安排，是从中性语体开始，到口语体，再到书面语体（前面说过的演讲、大课等）。在低年级，是中性语体与口语体并行；在中高年级则是三种语体并行。

从语音条件来说，要从标准普通话过渡到带有方音的普通话的听力训练。低年级的对话应该具有"实况性"，即角色（男女老幼）要真实（当然还有口语体的配合），高年级应该听一些特殊语音条件（如口齿不甚清晰的老年人）的演讲、大课（可与语体、方音配合，这同时也是训练学生适应较远距离的听力）。

（二）关于非语言因素

前述几种能够影响听力理解的非语言因素（语速、音量、距离、直接听、通过设备听、有背景音、无背景音）都应该在课堂上得到训练，这就要求我们改变目前的相对比较单一的训练方式。比如，我们从一开始上听力课就应该增加课上听老师"说"的环节，老师"说"的时候可以变化语速、音量，甚至可以改变与学生的距离（让前面的学生坐到后面去），也可以增加背景音（在"说"的同时播放音乐等），用这些控制难度。再如，在中高级水平的听力教学中，更可以有计划地在课堂上有选择地播放电视节目、广播节目（不一定是新闻节目，一般来说，新闻节目应属于新闻课的内容）。就是听录音，也可以变换方式，例如在有条件的情况下（有不止一个录音机，视分组情况而定），可以让学生分组听同一材料的不同段落，然后让每组学生给全班讲本组听到的内容，最后形成完整的内容。这样训练近距离听录音，也激发了学生的兴趣，引起他们想要了解材料全部内容的好奇心，从而促进其创造性的学习的动机。

（三）小结

为了说明以上哪一阶段可以做哪方面的训练，我们将列表小结（见下页）。要注意的是，表中所列各项，不能机械地看。同一种因素，在不同等级，有程度的不同。如同样是带方音的普通话，对学生的难度不同，应作适当的等级切分；同样是口齿不清楚的普通话，也是多种多样的；语速等非语言因素，也要互相配合，与学生的程度相适应。比如语速，慢速如果在远距离听，就比在近距离听要难，如果加上背景音，也增加了难度。所以通过调整听的条件，可以控制难度。比如有一种对低年级学生进行快速反应训练的练习（这是听力训练中必要的一项），是用比较快的速度读一组学生熟悉的词语（15～20个），学生在练习纸上的汉字或外文翻译（次序与读的次序不同）旁写出拼音，或让学生快速地说出听到的汉语词语的外文翻译。这里就打破了低年级一般只能听慢速或正常语速的限制，是一种很有效的训练。

再如，听演讲一般要放到中高级阶段，这时总的要求是语速要高于初级阶段，但在开始听演讲时，可以适当放慢速度，逐渐加快。同样难度的材料（或练习方式），可以用不同的速度来训练。同样是演讲，用普通话演讲和用带方音的普通话演讲，难度是不一样的。

如果按上述所论使听力课的训练内容和方式都丰富起来，那么现在的教学模式就应做相应的改变,就不能只是听录音这样一种方式。如增加教师直接讲述,适当的时候安排演讲课、大课等,安排听带有方音的材料,也可以安排观看影视作品(不是欣赏,而是听力的训练)。

	训练	初级阶段	中高级阶段
语体	中性语体	√	√
	口语体	√	√
	书面语体	×	√
语音条件	标准普通话	√	√
	带方音的普通话	×	√
	口齿不太清楚的普通话	×	√
语速	较慢语速	√	×
	正常语速	√	√
	较高语速	×	√
听话距离	耳机距离	√	√
	谈话距离	√	√
	电视距离	√	√
	演讲距离	×	√
听话条件	直接听	√	√
	耳机	√	√
	电影	√	√
	电脑	√	√
	收音机等	×	√
	电视	×	√
	扩音器	×	√
背景音	无背景音	√	√
	音乐等背景音	√	√
	嘈杂背景音	×	√

至于具体的教学方法,如所谓"微技能"的训练方法,一般来说,可以用于以上各种情况的听力训练。对此,已有许多论著介绍,本文不重复。

(原载《海外华文教育》2010年第4期)

关于留学生论文写作问题的通信

第一封信

××老师:

你好!你的课给了我很深的印象,你做了认真的准备,讲得非常有条理,看得出学生对你的课也是满意的。正像我课间与课后跟你谈的,假如这门课还有什么改进之处的话,那么要改变其大环境,比如说,能不能把开课时间提到三年级下学期,这样就有时间"精雕细刻",一步步地训练,到写论文时就是水到渠成的事了。论文写作课,按我的理解,应该是一门实践性很强的课,是让学生"动手"的课。课上有师生之间的互动,学生之间的讨论,课后有学生写作练习,最后达到学生能写出规范的有一定创造性的论文的目的。但这要有足够的教学时间。再一点就是这门课不能是选修。论文写作课开好了,是保证论文质量(包括防止抄袭)的一个重要前提。

我去年和前年听了几篇论文的答辩,抽查了一些论文,之后写了一些自己的想法,交给学校了。最近又做了一些修改,主要是删去了具体的人名、篇名。现在给你发过去,供你参考,并希望你提出意见。因为你是第一线的老师,看问题考虑问题一定更加清楚、更加符合实际。

祝教安!

鲁健骥
2008年4月25日

第二封信

××老师:

你好!你的邮件早就收到了,当时我给你回了一封短信,答应等忙过论文答辩之后再仔细看你的意见,跟你讨论。可是论文答辩之后,又临时有两件事处理,所以迟至今日才给你写邮件,很抱歉。

关于外国学生的学士论文的问题,我的意见大概都写到我的那篇短文里了。13日学校还要开一次督导组汇报会,有学校和各学院主管教学的领导出席,我准备再呼吁一下。

现在的问题是,目前的状况大家都清楚,却由于种种原因,缺乏落实的措施,从领导方面说,可能存在着下不了决心的问题。我觉得需要上下统一思想,拿出一个比较好的解决方案来。这个方案要解决的问题,包括要不要对学生进行专门的论文写作训练,训练多少时间,从什么时候开始训练,论文写作训练要不要从选修变为必修,其次才是训练方法。我一直就认为论文写作课应该是必修课,最好能开三个学期(即从三下开始)。诚如你所言,外国学生的中文水平有限,特别是书面语写作的训练基本缺失,要写出像样的学术论文来,有不少困难。这个问题的解决也不能单靠一门课,但在目前情况下,只能先从开设论文写作课来解决,我觉得训练与不训练是大不一样的。前几年我带过一个韩国硕士生,一开始,她根本谈不上写作能力。我就采取一种笨办法,要求她结合阅读参考文献,每周给我写一篇读书报告,我每次都当面给她修改,慢慢地就写得比较像样子了,到了写作论文的时候,基本上可以独立地写作了。最后的论文我并没有在文字上费劲帮她修改。我想本科生经过适当的训练,也应该能够得到提高,关键是我们是不是下决心改。

至于对学士论文的要求,不能用降低要求的办法去适应学生的语言水平(比如我听说现在要把字数的要求降到3000字),那样还叫什么学位论文呢?那是禁不起检验的。我觉得比较实事求是的办法是对学士论文的内容要求做必要的调整,这就是我提出的,一是要看足文献,能做比较好的综述,二是做比较好的考察,并写出考察报告。这两方面的内容都比完全是论述的要求要容易实现,尤其不能对学生提出要有多么高的创新性的要求。据我所知,美国对硕士论文都没有"创见"的要求,但要求必须读100种以上的参考文献。我们有时好像提的要求很高,但实现不了,等于白提。要求实事求是了,学生也就不必去抄袭了,也没办法抄袭了。

如果上述建议被采纳,那么训练的目标也就明确了。课程大致可以分两大部分:综合内容和写作训练。综合内容包括对学位论文的一般要求、选题方法、语体、体例等,写作训练则要按照论文的构成一部分一部分进行。论文训练课是实践性很强的课程,所以一定要有足够的写作实践,而且每一部分不能只有一次练习。最后水到渠成,学生应该不会再为写论文发憷了。

这样的训练,开始时可以不分专业方向,到一定时候就得分专业了(大的方向,不必太细),但这门课程跟写学士毕业论文还不是一回事。所以学生的论文选题,还是得有指导老师先把一关,除了你说的剔除那些写教材和写书的题目之外,还要剔除那些学生的学识和语言水平都还把握不了的题目,要"小题大做"。我觉得选题还要学院的一个机构(哪怕是临时组成的)再把一关。写作过程中,指导教师要切实负起责任,及时制止抄袭行为。选题比较难把握的可能是文化专业的(包括文学)。我想也有控制的可能,就是学生要选什么题目,一定是他具有相关知识,比如他要评论某个作家,他一定要读过那个作家的代表作品,要评论某部作品,他一定要读过那部作品,否则就不让他选那个题目。当然,若是把选题定在考察性的,那么可能也不能选这样的题目了,但他可以选择对某个作家、某个作品的有关评论的综述。

我这些意见,你可能已经早已考虑到了,根本没有什么新东西,但我认为现在需要的是多方面的努力,把解决论文写作中的问题列到议事日程上来,并逐步落实,使论文写作出现新局面。

我的督导工作,这学期就整个结束了,我已经不可能在这方面有什么作为了,但我希望你在这方面多考虑考虑,相信你能做出贡献。

  顺颂

教安!

鲁健骥

2008年6月8日

关于外国学生学士论文撰写与答辩的几点意见

　　前几年我们听了几场外国留学生学士毕业论文的答辩,后来又抽查了若干篇论文,了解到老师们在论文方面花费了很多精力,非常辛苦,也取得了很大成绩。但我们同时也发现在论文的撰写与答辩上还有一些值得注意和改进之处,愿意在此提出来供学校和相关学院的领导考虑。

　　在听答辩和抽查中我们发现,有些论文无论从内容还是从语言上,都超出了一个大学本科外国学生的实际水平。从内容上说,这些论文即使本族人(中国人),如果不是专业人士,也是写不出来的;从语言上说,我们几乎找不出外国人行文的痕迹。只要有些对外汉语教学经验的人都是可以做出判断的。我们接触到的外国的中文专家也写不出这样让人分辨不出是外国人写的文章。不可想象,这些仅学了4年中文(有的可能还不到4年)的外国青年学生怎么能写出那样的文章?因此我们怀疑这些文章的真实性。

　　更为令人吃惊的是,其中有些论文有明显的抄袭。为了弄清事实,我们曾经对3篇论文进行了重点审查,查阅了有关资料,发现果然有抄袭(具体抄袭情况恕不详述)。留学生毕业论文中的抄袭现象,这已经是人所共知的,只是我们感到缺乏有力的措施防止抄袭,对已经发现的抄袭似乎也束手无策。一方面是请人代写、抄袭严重,一方面是我们对此未给予严重的注意,还正儿八经地走指导、审查、答辩、评分的程序,直到被授予学位。这对那些诚实的学生是不公平的,肯定会对我们的态度不满;而那些抄袭者只会在背后"偷着乐"。这只能造成不良的学风和极坏的影响。我们认为,这个问题已经到了需要重视起来、非解决不可的地步了。这个问题的解决,应该从源头上和规章上保证最大限度地杜绝抄袭现象的发生,并对发现的抄袭现象进行严肃的处理。

　　撰写毕业论文是留学生本科教学的重要组成部分,必须引起学校、学院的高度重视,针对目前存在的问题,进行专门检讨,研究对策。

　　比如对学士学位的论文的要求是不是合适,撰写过程应该是怎样的;如何认定指导教师的资格,指导教师的职责是什么等等。这些都是值得进一步研讨的重要问题。

关于对学士论文的要求 学士学位毕竟是最低一级的学位,学生的研究能力还比较有限,尤其是外国留学生,他们还受语言和中文写作能力的限制。因此对学士论文的要求应该实事求是,否则看起来要求很高,实际上超出他们的实际能力,反倒会导致学生"另想办法"。比如选题,要强调小,应该是在他们学过的知识范围内的,不能让他们"海选",那样一定会出纰漏。现在的问题恰恰是论文题目太大,像我们这次复查的论文,从题目看简直可以说是写书的题目。再有,不必要求学生有创见,而应该要求读够有关文献,把文献的主要精神梳理清楚,并就此发表一些观点即可。第三,必须要求学生写出自己的研究方法和过程。

关于研究过程 目前对学士论文的规定不如对硕士、博士论文规定具体。论文的结构,我们认为应该和硕士论文大致一样,以示学位论文跟一般论文写作的区别。为了使学生熟悉论文的写作,我们曾经建议在适当的时候(如从三年级)开设学士论文写作课,按照论文的结构,一部分一部分地进行训练,这样到了写作论文的阶段,学生对论文的要求和写作方法已经熟悉了,也就比较有信心了。

关于指导教师资格的认定和职责 指导教师应该熟悉学士论文的规范,导师自己的研究领域应与指导的论文相关。导师在学生撰写论文的整个过程中都应该对学生进行认真的指导。首先是严把选题关,要是学生能力所能胜任的选题;对学生的参考文献要加以审核;对学生的研究过程要给予指导;在写作过程中一旦发现抄袭,一定要把好关。这一点应是指导教师最基本的职责,至少在目前抄袭之风极盛的时期是如此。只要认真对待,也不是很难做到的。

把好答辩关 参加答辩的老师的研究方向,应该与学生的论文的选题相关。要认真准备,不能不疼不痒地提问,要保证论文答辩过程的严肃性,更不允许提与论文无关的非学术性的问题。

加强领导 在整个论文撰写阶段,直至答辩,校、院、教研室,各级学位委员会,都应切实负起责任来,层层把关,发现问题及时严肃处理。

(原载韩经太主编《教学督导的实践探索》)

对汉语语音教学的几个基本问题的再认识

本文就语音教学中的几个基本问题,提出一些自己的看法,旨在提高语音教学的效率和质量。这些看法,可能与主流的看法不同或不尽相同,提出来供大家讨论。

一、辩证地认识语音教学的地位

对于语音教学的地位,我们做如下的概括:

语音跟语言能力的发展有着极为密切的关系。最直接的是听说能力。一个人只有能够正确识别语音,才能听懂别人的话。学生只有掌握了正确的语音,才能正确表达自己的思想,才能使听话的一方正确理解他的意思,才能完成交际。

语音还跟一个人的总体语言掌握有着密切的关系。比如,语言的学习在很大程度上是依靠记忆的,但如果没有语音的配合,记忆的效果就会大大受到影响。心理学和外语教学的经验告诉我们,在语言学习中,凡是能够正确读出来的词语、句子,就容易记住,就记得牢,否则就记不牢。因此,我们认为,语音是关系语言学习的全局的。

但是,我们也不赞成夸大语音的作用,不赞成把语音的作用绝对化,认为语音不好就学不好语言。这样讲也是片面的。因为不管是中国人学外语,还是外国人学汉语,都有一些语言水平很高的人语音并不太好的实例。因此,还是要把语言能力看成一个整体,片面强调语音的重要性,可能反而会影响整体语言能力的发展。当然我们不能因此得出可以忽视语音的结论,恰恰相反,应该重视语音的训练,特别是对于将来准备从事汉语教学和口头翻译的学生来说,应该提出更高的语音的要求。

二、语音教学的首要目标:用正确的语音说话

外国人学习汉语,首先是要学会用正确的语音说话,因此,语音教学的首要目标也应该是教会他们用正确的语音说话。这跟对本族学生的语

音教学的目标是不同的。对本族学生,除了要求他们发音纯正(特别对方言地区的学生)之外,还要教他们朗读,通过朗读体会文意,把文意充分地表达出来。显然这不是我们教外国人语音的首要目标(不是说朗读完全不能作为一个目标)。

如此定位语音教学的首要目标,牵涉到教学中的一系列做法。主要是要在说话中教语音,而不是在朗读中教语音。这是对我们传统的语音教学的一个重大改变。只有这样教出来的学生说话时发音才会自然、能为本族人所接受,而不至于使他们用一副读书腔、朗读腔说话。试想,假如学生模仿广播电视中的腔调说话,岂不是很可笑吗?

三、语音理论的作用

对于多数学习汉语的外国人来说,语音是一种基本技巧,所谓口耳之学,要通过耳来辨识,通过口来实践、模仿,而不是靠语音知识。这跟其他要素的学习的性质是一致的。因为我们的教学对象多数没有语言学背景,特别是没有语音学背景,企图通过讲解发音部位、发音方法等理论,教会他们语音,收效肯定不大;只能靠适当的教学方法,通过实践让他们学会。

但要把语音教好,对于教师,掌握语音学的基本理论是必要的,不管是普通语音学的理论,还是实验语音学的理论,其研究成果,对于语音教学,都是有指导作用的。教师的任务一要运用语音学的理论辨别学生的正误,二要善于把语音学所讲的发音知识转化为教学的手段,使学生正确地、方便地掌握语音。有经验的教师常常会想出一些行之有效的"土办法"帮助学生克服发音的困难。如教送气音,用纸条、蜡烛检验;教舌尖后音 zh,ch,sh,r 时为了使学生能够将舌尖上卷,用手指或笔杆顶住舌尖以帮助发音,都是有效的"土办法"。

这里要注意的是,教师要随时掌握最新的语音学研究成果,否则就会把陈旧的知识、不准确的知识,传来传去,影响教学。举一个例子:第三声调值 214 的表现。现在用得最多的是刘复 1924 年《四声实验录》的声调曲线,把第三声的前一部分(2~1)画得很短,而上扬的后一部分画得很长。可是这个图中的第三声曲线跟后来的研究不符,第三声的实际调值恰恰相反,即前一部分长,上扬部分短,有时(在口语中)甚至可以忽略不计,使整个第三声成为一个低平调。徐世荣(1980)对第三声的描写是:"起头比阳平的起头还低些,略微下降,拖长,然后快速升高,终点接近于阴平起点。前半下降,拖长阶段实际长于后半上升阶段,上升阶段相当短促……"。可惜到目前为止,许多教材还没有吸收新的研究成果。声调图是直观的,如果不准确,给学生的印象就更深刻,对他们的学习会产生误导。

总之,我们认为,语音理论对语音教学是有指导作用的。不能设想,教语音的教师,对发音的原理毫无所知,就能够教好语音。

四、汉语语音教学必须包括轻重音和语调

在对外汉语教学中,过去曾把《汉语拼音方案》作为汉语语音教学的全部内容,即只限于教声母、韵母、声调。现在仍然有不少新编的教材这样做。我们认为,起码这对正规的教学是不够的。对外汉语语音教学应该把轻重音和语调纳入教学内容。

我们知道,外国人学汉语,语音的最大问题是"洋腔洋调"。对于"洋腔洋调"的形成,有各种不同解释,但我们认为,归根结蒂在于学生没有掌握汉语轻重音的规律和语调特点。如果学生有一个或几个声母、韵母发得不准确,是不能形成"洋腔洋调"的,因为一个音既构不成"腔",也成不了"调"。何况汉语普通话的声母、韵母对多数外国人来说并不是那么难,难点并不多。声调有一点难度,根据我们的经验,声调之难,主要不在单个声调,就单个声调来说,多数学生都可以发出来,难在声调的连读,一连起来,"洋调"就出现了,主要是学生往往把汉语的声调跟他们母语的语调混起来。

至于轻重音和语调,也不能说有多么难,主要是在一个相当长的时期内,我们没有对汉语的语调进行准确的描写,更没有作为教学内容。我们认为,再容易的东西,不教给学生他们也是不能自动掌握的,他们就会用自己母语的语调代替汉语的语调,于是就出现了"洋腔洋调"。后来情况有所改变,但仍然没有成为对外汉语教学界的共识。

从总体上说,对外汉语语音教学要把重点放在轻重音和语调的训练上。行文至此,我们认为有必要谈谈我们对汉语轻重音规律和语调特点的认识。

我们只说词重音。汉语词重音规律性比较强。双音节词的重音多在后一音节上,假如学生没有掌握这一规律,就会出"洋腔",如:

教室——＊教室（说明：用下加点表示词重音）
水平——＊水平

同一个双音节词，重音位置的不同有时有区别词性的作用。如：

锻炼身体（锻炼：动词）——体育锻炼（锻炼：名词）
学习汉语（学习：动词）——专业学习（学习：名词）

三音节词以上的多音节词/词组的重音多落在最后一个音节上，如：

图书馆　　语言大学　　时势造英雄

掌握汉语词重音的规律，有助于克服"洋腔洋调"，使得学生的语音纯正。教学中要注意的是，不能只说汉语有词重音，而不说词重音的规律。

关于汉语普通话的语调，徐世荣先生认为有四种：升调、降调、平调、曲调。后两种语调主要表现某种感情色彩，外国人不大用得着，所以本文只讲升调和降调两种。汉语的升调和降调主要表现为最后一个重读音节的直升（升调）或直降（降调），与印欧语升调和降调的渐升、渐降截然不同。笔者曾经把汉语语调的升降比作电梯（lift，elevator）的升降，英语语调的升降比作滚梯（escalator）的升降。因此我们主张用↑和↓表示汉语的升调和降调，而不用↗和↘。

过去以至于今天，仍然有些教材不教语调，或者教语调而不讲汉语语调区别于印欧语语调的特点，造成学生用自己母语的语调代替汉语的语调，而形成"洋腔洋调"。

学生更大的困难一是混淆声调和语调，二是处理不好声调和语调的结合，一进入句子，就把声调完全忘记了。为了使学生比较容易地理解这个问题，笔者有一个比喻，用来说明声调和语调的关系：汉语一个带声调的音节的升降就像坐上电梯一样，无论是升高或是降低，并不能改变其声调。图示如下：

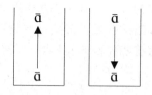

五、使用《汉语拼音方案》教语音可能存在的问题与对策

语音教学离不开《汉语拼音方案》(以下简称《方案》)。《方案》无疑是历史上各种为汉语设计的拼音系统中最佳者,同时也是对外国人教汉语语音的最佳工具。关于《方案》本身和在教学中的优越性,从上世纪 60 年代至今论述不断,其集大成者,是张清常先生的《比比看》一文。读者可以参阅,本文不赘叙。

《方案》在对外汉语教学中的重要功能,一是用来进行语音教学,二是为汉字注音,因此,教学生拼写也是教学的一项内容。但人们在使用《方案》进行教学时,往往只看到它方便教学的一面,而没有注意到它对学习可能有的不便之处。笔者注意到两个方面:

《方案》中 y 和 w 是隔音字母,于是就出现了"加 y 和 w"跟"改 y 和 w"的规则,使得拼写复杂化了。这无疑是不必要地增加了学习的难度。在教学上,只要学着方便、教着方便,应该而且可以根据外国人的学习特点做一些变通,使拼写简化。我们认为,可把 y 和 w 处理成半元音作声母,那么所有的声母(包括半元音)和韵母都是拼合关系,"加 y 和 w"跟"改 y 和 w"的规则就自动消失,从而大大简化了拼写规则。

在语音教学中,《方案》有几种容易混淆、又会影响语音学习的情况,是需要训练的。如:

字母 u:代表 u/u/和 ü/y/两个音位。

字母 e:代表 e/ɤ/和 ê/ɛ/(出现在-üe 和-ie 行各音节中)两个音位。

字母 i:代表 i/i/、-i/ɿ/(即 zhi、chi、shi、ri 中的"-i")、-i/ʅ/(即 zi、ci、si 中的"-i")三个音位。

也有的拼音跟实际的读音有一定的差距,因而影响了学习,最突出的是:

(1) bo, po, mo, fo 这四个音节的拼法与实际读音不太一致,即在声母与韵母之间有一个过渡的 w,拼写中没有反映出来,如果学生完全按照拼写去发音,肯定是不对的;

(2) -ui, -iu, -un 这三个韵母,原形是 uei,iou,uen。值得注意的是在听感上,这三个韵母在读不同声调时,读音有变化:读第一、第二声时,中

间的 e 和 o 就几乎隐匿了；读第三、第四声时，e 和 o 就又显现了，实际的读音是 uei, iou, uen, 假如都照 -ui, -iu, -un 读，听起来就很失真，因此不能不在教学中注意。

（3）后鼻音 ng/ŋ/是用两个字母表示一个音。这对欧美学生学习不成问题，而对拉美、非洲、南亚一些国家的学生却有问题，他们受母语的影响，常常把 ng 分成 n 和 g 分别读。

以上所说用《方案》教语音可能出现的问题，都是在对外汉语教学的环境下出现的，并不是《方案》本身的问题，《方案》主要还是为中国人设计的，作为为汉字注音和推广普通话的工具，是得心应手的，所以把它拿来教外国人学汉语，遇到一些问题，是很自然的。作为对外汉语教师，应该对这些可能出现的问题有所了解，并能找出应对的措施。

六、语音教学的几个原则

抓住重点。重点主要指学生的难点。从总体上，对外国学生来说，在声母、韵母、轻重音、语调四者之中，形成"洋腔洋调"的原因主要在轻重音和语调，因此应把轻重音、语调的训练作为教学的重点。这是教师应该把握的全局情况。至于每个国家学生的难点，那是各有不同的，甚至每个学生也会有自己的难点。

先易后难，以易带难。汉语的大部分声母、韵母对多数外国学生并不难，因此从安排上应该利用非难音来训练声调，然后再突破难点。再如轻声的练习，可以从重读音节后面带一个轻声音节开始，进而带两个、三个，这样才能使学生逐步获得轻声的熟巧。如：

你们、你们的、你们的呢？
看过、看过了、看过了吧？

前面要为后面作铺垫。练习发音节时就要考虑到声调、语调。汉语的声调的调值，从低到高相差较大，用 5 度音高记录，在 1 到 5 之间，如果加上升降的因素，那么音域还要宽一些（升调时高于 5 度，降调时低于 1 度）。对此，外国学生不容易适应。如韩国语语音的音高范围较小。据北大韩国博士生宋呟宣实验的结果，韩国学生读汉语的高平调的音高差不多只相当于 4~4，而读汉语的上声低点又略高于汉语。所以韩国人说汉语时，声带紧张不起来（或者他们不习惯使声带紧张起来），这大大影响了他们读汉语的声调，特别是第一声和第二声。解决的办法是从练习读音节时就要用各种音高，使学生能够习惯于调节声带的紧张程度，这样到了学习声调和语调时，声带就可以调节自如。这种训练方法对其他国家的学生也是必要的。

语音教学与词汇和语法的教学相结合。如有些虚词（如"就""才"）的轻读与重读意义不同，各种句子成分的轻读和重读也与语义以及语篇的连贯相关（如"问答"），语调与句子类型更是直接相关（陈述句用降调，疑问句用升调等）。

练习应尽量避免用无意义的音节，最好使用学生学过的词语、词组、短句等。

教学中要尽量排除学生可能发生的误解。如在教声调的变化时，就不能只用词来教，而要有短语和短句，以避免学生误解为只有在词里才有声调变化。

语音学习是一个较长时期的事，因此至少在一个学期中每一课都应安排语音练习的内容，而不能只有一两个星期的所谓语音阶段。

教学要有针对性，要针对语音的重点、难点。要研究各种学生受其母语语音的影响可能发生的偏误（就语音来说，母语干扰是主要的偏误来源），找出纠正的方法与对策，防患于未然。

教师的范读和领读（包括录音）应该自然，避免读书调、广播调，特别不应该为了降低速度或者让学生听得清楚而采取"蹦字"式的朗读。那对学生是误导。

语音教学中也要启发学生的积极性，引导他们自己去发现规律，自觉地学习，因此要有些任务性的练习。例如学习声调时，可以利用中国人的姓作为练习：

您贵姓？我姓张。（我姓王。我姓李。我姓赵。）

给学生留的作业是去问中国人姓什么，并按一、二、三、四声的顺序，用拼音记下来，下一次上课时口头（这是语音的要求）向全班报告。

语音教学涉及的面比我们这里所说的要广得多，复杂得多，本文所说只是其中的几个基本方面，表达了自己学习与教学中的思考所得，只是从教学的角度提出问题，许多问题都有待实证性的研究才能得出结论。希望能够引起同好的兴趣。

（原载《大理学院学报》2010年第5期）

汉字教学随笔：
观念·体系·创造式的学习方法

本文旨在以汉字教学为切入点，提倡一种教学理念。为了说明这个问题，应该先消除教师和学生中惧怕汉字的观念，树立对汉字学习的信心，还需要建立一套汉字教学体系。以这两点作为铺垫，才能介绍我们所说的创造式的学习汉字的方法。

一、关于帮助学生树立学会汉字的信心

"汉字难"好像是一个不可更易的定论。教师认为汉字难教，学生认为汉字难学。因此在对外汉语教学的科学研究中，汉字教学成了热门话题，问题是，讨论得多，而真正把一些成熟的成果运用到教学或教材中的比较少。从目前的对外汉语教材中的汉字部分看，新招数不多。因此汉字教学给人以"雷声大，雨点小"的感觉，或者说是研究和教学实践还存在着脱节的现象。

问题在哪里呢？我想，这里面有观念问题，也有实践问题。观念问题是，不管是学生还是老师，对汉字是"一片喊难声"，学生对汉字望而生畏，教师似乎束手无策。实践方面的问题，虽然研究方面提出了许多化难为易的建议，但总让人觉得没有抓住关键。这就造成了学生是带着畏惧的心理学汉字的，教师也带着汉字难教的心理进行教学。显然，这两方面的心理障碍不解除，学也学不好，教也教不好。

但是，我们不能简单地告诉学生汉字不难，汉字很容易。那是哄骗。从难易的角度看，世界上没有绝对难或者绝对容易的事物，任何事物的难与不难，都不是绝对的，而是需要通过科学的具体分析找出其难的方面和不难的方面。对待汉字也应作如是观。笔者在澳大利亚工作时，就曾给澳大利亚的教师们这样分析过，后来编写《学汉语，游中国》光盘时，讲到汉字，也专门写了一篇引言，题目是《不要怕汉字！》，主要也是给读者分析汉字的难易。归结起来，大概有这样几点：

1. 汉字读写有规律可循。"汉字难"主要是非汉字文化圈国家的人

的看法,因为汉字毕竟跟他们本国的文字相差太远了,再加上代代相传(确实是"代代相传")的汉字难的言说,因而在面对汉字,要学习汉字的时候,他们就有一种神秘感、畏惧感。我们要告诉他们,汉字并不像他们听说的那样神秘,也不像他们想象的那样难学。世界上什么东西难学? 只有没有规律的东西难学。而汉字作为一种文字系统,无论是书写还是认读,都是有规律可循的,尽管这规律是有一定限度的。

2. 现代汉字的读写难度已经大大降低。汉字很古老,古老的甲骨文已有 3000 年以上的历史,那时的汉字,由于形体复杂,笔画不规范,的确难写难认,但经过不断地简化、规范,到了 1000 多年以前,汉字已经演变成了"方块字",形体方正,笔画清楚,规律性也越来越强。1956 年的《汉字简化方案》,使得 2000 多个笔画复杂的汉字变得易认、易写,降低了学习的难度。

3. 汉字数量很大,但常用汉字数量并不多。1994 年出版的收字最多的字典《中华字海》(中华书局和中国友谊出版公司联合出版)收字条 85000 多个。但我们不必为了说明中国文化的丰厚而对此加以渲染,那样会把要学汉字的外国人吓跑。我们应该强调,常用汉字的数量并不多。国家语言文字工作委员会和国家教育委员会 1988 年发布的《现代汉语常用字表》收常用字 2500 个,次常用字 1000 个,根据抽样检验统计,2500 个常用字的覆盖率达 97.97%,1000 次常用字覆盖率为 1.51%,3500 字的合计覆盖率为 99.48%。最新的统计表明,"一般教学约需要 3500 字,600 个常用字就可以覆盖书面语的 80%,900 多字可以覆盖书面语的 90%,2400 字可覆盖 95%"。(《北京晚报》2009 年 8 月 12 日第 3 版)。《高等学校外国留学生汉语言专业教学大纲》(2001)所附汉字表,一年级收一级字 795 个,二级字 696 个,二年级收字 545 个,三四年级收字 467 个,四年共 2503 字。《汉语水平词汇与汉字等级大纲(修订本)》(2001)中的汉字等级大纲收甲级字 800 个,乙级字 804 个,丙级字 601 个,丁级字 700 个,共 2905 字。①

以上几方面的统计说明,掌握了 3000 字左右,大概就基本上能够认读现代汉语书面语上的汉字(当然还有词的问题),对于外国青年学生来说,四年之内掌握 3000 个汉字,每年平均不过 700 多个,应该不是很困难的事。

---

① 《通用规范汉字表》(2013 年 8 月发布)收字 8105 个,其中一级字 3500 个,二级字 3000 个,三级字 1605 个。

4. 汉字是一种语素文字(只有极少的例外),许多汉字同时也是词。假如一个人掌握了3000个常用字,那么他就同时掌握了数量大致相同的语素。在此基础上,又可以进一步掌握由这些语素构成的词。汉语有相当一部分词的意义可以从其语素的意义推出。这是汉语理据性强的一个表现。换言之,在学习汉字的同时,已经为学习词语做好了准备,一举而两得。

经过这样粗略的分析,学生就可以感觉到,汉字并不像想象的那样难。不过,教师要先说服自己,才能去影响学生。学、教双方都从观念上有所改变,树立了信心,学习就有了思想基础。

二、关于汉字教学体系的框架

汉字教学体系主要是揭示汉字在书写和认读方面的规律,帮助学生记忆与掌握。这方面已经有了比较多的成果,但我们认为,有些讨论突出对外汉字教学的特点不够,就是说,对外国学生来说,应该讲什么、讲到什么程度,这方面的针对性不够强。迄今我们的几种汉字大纲,只给分级字表,而不涉及汉字书写和认读的知识,不能不说是一个缺失。汉字教学体系,应该包括三个部分:书写(形体)、认读(读音、部分意义)、工具书的查检法(笔画查字法、部首查字法)。下面我们提出的只是这一体系的一个框架,不做详细的说明,只在必要时针对外国人学习汉字的特点做一点提示。

(一)汉字的书写

1. 笔画

不同类型的笔画应说明的侧重点如下:

(1) 基本笔画

    A. 运笔方向(从左向右——横、从上到下——竖、右上到左下——撇、左上到右下——捺、左下到右上——提)。

    B. 外国学生书写笔画时应注意:"横平竖直"并非画几何直线;"横""竖"在字中有长短的区别;"撇""捺"在字中也有长短的区别,还有斜度的不同,如"横撇""竖撇""平捺"等;"点"的形状并非圆点,而且有大小、方向的不同,更有所谓"撇点"。

(2) 合成笔画

  A. 折笔（即除点以外的基本笔画的组合，应提示折笔的运笔方向与基本笔画同，因此不能出现由下到上或由右到左的折笔）；

  B. 带钩笔（即除点以外的基本笔画和点的组合，如"横钩""竖钩"等）。

2. 笔画与汉字的关系

(1) 笔画直接组成汉字：指独体字。

(2) 笔画先组成部件再组成汉字：指合体字。应该说明有一部分合体字是由笔画加部件组成的，如"礼"。

这里我们要说明，我们不赞成把笔画也划入部件。《现代汉语词典》（第5版）对"部件"的解释是：机器的一个组成部分，由若干零件装配而成。用"部件"指称汉字的组成部分，当属借用。如果把一个汉字看成一台机器的话，那么笔画就是零件，由零件可以直接组成"机器"，也可以先组成部件，再组成"机器"。这样分析汉字比较科学。

3. 笔顺

除一般讲笔顺之外，还应说明笔顺的相对性，它受全字起笔的影响。如"先横后竖"是一般笔顺，但若是全字的起笔是竖，则竖就得先写，如"上"的笔顺。但也有的笔顺是刚性的，如"先撇后捺"，无论是撇捺分离、交叉还是相接。

4. 独体字与合体字

(1) 独体字的划分应该严格。

现在独体字的划分标准不太统一，这给外国人造成了困惑。从对外汉字教学出发，我们认为对独体字应该严格按定义确定。应该承认有少数可以分为"笔画＋部件"结构的字，应该视作合体字，如"么""买"等。

(2) 合体字应说明部件、结构、书写顺序，并对字进行分析。

  A. 部件：成字部件、非成字部件

  B. 合体字的结构及部件书写顺序

  上下结构、左右结构、包围结构（全包——"先进入后关门"，三面包——上位、左位、下位，两面包围——左上、右上、左下）、嵌插结构（上下嵌插、左右嵌插、框架嵌插）

  C. 合体字的分析

5. 笔形的变化和部件(主要是一些独体字)的变体

书写中要注意笔画和部件在汉字的不同位置时笔形会发生变化,形成变体。如"木"在字的上面时,捺变为长点;在下面时,笔画不变,但字形变扁;做左偏旁(形旁)时变为"木";做右偏旁(声旁)时笔画不变,但形体略窄。"马"在字的下面笔画不变,但形体变扁;做左偏旁(形旁)时,变得细长,下面一横变为提;做右偏旁时形体无大变化,只是变得略长。这些变化主要是为了保证字能保持"方块"而发生的避让和"体形"变化。

(二)汉字的认读

1. 独体字的认读

由于独体字多为构字的部件,有生成功能,因此有"母字"之称。独体字只能一个一个地记认,但数量不多,上海交通大学汉字编码组、上海汉语拼音文字研究组编著的《汉字信息字典》收独体字 323 个,郝恩美、范平强编著的《汉字教学的规律和方法》称独体字有 240 多个,若按我们建议的严格标准,则数量还可以减少。郝恩美等将独体字分为象形独体字和指事独体字两类。为了帮助学生识记,适当地涉及字源(象形字或指事字+说明)是可取的。

2. 合体字的认读

合体字的认读,应该从偏旁入手。作为初级的汉字教学,主要讲形声字,遇到会意字等可以临时处理。说明形旁的表义功能和声旁的表音功能。这是最能说明汉字音义的规律性的,因此需要充分挖掘与利用。有几点需要讲清楚:

(1) 形旁提示字的义类,即该字与什么有关,而不是字的确切意义。
(2) 声旁提示字的发音,由于汉字读音的演变,今天有些声旁并不表示确切的读音,或与字的读音的声母不同、韵母不同、声调不同,甚至完全失去表音的作用。教学应该指出这些不同。
(3) 应说明形旁和声旁的位置:在上、在下、在左、在右。有些部件(独体字),既可做声旁,也可做形旁。如"木",在左、在下做形旁,在右做声旁,如"沐";"马"在左做形旁,在下多做形旁,如"驾",但在"骂"字里"马"是声旁,在右多做声旁,如"妈、玛、码、吗、蚂、犸、杩、祃"(这是举例,并非这些字都是要教的。下同)。
(4) 为了提示读音与表现字的读音理据,我们认为可以使用一些非常用的声旁字或者非常用的读音。如为了说明"慈、磁、糍、鹚"

等字的读音,可以使用"兹"的非常用读音 cí;为了说明"私"的读音理据,可以给罕用的"厶"(sī);为了说明"播"的读音理据,可以出"番"的罕读音 bō。我们出这些罕用字、罕读音,目的不是让外国学生学这些字,而是为了让他们通过这些罕用字、罕读音,知道那些常用字的读音理据,从而记住其读音。

(5) 有些合体字也可以做声旁,如"胡"就是"湖、糊、葫、瑚、煳、蝴、醐、鹕"的声旁;"建"是"健、键、腱、犍、犍、毽、踺、楗"的声旁。

(三) 工具书的查检法

从汉字教学的角度讲工具书的使用,主要是介绍笔画检字法和部首检字法。

1. 笔画检字法,主要是训练学生准确地数笔画数,确定字的起笔,因为笔画检字表中的字是按"横""竖""撇""捺""点""折"的起笔顺序排列的。

2. 部首检字法,除了数笔画,还要教会学生掌握一个字哪个部件是部首以及部首在字中的位置。困难主要在于独体字的部首如何确定。

以上所说,不少论述中都已经包含了这些内容,但如何针对外国人学习汉字的特点,则见仁见智,本文所提示的,是笔者不成熟的看法,但要讲下面的汉字学习方法,必须有这样一个框架。

三、创造式汉字学习方法

这一部分我们将从学习的角度探讨如何学习汉字的问题,但不是一般的学习,而是通过课堂教学,在教师的引导下学习。这种学习应该是学生的主动而富有创造性的行为,而不是被动的机械的行为。这点对汉字教学尤为重要。如果说国外的外语教学法不能照搬到对外汉语教学中来,那么汉字的教学更难从那里找到现成的答案。

我们结合对外汉语教学的实际,反观现在流行的外语教学法,如交际法、任务型教学法等,感觉它们都过于强调教学的结果,而对教学的过程强调得不够。针对这种情况,我们提出学生学习的过程,应该是在教师的引导下进行创造的过程,这样学习的结果,不但能创造性地运用语言,而且能够掌握学习的方法,学会观察、发现、吸收新的语言现象。这才是我们语言教学的目的,而后面这一点,应该更为重要。只有具有后面一种能力,学生才能够持续不断地、成功地学习下去。这种能力学生可以终生受用,这才是"授人以渔"的真谛之所在。

具体到汉字的学习,就应该是学生在教师的指导、引导下,逐步地掌握书写和认读汉字的规律。前一部分所述内容,应该在学生认知的过程中获得。我们的原则是:教师不要代替学生做他们力所能及的工作。一定要改变目前的汉字学习(主要不是指作为知识课的汉字教学)只是简单地模仿(描写、临写等)的做法。要让学生知其然,也知其所以然。为此,我们根据认知心理学将人的认知活动看作对外界信息进行积极加工过程的观点,并结合教学实践(已有的经验、做法)对汉字学习进行了设计。我们认为学生学习汉字,教师要有意识地培养学生的几种能力:

观察能力 在正式学习书写之前,要先"目治",使学生通过观察来熟悉汉字,启发他们直观地发现汉字形体上的特点。法国华卫民教授在她编写的教材中,一开始并不急于教学生写汉字、认汉字,而是把一些汉字以不同的方向印出,让学生判断哪个方向是正确的。据华卫民说,从未接触过汉字的法国学生居然都能做出正确的判断。这说明人具有共同的认知能力。这种观察能力的训练,可以贯彻汉字教学的始终。如让学生看到汉字不管笔画多少,都要写在一个方框里,所谓"方块字",这为日后的书写训练做下铺垫。再如教认读独体字时,可以先出象形字或指事字,让学生通过比较形象的图像猜测字的意思,然后再出楷书字,这样学生的印象就会深刻。我们一位教书法的老师在美国讲学时做过一次公开演讲,介绍汉字,听众多是从未接触过汉字的美国人,他先在黑板上写了几个象形字(人、山、水、日、月等),让听众猜是什么意思,结果都可以猜出来,并且一下子就引起了听众的浓厚兴趣,取得了良好的效果。讲演如此,教学也是如此。这种观察能力的训练,多属于"热身"性质,但很重要,它起着拉近外国学生与汉字的距离的作用。

推理能力 汉语是一种理据性很强的语言,同样,汉字也是有理据性的文字,无论是书写还是认读,这一点都是可以充分利用的。我们不能靠给学生讲解汉字的理据,而应该靠给学生提出任务,让他们在完成任务(不是交际任务)中体会出汉字的理据。比如运笔方向、笔顺、部件书写顺序的规律,其共同点是自上而下、自左到右等。由此让学生推测合成笔画结合的规律,如横和竖的结合,只能有"┐""└",不可能有"┌""┘"。再如部件的书写顺序,也应在出现汉字结构类型之后,让学生先分析,从而形成正确的书写习惯。教认读形声字时,应在交待了形旁和声旁之后,让学生推测字的读音和意义。

辨识能力 如辨识汉字的声旁和形旁,辨识偏旁的位置等。

比较能力 应培养学生比较易混笔画、部件、整字的异同的能力。比如撇和提的区别,撇和捺的相离、相交、相接,横和竖(或笔画和部件)的交叉、相接及其对汉字的区别性(由、甲、田、申之类)。认读汉字时,比较汉字的读音与其声旁(形声字)读音的异同。

归纳能力 应培养学生将所学按一定方式加以归纳的能力,从而领悟汉字的规律性。如将同偏旁的字归在一起、同结构类型的字归在一起等。

实践能力 这是教学或学习的落脚点。前面这些能力的培养都是为学生的实践能力创造条件的。对于汉字教学来说,实践就是学生书写和认读(一般运用不是汉字教学的任务,而是阅读、写作技能和语法、词汇等相关的能力)。我们目前的书写、认读的练习都比较简单,书写练习基本上停留在描写和临写上,"缺乏新招数";认读则主要通过词语教学进行,基本上是简单的重复,而学生尤其是西方学生最不习惯的就是简单重复。于是就形成了一种矛盾的现象:学习汉字必须多写多念,学生却又不愿意重复来重复去地写和念。这就需要创造一些方法,又重复了,却又不使学生厌烦。国外有些教材,在汉字的书写和认读方面的一些训练方式值得我们研究借鉴。美国黎天睦和姚道中合编过一本《华文读本汉字练习本》,其中有些练习使用了美国男女老幼都喜欢的填字游戏来填汉字,就是很巧妙的;再如,在许多方格中无序地给出汉字,然后用拼音给几个句子,让学生从方格中找出相应的汉字写在下面。至于汉字的认读,我在澳大利亚时见过他们给孩子读的中文读物,编得也很巧妙。例如有一本《海蒂和狐狸》是这样让孩子们在不知不觉中重复的:

> 海蒂是一只大母鸡。一天早上,她抬头一看,说:"天哪!我看到丛林里有一个鼻子!"

接着每一段都要重复这句话,后面加上新的内容:"—!—,(横线部分是重复前面的话。下同)还有两只眼睛呢!""—!—,—,还有两只耳朵呢!""—!—,—,—,还有两条腿呢!""—!—,—,—,—,还有一个身子呢!"至此,同样的几句话已经分别重复了2~4遍。下面说,结果别的动物都不以为然,海蒂接着说:"—,—,—,—,—,还有一个身子、四条腿、还有一条尾巴呢!那是一只狐狸!那是一只狐狸!"这种重复的方法,孩子们读起来毫不觉得枯燥。这种方法运用到给成年学生用的汉字认读练习中,我想也会收到良好的效果。英国著名的英语教学家亚历山大编写过许多简易读物,他编的初级英语的简易读物中也巧妙地运用了重复法。有一篇侦探故事,描写侦探到不同的屋子里去侦查,描写室内的家具,每间屋子里都是那么几样家具,可是摆放的位置不同,读者无形中就重复读了这些家具的名称,还饶有兴趣。这也是值得我们在编写汉字认读教材时借鉴的。这说明,只要有了新的理念,具体办法是可以创造出来的。

当然我们还可以举出学生应该具有的更多的能力,只要是对学生掌握汉字有利的,都可以作为教师对学生进行训练的内容。对于这些能力的训练,我们应该有如下的认识:

1. 这几种能力的培养,应该是整个对外汉语教学的任务,当然对汉字教学也是完全适用的。这几种能力的培养,都不能通过灌输式的"教"使学生获得,而是应该由教师指导学生在实践中获得。教师应该精心设计。

2. 对于这些能力的培养,一般来说,没有明显的顺序,虽然我们可以说"观察"是先发生的,而"归纳"则是后发生的,但这并不是绝对的。因为这些能力是互相穿插的,是螺旋式上升的。在实际教学中,每一个环节都可能涉及几种能力的培养;每一个环节都可以从观察开始,而以归纳告终。

3. 我们的原则是,学生能自己做的事情,能自己解决的问题,一定要让学生去做、去解决,教师只起引导、指导的作用。学习汉字读写的任务,要对学生有挑战性、启发性、刺激性,促使他们动脑(思考)、动手(写)、动口(认读)。他们所做的事、解决的问题,对他们来说,都是通过思考进行的创造性活动,因此能够引起他们的兴趣,也充分地调动了他们的好奇心(对青年人这很重要)和主动学习的积极性。多数学生会乐于做这种有创造性的工作,而厌烦那种被动的、枯燥的、纯机械性的工作。总之要改变那种以为什么都要替学生准备好,他们可以不花费任何努力就可以获得汉字读写能力的做法。我们要相信,创造能力人人有之,教师(包括教材)要充分调动学生的创造能力。

4. 学生在创造的过程中,肯定会出现很多问题,对教师布置的任务的完成也会是五花八门。这些都不要怕,而且越是五花八门越应该欢迎。一则说明学生动了脑筋,二则这也给了教师进一步指导和引导的空间,还可以活跃课堂气氛,引起讨论,吸引学生的注意力。

本文涉及的教材

Mem Fox（1996），海蒂和狐狸 *Julia Fry*（中文翻译），Scholastic Australia Pty Limited.

Monique Hoa(华卫民)(2004)，*C'est du chinois*！（汉语双轨教程），Libraire Editeur.

Timothy Light(黎天睦)，Tao-chung Yao(姚道中)（1985），华文读本练习本，Far Eastern Publications Yale University.

鲁健骥等编(2004)，《学汉语，游中国》，北京大学出版社。

［原载王宁主编《汉字教学与研究》（第一辑），北京语言大学出版社 2011 年出版］

教材的趣味性
——它山之石的启示

教材的趣味性被认为是编写教材的原则之一,也是一个谈得很多的题目,但似乎至今没有解决得很好。我想结合我见到的几种国外的汉语教材和英语教材的情况,就教材的趣味性谈一些体会。

1. 关于幽默感。长期以来,我们的教材总是被批评为缺乏幽默感,于是我们的教材编写者就想找些逗乐的内容来增强幽默感。比如我们曾经编写过《阿凡提的故事》《寓言故事》给学生读,结果适得其反,学生不但不喜欢,反而说阿凡提是个无赖,寓言里的人都很愚蠢,有的学生甚至说,这些都是给小孩子读的东西,给我们这些受过高等教育、已经有很高文化素养的成年人读,简直是对我们智力的侮辱。这就引起了我们的思考:光说幽默感还不行,到底什么是幽默感,还是没弄清楚。幽默感的背后是文化背景。中外文化差异在幽默感上表现得特别突出。常常有这样的情况:我们觉得逗笑的东西,外国学生并不觉得可笑。比如相声,不少教材都选用了相声。可是相声里的"包袱",在外国学生那里就抖不响,就是因为他们缺乏对相声背后的文化背景的了解,听了跟没听一样。反过来也一样。美国有一位家喻户晓的脱口秀(有点像我们的单口相声)表演艺术家鲍勃,那简直是一句话一个"包袱",每句话都引得听众捧腹大笑。可是我们中国人听了,一点也笑不起来(除了里面那些听不懂的土话的因素不说)。我们的报刊上常发表一些外国的小幽默,有些我们也不觉得有什么幽默之处。恐怕我们教材中选用逗笑的材料的时候,也要考虑到外国人的特点,考虑到他们是否能够理解。这方面,国外华人有优势,他们把握得住,所以他们编的教材中使用一些小幽默,外国学生就很喜欢。美籍华人教授王方宇曾经编过一些阅读材料,有不少都是很幽默的"段子"。例如有一则说钱会说话,它每天都跟我说:"再见!再见!"还有一则,说有一个律师,在他的办公室门口贴了一张广告,上边写着:10块钱可以回答三个问题。有一个人看了广告就进去问律师:"你说10块钱可以问三个问题?"律师回答说:"是的。""是不是贵了点儿?""不贵。您已经问了两个问题了。您交10块钱,还可以问一个问题。"王先生在他编写的《文言入门》

中从我们古代的笑话中选用了一些外国学生读了也能领会的。我曾经在给这本教材写的书评中引用了一则：

诱人出户

　　有人善谑，一日在友人家中，友人曰："汝素聪慧，倘我坐家中，汝能诱我出户外否？"曰："户外寒冷，汝必不肯出。倘汝先立户外，我以室中温暖，诱汝入内，汝必从矣。"友人信之，便出户外立。谓之曰："汝焉能诱我入户哉？"笑曰："我已诱汝出户矣。"

　　从王先生编教材的经验与做法，我们可以悟出一个道理，在选择幽默故事作为教材的时候，应该善于找到外国学生能够理解的切入点，才能收到预期的效果，才能令他们喜爱。

　　2. 教材的课文应是学生感兴趣的、关心的内容，而不一定必是逗乐的，不然教材成了幽默故事集锦，也就不成其为教材了。这一点为许多教材编写者所认同，但似乎没有抓住要领，效果仍然不理想。

　　上个世纪 80 年代，美国出版过一套两本的给外国中学生编写的英语文化教材，书名为 *Life in the U. S. A：A Simplified Reader on American Culture*，给我们一些启示。这部教材给外国的孩子们展示的是美国中学生的典型生活场景。翻开书，我们可以看到这样一些对话：零花钱、给邻居看小孩、剪草坪、打零工、送报、在同学家留宿、搭便车、中学生常骑的轻便摩托车、逛街、旱冰、迪斯科、新唱片、音乐会票、养宠物、暑假、迪斯尼乐园、漂流……我想，中国的中学生一定有兴趣了解美国（或别的国家）中学生是怎样生活的，那么这本教材，就满足了他们的这种兴趣。我在澳大利亚工作时，也见到过一些国内编的儿童汉语之类的教材，学生和教师的反应是没意思，不喜欢。我也看过一些为外国人编写的介绍中国文化的教材，可是也不受欢迎，因为好像一说中国文化就是旧式婚礼、龙、长城之类，看不到中国人当前的生活实际，或者说距离中国现实的文化太远。从上边说的这套介绍美国文化的英语教材的编法可以体会出，我们要给外国学汉语的大学生的，应该是跟他们同龄的中国大学生是怎么生活的，这才是他们最感兴趣的。如果我们能编出这样的教材，我想会受到学生欢迎的。可惜我们的许多教材编写者，都已经离开大学很久，对现今中国大学生的生活已经比较隔膜了。我个人也有这样的体会。前几年读了一本小说《桃李》，觉得自己对那里面写的大学研究生的生活太陌生了。这样怎么能写出贴近他们生活的课文来呢？

3. 还有一类具有趣味性的东西,应该是青年人(大学生们)感兴趣的,是比较新奇、有刺激性(当然不是低级趣味的刺激)的东西。2003 年在牛津大学短期工作时,我读到一本英国人给外国人编写的准中级的英语教材,当属此类。其中每个故事都有点离奇,却又都是现实中出现过的事情,很容易引起学生的好奇心,因而愿意学。仅举第一课为例。这一课写的是日本一家人从一个小岛搬家到邻近的另一个小岛。不久这家人发现家里的小狗一到白天就不见了,到处也找不到,可是一到晚上它就回来了,浑身是水,而且很疲劳。他们观察了一段时间,天天如此,就是不知道狗跑到哪儿去了。于是狗的主人就决心跟着它,终于发现,原来那只狗每天早上泅水回到原来的岛上,跟老邻居的小狗玩儿,下午再泅水游回家。课文前面配了那只狗在水中游泳的照片。课文虽然只有半页,但始终让读的人猜不透。是呀,这是怎么回事呢?直到最后才恍然大悟。这就是课文吸引人之处。再加上有挑战性的读、说、写的练习,一部优秀的教材就展现在我们面前了。

它山之石,可以攻玉。我们不妨广泛涉猎一些国外编得好的汉语教材或其他国家为外国人编写的教授他们本族语的教材,从中汲取他们的经验,解决我们对外汉语教材中存在的问题。

谈泛读教材的编写技巧
——从《画儿上的美人》说起

笔者在《说"精读"和"泛读"》(见本书 p.55)一文中认为,"泛读"在外语学习中有着重要的地位,它的不可忽视的作用是使学生通过"精读"学来的语言知识与技能大量重现、复习、巩固、扩展,并获得更广泛的跟目的语国家有关的背景知识,增强对目的语的语感。它与"精读"是互相依存、互相补充的关系,二者缺少任何一个都不是完整的外语教学(当然还有其他语言课程的配合,此处仅就"精读"和"泛读"的关系而言),教学质量都会失去保障。因此,在外语教学中保持"精"和"泛"的平衡,是非常重要的。而对外汉语教学中泛读始终没有被重视起来,目前各种形式的阅读课,都不能起到泛读课的作用。加强泛读课的建设,已经成为对外汉语教学进一步发展、提高教学质量的关键之一。在《对外汉语教学改进模式的构想:口笔语分科,精泛读并举》(见本书 p.34)一文中我们又进一步将"精泛读并举"作为改进现行教学模式的目标之一。

加强泛读课的建设,除了要解决认识上的问题以外,还要解决具体的实际问题,其中最重要的就是要编写大量适合的读物。这方面,其他外语教学(比如作为外语的英语教学)已经做到了;在对外汉语教学方面,我们虽然在过去做过一些有益的尝试,但总的来说,缺乏成功的经验。我们需要借鉴其他国家编写供泛读用的读物的经验,特别是编写汉语泛读读物的经验,以及一些语言教学法专家关于编写这种读物的论述。

这些经验和论述,大致可以归纳如下:
1. 泛读用的读物,题材、体裁应该广泛;
2. 泛读内容必须是学生感兴趣的;
3. 泛读读物的难度应有控制,这样就必须分级,分级的依据主要是词汇量(当然也包括语法现象);
4. 每一个等级都应有一批读物,供学生和教师选择;
5. 泛读读物的形式有:简写、改写、缩写(节选)、简易原文等。一般来说,这也是难度的顺序。由于原文作品涉及的语言、国情、文化背景等知识比较复杂,所以应该对简易原文或难度更大的原文做详细的注释。
6. 泛读读物要有相当的长度。因为只有在篇幅相对比较长的文本中,各种语言现象才能得到多次的重现,语言的风格才能得到充分显示。

以上几点,都是编写泛读读物的原则,这里面没有讲到编写的技巧。应该说,按照这些原则去编写泛读读物是不容易的,无异于"戴着脚镣跳舞"。鉴于对外汉语教学中完全符合以上原则的泛读读物尚为少见,我们就通过分析一种这样的读物,来具体说明这些原则是如何体现出来的,很自然地也会涉及一些编写技巧的问题。

我们选择了美国西东大学(Seton Hall University)已故教授王方宇(Fred Fang-yü Wang)先生在上个世纪50年代编写的《画儿上的美人》作为分析对象。这是一本供学中文的美国学生泛读用的简易读物。黎天睦(Timothy Light)教授1984年在北京语言学院讲学时曾经介绍过这本书。他说,这本书"从第一次发表到现在,一直是最流行的,最受学生欢迎的"。一本初级水平的简易读物,居然几十年常用不衰,一定有其道理。我们希望通过分析,能够回答这个问题。

下面先对这本书做一介绍。

《画儿上的美人》由美国耶鲁大学的远东出版社于1957年出版,是该社负责人孟德儒(John Montanaro)主编的"明镜丛书"(Mirror Series)的一种。现在我们见到的是该社1983年的版本。这本书的内容如下:

1. 前言(英文,由孟德儒写的序言)   1页
2. 300字表(这300字是王方宇编《华文读本》第一册中学过的)
    2页
3. 写在前头   11页
4. 正文(包括插图48幅)   80页
5. 生字和生词索引(即除《华文读本》第一册中出过的)   7页
    共101页

孟德儒简短的序言,说明了这本读物的性质、用途、编写的目的,以及它对学生可能产生的影响。现将序言全文译录如下:

王(方宇)先生选了一篇著名的中国民间故事,用非常有限的300个字改编出来,其目的是提供一篇跟《华文读本》(第一册)配合使用的补充读物,可以从该书最后几课开始读,也可以学完之后再开

始读。他之所以要编写这本读物,是因为他一直感到需要有一种泛读的材料,使熟悉的字能不断重现,从而达到完全掌握。还可进一步认为,一个学生,当他无须借助字典,便能从头至尾读完一点东西的时候,他的那种感觉一定是非常惬意的,这种经验可以提高学生的自信心。

"写在前头"和故事正文是本书的主体。从"写在前头"四个字开始,作者就用学生学过的300个字写,共11页2252字(不包括标点、空格)。作者用了300字中的295字,又用了9个生字(其中5字是专名中的),就是说,在这11页中学生学过的字差不多出了一轮,并且大部分都重复出现了多次,据我们统计,重现了10次以上的字为63个,最多的一个字重现了80次。

故事正文共80页12635字,用了300字中的269字,重现率也很高,重现100次以上的字有47个,重现50～99次的字有33个,重现10～49次的字有120个,重现1～9次的字为100个。重现最多的字达527次之多。这部分内容又出生字73个,生词99个。每百字的生字只有0.58个,生词0.78个。全书每百字中的生字有0.55个,生词0.67个。生字、生词都加注拼音,给英文意思,放在脚注位置。

这两部分应该看成一个整体。因为它们加在一起,才用全了《华文读本》第一册中的300个字。这也很自然,由于内容的关系,在一个故事里要使用所有限定的字,是比较困难的,必须用另外的材料把故事里出不来的字再编进去。我们可以把这两部分看作是两个循环,第一部分是"热身"性质的材料,把300字的绝大部分先出一遍,再进入第二循环,读故事本身。

从以上的统计可以看出,对读物的难度严格控制,最大限度地重现学过的字和词,把生字和生词的数量压到最低,是作者编写的一个原则。这是很重要的。很多以外国人为读者对象的汉语读物之所以不合用,推广不开,难度太大是最重要的原因。

还应指出,作者在本书中所用的300个字,虽然是《华文读本》第一册中出现的,但那也是经过认真选择的。虽然我国最早的汉字频率表陈鹤琴的《语体文应用字汇》在1928年就出版了,但并未见该字表在50年代(至少在美国)已经有应用的报道。《画儿上的美人》的作者恐怕只是根据自己的经验选择,但在和国家语委1988年编的《现代汉语常用字表》对照之后,我们惊奇地发现这 300 个字和 82 个生字除 1 字之外都在 2500 个常用字之内,这恐怕不是巧合。

从内容看,"写在前头",顾名思义,是前言性质的文章。作者先用交朋友作比喻,交代了为什么要写这本书——让学生经常接触所学的字,这样就不会忘记。然后介绍这本书,吸引学生能读下去,说明什么是有意思,什么是没意思:"你能把学过的三百字,在看这本书的时候,多看几回,那就有意思。"这跟孟德儒序言中所说"一个学生,当他无须借助字典,便能从头至尾读完一点东西的时候,他的那种感觉一定是非常惬意的,这种经验可以提高学生的自信心"的意思是一致的。这是一个心理问题。难度适当的材料,会增强学生的学习动力,否则他们就会有受挫感,失去学习的信心。以这本书为例,学生能够顺利地把这 2000 多字的"写在前头"读下来,他肯定会兴趣大增,有一种成就感,从而产生继续读下去的愿望和信心。所以说,这一部分是很必要的。

我们还可以从这本书悟出选材和语言水平的制约关系。我们见到的其他语种的简易读物,初级阶段大多选择情节比较简单,能够用简单的语言表达出来,故事性又比较强的童话、民间故事之类的作品加以改编,这似乎也是个规律。《画儿上的美人》也是根据民间故事改编的。从我国对外汉语教学的情况来说,也曾经有过一段时间,在教材中选用民间故事、成语故事、寓言之类,后来可以说是被学生"反"掉了。如果要总结那段经验的话,我们认为,当时的失败在于:一是选用的篇目过于儿童化,不适合成年学生;二是我们把这样儿童化的故事过于集中地用在综合口笔语实践课的教材中,而这类故事对训练学生语言能力并不适用;三是语言过于孩子气,而且"废词"占的比例过大。那么,同样是民间故事,使用的对象也是一样的,为什么《画儿上的美人》作为泛读材料就获得了成功呢?仔细想来,就是它避免了上面说的这三个方面的问题。其语言简单但并不孩子气,而且学生只学了 300 字就能读那么长的故事,这种心理上的满足和不断受到激励,使得他们产生读下去的愿望。

除了上面说的这些,这本书受到学生欢迎的另一个重要原因,就是作者善于用简单的语言使文字尽量活泼一些,把学生吸引住,即使像"写在前头"这样比较容易写得枯燥的内容,也很能引起学生的兴趣。比如这一部分开头讲到学中国字就跟交朋友一样,常见面就能记住,不常见面就容易忘记。然后说明这本书是用学生已经学过的 300 个字写的,尽量写得有意思。接着作者就说,"当然要是你觉得太没意思,……你可以把书放下,不必再看了",后边又说,"你为什么还看呢?别看了。""你快把书放在桌子上吧,再不放下,就太晚了","你看这本书,有什么用?快别看了。""你现在还看呢吗?好极了,你真是这三百字的朋友。"下边又讲了一个笑话。最后一段说,"你真是一直的看到这个地方了吗?你知道吗?你的三百个朋友,都看见你了,你看见他们了吗?"作者就是这样一会儿用"激将法",一会儿又鼓励学生,一步一步引导着他们往下读,不知不觉之中,读了2000多字的文章。

故事的正文部分也是如此,作者很善于抓住"扣儿",或者说制造一些小小的悬念,使学生愿意"听下回分解"。例如,写男主人公张大明收工回家时,远远地看见自己家的房子上在冒烟,怕是自己头一天做饭火没熄灭,着起火来了。作者写道:"他跑到家,开开门,往屋子里一看,你想屋子里着了火没有?"下面又写张大明发现画儿上的美人下来给他做饭、缝衣服,又想进去,又怕把美人吓得回到画儿上去,作者写道:"你说他应当怎么办呢?"可以说作者为了用简单的语言把故事写得吸引学生,下了很大功夫。

善于铺叙是保证字词重现率的重要手段,也是编写简易读物的共同规律。前面说过,初级水平的简易读物,常常是情节比较简单的民间故事等,那么,如果作者只是平铺直叙地把故事写出来,一保证不了比较长的篇幅,二保证不了字词的重现率。这就要求作者善于铺叙。王方宇先生就是这样一位善于铺叙的作者,不然,他就没有办法把一个本来很简单的《画中人》写成一篇近12000多字的故事。让我们举一个例子,看看作者是怎样在短短的一段话里,使一些字词得到了重现。故事写到张大明和美真(画儿上的美人的名字)被迫给国王做衣服,只给三天期限,他们只好连夜不停地做,这时候,作者是这样写的:

  他(她)三天三夜没睡觉,也没吃饭。
  张大明自己知道帮不了什么忙,又知道时候不够,所以他很着急。在那三天三夜里头,他看美真不睡觉,不吃饭,就更着急了。一会儿问问美真吃东西不吃,一会儿又问喝水不喝。他自己睡觉也睡不着,吃东西也吃不下去,坐着也不好,站着也不好,心里很难过。
  美真因为作(做)衣裳,三天三夜没吃东西,也没睡觉;大明因为着急,三天三夜的工夫,吃东西吃不下去,睡觉睡不着。……

我们可以看到,在这个不足160字的段落里,"三天三夜""睡觉""吃饭""着急""吃东西"等词语,都重现了好几次。

这种铺叙的手法,只有在初级的简写读物里才能使用。在长篇作品的改写、缩写里,就不宜采取这种办法,那里边的重现,要通过其他办法来实现。

综上所述,也许我们可以体会出编写初级简易泛读读物的某些技巧,这对我们将来的编写工作是至关重要的。但这只是从一本书总结出来的,如果我们接触更多的简易读物(中文的、外文的),我们会学到更多的技巧,比如英国朗文出版社的教材编写专家亚历山大编写的英语简易读物,对我们也会有很大启发。但无论如何,王方宇先生编写《画儿上的美人》的实践是成功的,他的经验很值得我们借鉴。

当然,我们并不认为《画儿上的美人》是完美无缺的,有些地方是需要改进的。比如作者为了减少用字,有些字不该替代的替代了,如"做"和"作"不分;"他、她、它"不分;"的、地"不分,有时"得、的"不分。有些量词该给未给,都用"个"代替(一个马、一个船等),显得很不自然。也有个别处语句不甚通顺。由此我们想到,只用 300 字可能略嫌少了一些,如用到 400 字,可能会好一些(现在实际上用了 382 个字)。

附录:

1.《画儿上的美人》中的 300 字表
【每个字后括弧中的数字是出现的次数】

A　　爱(4)

B　　八(4)把(87)吧(24)白(17)百(140)拜(2)半(11)办(29)帮(19)报(1)北(2)本(27)比(18)笔(2)必(4)边(18)便(2)表(1)别(33)病(4)不(304)

C　　才(12)菜(1)次(11)从(14)错(9)

CH　 茶(2)差(5)长(12)常(12)唱(9)车(4)城(4)吃(5)出(40)穿(16)船(41)

D　　打(3)大(214)带(7)但(7)当(39)到(102)道(68)得(115)的(493)等(18)底(2)地(38)弟(8)第(18)点(64)定(33)东(23)懂(9)都(131)短(5)对(28)多(56)

E　　儿(241)二(15)

F　　法(25)饭(34)方(33)房(5)放(29)分(4)夫(24)父(3)

G　　高(57)告(16)哥(4)歌(5)个(229)给(57)跟(107)更(6)工(34)够(5)贵(2)怪(18)关(1)馆(3)国(131)过(38)

H　　孩(9)还(65)好(114)喝(3)河(16)黑(8)很(102)后(53)候(72)画(63)话(40)坏(10)欢(12)回(57)会(37)火(6)

J　　极(14)己(2+23)几(16)家(128)件(34)见(74)教(1)叫(59)觉(jué, jiào)(49)

	街(4)今(11)紧(8)近(3)进(13)经(19)九(1)酒(2)就(197)旧(1)句(7)
K	开(22)看(229)可(104)刻(18)客(8)哭(7)快(56)块(19)
L	来(150)老(31)了(395)离(8)里(103)礼(1)脸(4)两(68)六(1)路(8)
M	买(9)卖(9)慢(16)忙(18)毛(13)么(232)没(156)每(17)美(152)门(20)们(191)名(9)明(180)母(3)
N	拿(28)那(206)男(1)南(1)难(8)呢(69)能(43)你(188)年(1)念(2)女(21)
P	怕(24)跑(48)朋(37)平(6)铺(9)
Q	七(3)奇(18)起(21)气(36)千(2)前(31)钱(7)亲(4)情(32)请(15)去(140)
R	然(22)人(174)认(14)日(2)容(9)
S	三(34)思(26)四(1)送(21)诉(16)算(4)岁(2)所(50)
SH	山(4)上(130)少(5)什(134)生(44)十(7)时(72)识(14)事(85)是(293)手(26)书(55)数(1)谁(22)水(43)睡(24)说(221)
T	他(527)太(99)天(109)条(8)听(36)头(95)
W	外(25)完(28)玩(10)晚(12)万(1)王(127)往(19)忘(17)为(46)位(8)文(6)问(33)我(168)屋(11)五(3)
X	西(21)洗(5)喜(12)下(50)先(27)现(18)想(140)小(10)校(1)笑(26)些(53)写(18)谢(28)心(38)新(4)信(2)行(9)姓(13)许(23)学(9)
Y	样(49)要(81)也(147)夜(14)一(317)衣(76)已(19)以(97)易(9)意(42)因(31)应(20)用(52)友(37)有(203)又(56)右(1)鱼(13)远(5)愿(14)月(2)
Z	在(147)再(27)早(20)怎(61)子(141)字(43)自(26)走(43)最(14)昨(12)左(1)坐(11)作(173)
ZH	站(22)张(161)找(11)这(133)着(zhe, zháo)(119)真(170)正(9)知(70)直(5)纸(42)中(5)钟(14)住(9)桌(8)

以上300字之外的字(共82字)

暗(1)备(3)变(10)陈(1)成(10)窗(4)吹(8)逮(14)袋(3)掉(8)督(1)读(5)发(2)纺(3)妃(3)飞(37)缝(8)刚(4)鸽(63)故(2)官(16)光(2)跪(1)和(1)红(1)忽(1)胡(2)户(4)华(5)划(4)婚(5)活(1)急(25)记(1)尖(3)结(3)京(1)精(3)口(11)捆(3)拉(21)乐(1)泪(3)力(2)立(17)亮(4)落(3)马(53)吗(15)木(2)鸟(31)弄(2)碰(4)骑(17)扔(1)赛(7)色(2)杀(2)裳(74)神(3)声(6)税(7)特(3)替(2)途(1)线(3)乡(1)箱(1)像(5)兴(17)绣(11)血(5)烟(1)颜(4)眼(3)阳(21)英(1)硬(1)由(1)预(3)缘(1)越(8)

2.《画儿上的美人》用字频率表

527次:1个

他(包括"他""她""它")

493次:1个

的(包括"地de")

395~304次:3个

了(le, liǎo),一,不

293~203次:9个

是,儿,么,个,看,说,大(dà, dài),那,有

197~102次:33个

就,们,你,明,人,作(当为"做"),真,我,张,没,美,也,在,子,来,去,想,什,都,这,国,上,家,王,着(zhe, zháo),得(de, děi),好,天,跟,可,里,到,很

99~50次:33个

太,以,头,把,事,要,出,衣,见,候,时,当,知,呢,道,两,还,点,画,怎,叫,高,给,回,多,快,又,书,后,些,用,所,下

49~10次:121个

觉(jué, jiào),样,跑,为,生,饭,能,水,字,走,意,纸,船,话,地,过,心,会,朋,友,气,听,工,件,三,别,定,方,问,情,老,前,因,办,放,对,拿,完,谢,本,先,再,思,手,笑,自,法,己,外,吧,夫,怕,睡,东,许,开,然,谁,站,女,起,送,西,门,应,早,帮,经,块,往,已,比,边,等,第,怪,刻,忙,奇,现,写,白,每,忘,穿,告,河,几,慢,诉,二,请,百,从,极,认,识,夜,愿,最,钟,进,毛,姓,鱼,才,长,常,欢,晚,喜,昨,半,次,今,屋,坐,找,坏,玩,小

9~1次:99个

错,唱,懂,孩,买,卖,名,铺,容,行,学,易,正,住,弟,黑,紧,客,离,路,难,条,位,桌,带,但,句,哭,钱,十,更,火,平,文,差,吃,短,房,歌,够,少,洗,远,直,中,爱,八,必,病,车,城,分,哥,街,脸,亲,算,山,新,打,父,馆,喝,近,母,七,五,拜,北,笔,便,茶,底,贵,酒,念,千,日,岁,信,月,报,表,菜,关,教,九,旧,礼,六,男,南,年,四,数,万,校,右,左

以上300字之外的字的出现频率(共82字)

74次:裳

63次:鸽

53次:马

37次:飞

31次:鸟

25次:急

21次:拉,阳

17次:立,骑,兴

16次:官

14次:吗,逮
11次:口,绣
10次:变,成
8次:吹,掉,缝,越
7次:赛,税
6次:声
5次:读,华,婚,像,血
4次:窗,刚,户,划,亮,碰,色,颜
3次:备,袋,纺,妃,尖,结,精,捆,泪,落,神,特,线,眼,硬,预
2次:发(fà),故,光,胡,力,木,弄,杀,替
1次:暗,陈,督,跪,和,红,忽,活,记,京,乐,扔,途,乡,箱,烟,英,由,缘

3. 《画工》(《太平广记》卷第二百八十六)

　　唐进士赵颜。于画工处得一软障。图一妇人甚丽。颜谓画工曰。世无其人也。如何令生。某愿纳为妻。画工曰。余神画也。此亦有名。曰真真。呼其名百日。昼夜不歇。即必应之。应则以百家彩灰酒灌之。必活。遂呼之百日。昼夜不止。乃应曰。诺。急以百家彩灰酒灌。遂活。下步言笑。饮食如常。曰。谢君召妾。妾愿事箕帚。终岁生一儿。儿年两岁。友人曰。此妖也。必与君为患。余有神刃。可斩之。其夕。乃遗颜刃。刃才及颜室。真真乃泣曰。妾南岳地仙也。无何为人画妾之形。君又呼妾名。既不夺君愿。君今疑妾。妾不可住。言讫。携其子却上软障。呕出先所饮百家彩灰酒。睹其障。唯添一孩子。皆是画焉。(出闻奇录)

[原载中国人民大学对外语言文化学院编《汉语研究与应用》(第一辑),中国社会科学出版社2003年出版]

《践约传》:初识与思考①

一

《语言自迩集》是英国驻华外交官威妥玛(Sir Thomas Francis Wade)②主编,出版于 1867 年的一部汉语教材。这部教材在当时西方人编写汉语教材的历史上可以说是起了承上启下的作用,尤其是对后来汉语教材的编写,有很大的影响,如日本就曾经把它改编成教日本人汉语的教科书,保留了原书名。而由威氏创制的汉语拼音系统,更是为人熟知,影响深远。

但本文并不是要对《语言自迩集》做全面的研究,而是要对其中的一个部分,《践约传》(英文名:*The Graduate's Wooing or The Story of a Promise That Was Kept*),做一点介绍,并谈一些体会。

早在 2000 年,我就想写作这篇小文了。那年 8 月份,时任世界汉语教学学会秘书长的张德鑫教授出席在英国牛津大学召开的"对以英语为母语者的汉语教学研讨会"回来,说是他在会上发表的论文《威妥玛〈语言自迩集〉与对外汉语教学》引起了英国朋友的兴趣,他们把该书的两篇序言给他传真过来了,他想让我把序言译成中文,收在研讨会的论文集里,作为参考。《语言自迩集》,我久闻其名,却从未读过,正好借翻译序言的机会,对这本书有所了解,于是我欣然从命。

在翻译过程中,"再版序言"中下面一段话引起了我的注意:

> (《语言自迩集》的)第六部分,即《践约传》,是对原第五部分材料的重新组织,做了许多改动和补充。这部分有其自己的发展情况。我曾用中文为这一部分的内容写了一篇小引,但当校样送给我时,我发现小引被删去了。现将它译出以向一位中国学者表示敬意。将汉文原文进行了重写的工作,主要依赖于他。说主要依赖于他,是因为我在另一位学者的帮助下也对原文做了许多补充。

本人在断断续续学习汉语汉文二十余年之后,编写并出版了中文初级教本两种,其一为词与词组集,其二为官方文件集。结果,很显然地,前者中的两部分所给的句子之间缺乏联系,给参考带来不便。为了避免不断出现的困难,作者便产生了以连贯的形式,将它们融会起来的想法,在其想法付诸实现之前,一位满族学者,俞子宾(Yü Tzǔ-pin,译音)便将《西厢记》的故事作为框架,将本书第三、第四两部分的词组串联起来编进去,无疑这给以后所有学生带来了方便。这一想法极好,本书(《语言自迩集》)作者冒昧地委任于他,请几位中国朋友帮助,他们的工作由他规定,对这样构想的故事的某些部分加以删削润色,对另外一些部分加以扩展。

这富有独创性的构想没有争议地应属于学者俞子宾。改进之功是不能与创造之功同日而语的。然而,本人希望,按现在的样子,这篇故事肯定对学习北京口语的学生有补益。

《践约传》的故事是我翻译的。译毕,便于1881年置于几位已在公使馆学了二年的见习生面前,目的是请他们指出哪些地方需要讲解。那些满足了这一需求的丰富的注释,完全出自禧在明(Walter Hillier)③先生的手笔。据我看,这篇故事,虽然足以表现出中国关于爱情故事的观念,但作为故事,似乎无甚长处可言。如其结尾一段所说明的,为了将某些词组用在一起,以减少孤立地学习它们所产生的厌倦,故事情节布局的设计略显生硬。第一行中说故事发生的时代是唐朝(公元600—900年),那时候,尚不知与西方国家签署的条约为何物,更不会发生第三十六段提到的外国猎手在一个中国港口附近猎鹿之事。

这段话说明了几层意思:

1. 我们研究中国对外汉语教学历史的人,一直想发现历代对外汉语教材或其他的第一手资料,但除了元末清初的《老乞大》《朴通事》以外,还没有找到其他的著作,而且《老乞大》《朴通事》到底是中国人编的还是朝鲜人编的,至今众说纷纭。《践约传》虽然是《语言自迩集》的一部分,但却是俞子宾(译音)带领几位中国文人为外国人学汉语编写的,而且是俞子宾(译音)首先想到"将本书(《语言自迩集》)第三、第四两部分的词组串联起来编进去"的。所以,《践约传》可以说是我们现在能找到的最早的对外汉语泛读教材。当然,根据威妥玛的序言,我们知道《语言自迩集》中他还完整地使用了其他中国人(包括他的老师应龙田)编的教材,那应当另文研究。

2. 编写简易读物,这种想法和做法在一个多世纪之前应该说是很超前的(今天看来,也是很了不起的创造),因而得到威妥玛的赞誉,还特别写了小引对作者表示敬意。据说,威妥玛作为外交官对清政府的官员表现得非常傲慢,但从《语言自迩集》的序言和这篇小引看,他对他的中国老师倒还是尊重的,他没有抹杀他的老师的劳动。

3. 《践约传》是根据《西厢记》改编成的中级汉语(供学了两年的学生阅读)简易读物,开了名著改编的先河,而且是从戏剧改编成故事,其难度超过了从小说改编的难度,因而起点是高的,同时也为我们留下了宝贵的经验,值得我们研究。

4. 《践约传》作为完整的简易读物,是由故事本身和禧在明的注释以及威妥玛本人所做的英译文三部分组成的,是多方合作的产物。首先,是俞子宾和另外几位中国文人的合作;其次,是中外学者的合作;再次,编出之后又征求过学生的意见,因此也是师生之间的合作。这种严谨的作风也是值得肯定的,同时也给我们留下了一段佳话。

二

《践约传》在《语言自迩集》中是第六部分,中文从 231 页至 283 页,因《语言自迩集》是横排,只有《践约传》是竖排,所以是从 283 页往前数,共 52 页。英译文和注释从 352 页至 418 页,共 62 页。故事全文约 22000 字,分 40 段。每段中又分为若干自然段,自然段不另起,用阿拉伯数字标出。文中使用了顿号和句号两种标点符号,这在 19 世纪中叶恐怕也是个创举。

元代王实甫的杂剧《西厢记》取材于唐代元稹的传奇小说《莺莺传》,是大家所熟悉的。但杂剧的结构比较复杂,又是有说有唱,有文(韵文)有白(口语),改编时却一律要用平白的口语叙述出来,而且要求故事性强,不枯燥。因此要把剧本用学习汉语的外国人学过的词语改编成他们能懂的故事,是很不容易的事。我们发现,改编者是下了很大功夫的,表现出很高的技巧,值得借鉴。

他们适当简化了情节,只抓住"践约"这条主线。为了增强故事性和口语的特点,也增加了一些情节,如把原剧中基本上是"暗线"的郑恒这个人物变成"明线"。开头第一段只用了六行介绍崔家,接着一转就讲郑恒,一直到第五段结束,最后又在第三十三段讲郑恒的下场。在这些叙述里,把郑恒刻画成一个浪荡公子,把家产挥霍一空之后,跟人合伙偷盗抢劫,死在监牢里。这样一来,老夫人从违约到践约,同意张生和莺莺的婚事,就顺理成章了。再如张生在普救寺租房子、修房子,改编者也用了整整一段的篇幅,把它具体化了。至于小处"添枝加叶"的地方,故事中比比皆是,不必多引。为了教学的目的,对原故事做些引申,应该是允许的,也是必要的。在这方面,《践约传》的改编者走出了很好的一步。

改编者还增加了一些跟《西厢记》故事完全游离的情节,如第三十六段写张生在船上碰到外国人的情节就属此列:

> 张生看那箱子仿佛装的是外国犯禁的货,只因那箱子的皮面儿不像从外国装来的,猜着必是从外省来的私货。张生暗叹:"可见走私不止于外国,就是我们中国也在所不免。"
>
> 想着这个,忽然见岸上远处有些奇形怪状的人。等来近些儿,听他们的言语,张生也不懂得,问琴童:"他们说的是哪儿的话?真合跑獬马的打扮无异。"琴童说:"他们是外洋人。"正在瞅他们的时候,这里头有个人过船来,向张生作了一揖,用汉话问询。张生答了礼,这人又说:"贵国的话我是学过几句,可惜文字我不明白。这儿有个字帖儿,请阁下替我把这意思讲出来,行不行?"张生赶紧接过字帖儿来,字字句句细细儿的都告诉了他。那人谢了他费心,谈论了一会儿,又请问:"贵国使的铜钱上是什么字?"张生说:"一面是汉字,是国家的年号,一面是篆字,连我也不大认得。"二人言来语去的闲谈。那人又请教:"他们才说这边儿有屠户,那屠户是干什么的?"张生说:"屠户这两个字,原指的是宰猪宰羊的人。常说,凡是卖肉的也都叫屠户。"说完话,那人就拜谢而去。不大的工夫儿,打发人送了一筐子鸡蛋来。

笔者认为,这样的增加如果适当,不喧宾夺主,不破坏原作的完整性,也是允许的。

故事将原作中的诗、曲全部删去,最多提一句,却不把诗写出来。例如第二十六段和二十七段里说张生和莺莺互相用诗传情,也只是说张生"一眨眼儿的工夫就写完了一首秃头儿的诗",而张生接到莺莺的信时,也是说"(信)上头也是一首诗,念了半天才揣摩出里头的意思来,敢情莺莺很有心要合(和)他会面"。这样就大大降低了难度,适合学生的水平。这也是改编简易读物普遍采用的一种手法。

改编者运用北京口语,把故事写得十分生动、上口,毫无今日某些汉语教材语言枯燥、干瘪的毛病,叙述中用了大量活跃在口头的成语、熟语。且从前五段中举些例子:

成语	熟语
眉清目秀	耍牌子摆架子
装模作样	真不是个东西
积年累月	嘴里说好话,脚底下使绊子
不知不觉	眼皮子浅
拉篷扯纤	攥着两个空拳头过日子
白手成家	勾搭连环
摇头晃脑	戴高帽子
无可奈何	一文钱憋倒英雄汉
前功尽弃	狗拿耗子多管闲事
三心二意	滚刀筋
正中下怀	银钱如粪土,脸面值千金
见财起意	半新不旧
出言不逊	见世面
东倒西歪	酒肉朋友,柴米夫妻
前仰后合	均摊匀散
鳏寡孤独	贼咬一口,入骨三分
假公济私	欺软怕硬
	八九不离十
	靛缸里拉不出白布来
	天理昭彰,丝毫不爽

这五段共约 2600 字,便用了 17 条成语、20 条熟语(包括俗语、惯用语、歇后语等),可见改编者语言素养之高,运用口语能力之纯熟。

威妥玛批评《践约传》第三十六段中提到的外国猎手在一个中国港口附近猎鹿的情节不合理。我们还发现一些与时代不符之处:

第二十八段:

(张生)回头听了听钟,怎么不响? 一看,站住了。就说了琴童一顿,问他为什么没上弦。琴童答应着就赶紧上上了。

唐代怎么可能有挂钟？既没有钟，当然更不会有上弦的事。

> 当今的老佛爷最重的是科甲。

"老佛爷"也是清代的说法，唐代是没有的。

第三十六段：

> 快到第二个码头，又见岸上有几个外国人肩膀儿上扛着鸟枪，好像打围的样子。张生纳罕问："他们是要做什么的？"船家说："那山上麇麅野鹿最多，各样儿都有。这是通商口子，洋行开得不少。那外国商人，每逢不做生意的时候儿，就上山打围。"

这一段写了那么多张生跟外国人的交往，完全是作者加上去的，跟《西厢记》完全没有关系。又写了外国人扛着鸟枪打猎，也是唐代没有的事物。

第三十九段：

> （莺莺）才写完了（信），连东西一齐封好，打了图书，就叫人送到信局子里去，嘱咐他就寄到京里去，越快越好。

唐代怎么会有"信局子"？

应如何看待这种做法呢？显然，改编者是为了把学过的这些词语"塞"到这个故事里，只好让历史服从教学了。当然我们可以看出作者的苦心，但这并不是聪明的做法，所以受到威妥玛的批评。比较起来，一个世纪之后（1957年）美国华裔教授王方宇先生的做法就比较巧妙，他写的《画儿上的美人》也遇到同样的问题，他是采取了单写一篇"写在前头"的办法，把故事里用不上但又是学生学过的字编进去。

由此看来，写简易读物，不一定要把用字用词限制在某种课本的范围内，而可以以某个通用字表或词表为准，就可以避免《践约传》编者所遇到的尴尬。

禧在明的注释做得也很精彩，很有针对性。

首先，注释丰富。全书共有注释496条，平均每段12条，最多的一段注了38条。

其次，每条注释都是先注音，然后释义，再逐字解释字面意义，充分利用了汉字语素义，使学生能够了解词语的理据。

再次，注释包括一般语词（还没有学过的）、成语、熟语（俗语、惯用语、歇后语等）、短句等。

最后,注释还抓住了中国的文化特点,与文化有关的注释往往都比较详细。试举几例:

丫头:特别说明这个词是从小姑娘常梳两个成叉状的小辫来的。还指出父亲常称自己的女儿"丫头"。

内侄:说明已婚妇女兄弟的一方的称"内"(内侄),其姐妹一方的称"外"(外甥);顺便介绍"大伯""小叔""大姨"。

大比之年:先逐字翻译,然后说明"大比"是每三年一次在京城举行的最高级别(进士)的考试。同时讲"来京赶考"的"来"说明讲故事的人在京城,否则就不应用"来"。

行乐图:说明画的是尚健在的人,表现他的爱好、情趣。跟表现已去世的人的"喜容儿""影"相区别。

威妥玛做的《践约传》的译文,是按自然段逐句译出的,对照起来很方便。但对于这种简易读物是否要翻译,今天学界有不同看法,因此至今仍有对照读物出版。笔者倾向于不需要翻译,应该让学生通过原文而不是通过译文理解。当时或许考虑到中文比较难,给出译文对学生有帮助,所以就翻译出来了。我们看到后来欧美国家出版的古汉语课本,多附有译文,可能是出自同样的考虑。

三

《践约传》给我们提供了许多经验,也给我们很多启发,特别是在"精读"和"泛读"的配合方面,很值得我们思考。

在外语教学中,"精读"和"泛读"的结合,是有共识的,也是形成了传统的。纵观欧美俄等国的外语教学(包括他们的汉语教学),无不是"精""泛"并举的。我国的外语教学,也吸收了这一做法。"精读"和"泛读"就像走路要用两条腿,而不能用一条腿一样,缺一不可。这当然不是说除了"精读"和"泛读"就没有其他阅读课程。遗憾的是,"泛读"在我国的对外汉语教学中还不落实,基本上是"精读"一条腿走路,大大辖制了教学的整体质量。

《践约传》使我们发现了这样一个事实:早在19世纪60年代,中国教外国人汉语的教师,就已经想到了,要把学生学过的词语"串联起来",并且已经有了实践。如果我们把《语言自迩集》的第三、四部分看作"精读"

的话,那么作为简易读物的《践约传》起的是"泛读"的作用。可见,在对外汉语教学中,"精读"与"泛读"结合,起步并不晚,只是在后来由《践约传》开创的"精读"和"泛读"互相配合的教学方法,没有继承下来。至少在我国当代的对外汉语教学中没有继承下来。这是值得我们反思的。

究其原因,我们认为大概有两个方面:

一方面,对泛读的重要性认识不足。上个世纪50年代,由于历史的原因,西方的外语教学法基本上没有介绍到我国来;而当时苏联流行的自觉翻译法、自觉实践法,虽在外语教学界已经流行,但似乎对对外汉语教学影响不大。对外汉语教学与国内外语教学界缺乏沟通,不少外语教学中的成功做法,例如"精读"和"泛读"并举,没能吸收到对外汉语教学中来。

另一方面,上个世纪50年代,以至以后的20多年中(到70年代末),我国的对外汉语教学基本上是预备教育。预备教育时间短(一年到两年),似乎无暇照顾到泛读。其实不然。当时我国外语院校从零开始的学生,从一年级下学期就开始了泛读,所以,对外汉语预备教育从第一学年第二学期开始开设泛读课,是可能的,也是完全必要的。美国华裔教授王方宇教授1957年编的《画儿上的美人》,两万字的篇幅,只用了382个字,少于我们一个学期教的汉字。

怎么办? 这里愿意提出下面几点建议:

1. 理论上要重视对泛读课及泛读教材的科学研究,要研究并吸收国内外泛读教学的经验。这方面的研究课题是很多的。

2. 在充分调查研究的基础上,应尽快将泛读纳入对外汉语教学的课程设置,可以考虑从一年级下学期开始,四年制本科都应设泛读课。

3. 抓紧泛读教材的规划和编写。设课与教材应统筹,教材先行。如不统筹,有了教材也可能不设课;反之,有了教材不设课,教材也无用。最终还是教学受到损失。教材出版部门可以先上,有了教材对教学是个推动。泛读教材的潜在市场是可观的,这可以从其他语种的泛读材料的情况得到启示。

4. 要根据泛读教材的特性,定出分级标准,主要是字、词的分级,起步阶段,级差可以大一些,如从500字、1000词起,字的级差定为300字,词的级差定为500词。严格的分级是教材成败的关键。上个世纪80年代,我们曾经尝试着编写简易读物,而且有一定成果,但影响不大,没有得到推广,主要原因是缺乏标准。这方面国外的做法也值得我们借鉴。

5. 泛读教材是一个开放性的大选题,只要有统一标准,是大有可为的,应该能够比较快地编写出较多的教材。要有规划。泛读材料的题材是广泛的,文学、历史、地理、科普、文化、艺术、政治都可以编成泛读材料。泛读材料可以分为简写、改写、缩写、浅近原著等类型。浅近原著当然不需要改写,只需要做详细的注释(主要不是语词的注释,而是背景知识、文化内涵的注释)。

以上是从《践约传》引发出的对我们现在的泛读课和泛读教材编写的几点建议,算是再一次的呼吁。如果能够引起对外汉语教学界同行的关注,并且在泛读课和泛读教材的发展上起到一点推动的作用,就达到了写作此文的目的。

附 注

① 笔者 2004 年曾经发表过《由 19 世纪中叶的一本简易读物引发的思考》和《从〈践约传〉的发现想到对外汉语泛读教学》两篇文章,曾分别在武汉大学 2004 年国际汉语教学学术研讨会和澳门世界汉语教育史国际学术研讨会上宣读,并收入会议论文选。由于两篇文章内容上有一些重复之处,现将两篇合为一篇,做了适当的增删,收入本书。

② 威妥玛(Sir Thomas Francis Wade,1818—1895),英国人,从 1841 年起在英国驻华使馆任职,1871 年升为英国驻华公使。1883 年回国。1888 年起在剑桥大学任教授,讲授汉语,直至 1895 年逝世。威妥玛在华任职期间,为了便于外国人(主要是使用英语的人)学习和掌握汉语、汉字,先后编成《寻津录》(1859)和《语言自迩集》(1867)两部教材。在这两部教材中,威妥玛使用他制定的拉丁字母拼音方案给汉字注音。这个方案以后被普遍用来拼写中国的人名、地名,一般称为威妥玛式拼音。

③ 禧在明(Walter Hillier,1849—1927),英国人,1867 年任英国驻华使馆翻译见习生,1870 年任汉文副使,1880—1881 年代理汉务参赞,1883—1889 年任汉务参赞,1904—1908 年任伦敦皇家学院汉文教授,1908—1910 年被中国政府聘为财政顾问。著有《怎样学习中国语文》(1907)、《袖珍英汉字典》(1910)等。

一部值得研读的早期对外汉语教材*
——读朱德熙《华语教材》手稿

一

我国著名语言学家朱德熙先生1952年底至1955年9月曾受教育部派遣赴保加利亚教授汉语,是我国派出的最早的对外汉语教师之一。朱先生的这段教学经历,应是新中国对外汉语教学史上的重要事件。对于这段教学经历,朱先生在自己的著作里没有提到过,所以虽然在对外汉语教学界广为人知,但无人能详。在朱先生1992年去世后,许多人在回忆文章中都提及此事,但也都只是提到一两句,说得最多的是王理嘉教授,他在《平凡的回忆,深切的悼念》一文中写道:"我第一次见到朱先生是在1955年9月,当时我在中文系现代汉语教研室读研究生,他在东欧保加利亚三年,期满回国。研究生班会邀请他跟我们见见面,谈谈国外的教学和见闻。朱先生在那次会上谈笑风生,介绍了他在国外的汉语教学工作以及许多生动、有趣的见闻。"但也仅此而已,我们还是无从知道朱先生在保教学的具体情况。

直到半个世纪之后的2004年7月,在澳门召开的第一届世界汉语教育史国际学术研讨会上,在保加利亚索非亚大学任教的董淑慧女士宣读了《保加利亚汉语教学史概论》一文,才比较详细地介绍了朱德熙先生在保加利亚的教学活动。文章从三个方面概括了朱先生在保加利亚的教学活动:(1)开办了保加利亚历史上第一个汉语讲习班。一开班学生人数多达200人;(2)编写并出版了保加利亚历史上第一部汉语教材《汉语教科书》(与在保华人学者张荪芬合著,1954年索非亚大学出版社出版)。这部教材一直使用到1991年;(3)为保加利亚培养了第一批汉学家。可见,朱德熙先生在保加利亚的讲学产生了深远的影响,用董淑慧女士的话说,他做的是"拓荒"的工作,"为以后保加利亚的汉语教学奠定了坚实的基础"。

---

* 本文写作过程中曾与吕文华教授共同讨论,并承许德楠教授提供了宝贵的信息,特表谢忱。——笔者

本文要介绍的是朱先生在保加利亚编写的汉语教材的手稿,是上述正式出版的《汉语教科书》的母稿。这部手稿现存于北京语言大学汉语学院资料室,共283页(不全,差最后几页),为16开白报纸本,用蓝墨水书写。由于时间的久远,现在纸已变黄,笔迹也已褪色。手稿题名《华语教材》,显然是临时起的。

据许德楠教授回忆,朱德熙先生1955年回国以后,这部手稿先是交到北大领导处的,北大有关方面负责人认为其对留学生班(即北京大学外国留学生中国语文专修班)有参考价值,就建议存在留学生班资料室。1961年北大留学生班与北京外国语学院(今北京外国语大学)非洲留学生办公室合并,成立了北京外国语学院外国留学生办公室。北大留学生班资料室也一同迁到北外。这部手稿也就随着转到了北外,最后辗转到了北京语言学院(即今北京语言大学)。

关于这部教材的编写过程,董淑慧也有记述:"朱德熙先生一到保加利亚就开始动手编写汉语教材。保加利亚缺乏汉语资料,张荪芬女士请中国的家人和朋友寄来书刊资料,尤其是中国最新出版的一些中小学语文教材和课外读物,甚至幼儿读物,从中选出故事、散文、社论等,经过加工和改写,编成适合外国人学习的课文;张荪芬女士还根据保加利亚的社会生活情况,编写反映保加利亚人生活的对话和短文作为课文,然后注解生词和语法,编写课后练习,而且还把所有内容翻译成保加利亚语。""这部教材从1952年底开始准备,1953年边编写边教学",开始时为油印讲义,1954年正式出版。

这里,我们清楚了朱德熙先生和张荪芬女士的合作分工情况,为我们研究朱先生的《华语教材》手稿提供了线索。

我们所见到的《华语教材》从头至尾都是朱先生的手迹。前面是"引言",对汉语做了介绍。概括起来,这一部分讲了汉语的几大方言,同时指出,官话的一致性在世界上绝无仅有;介绍了汉字,特别指出,如果认识1556个字,读一般书籍的时候,百分之九十五的字都可以认识(显然,这是为了消除外国学生对学习汉字的畏惧感);介绍了字和词的关系,针对与拼音文字的不同,告诉学生在书面上,词与词之间不留空;还介绍了文言和白话。

我们要说的是,在教材正文之前对汉语做概括的介绍的做法,是必要的。通过这种概括的有针对性的介绍,使学生在正式学习之前,对汉语先有一定了解,为后面的学习做一些铺垫。后来的教材,只有1958年出版的《汉语教科书》前面有一篇绪论。再后来的教材,就都没有了,这是很可惜的。

教材正文共42课。第1~5课是语音,语音部分每一课的构成是:先列出本课要讲的语音项目,然后逐项讲解,最后是"发音练习"。当时《汉语拼音方案》还未颁布,用的是注音符号。第6~41课是语法,每一课的构成是:先列出本课的语法点,然后逐项讲解,接着是生字(即后来通常说的"生词",未加翻译)、课文,有些课文后面有注释,课后没有练习,大概是要由张荪芬女士完成的。第42课是标点。在这之前,在第6课,专门说明中文的句号是"。"。据笔者所知,在对外汉语教材中介绍标点符号的,《华语教材》是仅有的一种。

下面我们就手稿中的课文和教授的语音、语法做一些介绍与分析。

二

《华语教材》的课文分几种情况:有自编的,有根据文章改写的。我们对课文做了统计:自编的有25篇(包括词组、短句、段落、会话、短文。有的课文由其中的两种或三种组成),从中国中小学语文课本中选的有9篇(经过改写),毛泽东著作节选5篇(有1篇分两课),其他2篇(有1篇分两课)。

值得注意的是:

1. 从内容看,自编的课文多结合学生的日常生活和学习生活。选用的课文则跟中国的国情或中国文化有关。如选的几篇毛泽东的著作,包括《论人民民主专政》、《论联合政府》、《在延安文艺座谈会上的讲话》、《纪念白求恩》、《为人民服务》。课文中有介绍鲁迅的《我的伯父鲁迅先生》(周晔),也有介绍当时家喻户晓的女英雄刘胡兰、劳动英雄赵占魁的,还有直接选用了赵树理的《田寡妇看瓜》、艾青的《给我以火》、臧克家的《有的人——纪念鲁迅有感》。其中有几篇,如《田寡妇看瓜》、《围村》《小八路军》、《刘胡兰》、《为人民服务》、《纪念白求恩》、《西门豹》等后来在相当长的时期内成了对外汉语教材中的保留篇目。

2. 编者很重视教材的"乡土性"。由于教学对象单一,学生需要一些他们熟悉的有关他们国家的材料。这也是一般单一国别的汉语教材的通常做法。因为这些"乡土教材"不但创造一种使学生感到亲切的氛围,从而引起他们的学习兴趣,同时也可以满足他们表达的需要。有鉴于此,朱德熙先生的这部教材的课文中,也在这方面做出了努力。有3篇课文是直接介绍保加利亚情况的。一篇是会话《到维多山去》。维多山,通称维多沙山,在保加利亚首都索非亚市南部,是索非亚市也是保加利亚著名的风景区和旅游疗养胜地,当是学生非常熟悉的地方。一篇是《保加利亚减低物价》,是一篇新闻性的课文。还有一篇是《保加利亚革命诗人瓦普察洛夫》。我们知道,保加利亚有三位著名的革命诗人,在保加利亚家喻户晓,在当时的社会主义各国也是很有名的,其中一位就是尼古拉·瓦普察洛夫(1909—1942),另外两位是赫里斯托·波特夫(1848—1876)和赫里斯托·斯米尔宁斯基(1898—1923)。课文中还提到了保加利亚共产党机关报《工人事业报》、时任保加利亚共产党总书记和部长会议主席的契尔文科夫(1900—1980),提到了著名小说家伊万·明乔夫·伐佐夫和他的著名长篇小说《轭下》,提到了黑海、多瑙河以及著名城市普罗夫迪夫、斯利文。

3. 体裁的多样化,是教材选用课文的另一个特色。除了自编的课文,编选的课文有政论,有新闻报道,有文学作品;文学作品中又有小说、诗歌、剧本、报告文学、古代寓言故事等。特别值得注意的是,这本教材是一部从零程度开始的基础汉语教材,编者就能够把多种体裁的作品选作课文,应该说是很有见地的。从外语教学法的角度说,让学生接触多样的文体,对学习者掌握语言,特别是对他们形成对目的语的语感,是非常必要的。

三

教材中语音教学的内容是:声调,单纯元音,辅音,轻声和变调,儿化。这一部分有如下几点值得注意:

1. 突出汉语语音的特点。如介绍声调,除了我们一般教科书都讲的声调有区别意义的作用(本书说"声调不同,字义不同")之外,本教材还特别说明:声调是音高变化的状态,跟音的强弱无关;声调是滑行的,而不是跳跃的,并且形象地说只有弦乐器才能模仿,其他乐器不行。再如第二课练习的一条注意说:唇音跟ㄨㄛ(uo)拼时,ㄨ(u)一般不写。对此,第三课有进一步的说明:在北京话里,ㄨㄛ(uo)如果在唇音之后,ㄨ(u)照例不写。例如:ㄅㄨㄛ(buo)写作ㄅㄛ(bo),ㄆㄨㄛ(puo)写作ㄆㄛ(po),ㄇㄨㄛ(muo)写作ㄇㄛ(mo),ㄈㄨㄛ(fuo)写作ㄈㄛ(fo)。为了使学生印象深刻,并时时提示,教材把ㄨ放在括弧里,写作ㄅ(ㄨ)ㄛ、ㄆ(ㄨ)ㄛ、ㄇ(ㄨ)ㄛ、

ㄈ(乂)ㄛ。这种处理办法,对外国人有很强的针对性,这种拼写与读音不完全一致的地方,也是导致语音偏误的原因之一。在对外汉语教材中,只有80年代的《初级汉语课本》有所说明。而朱德熙先生早在50年代就注意到这种现象,并在教材中着重加以说明。可见朱先生观察之细致,和对对外汉语教学的特点认识之深刻。再如在讲三声变调时,教材提示了两种例外:一是词尾"了"和"子"原来都是第三声,但它们前边的第三声字不变第二声,而变半三声(椅子、好了);二是重叠的亲属称谓(姐姐、姥姥)。这一点,至今未见有其他教材提到。

2. 体现对比的思想。对比是语言教学的重要手段,更是语音教学的重要手段,而对单一对象的教学,对比无疑更加方便有效。教材的语音课中,处处拿保加利亚语和汉语的语音进行对比,凡是有对应的音,都不再讲解发音部位和方法。只讲二者的不同之处。只对汉语有而保语无的音,才重点做解释,例如ㄩ(ü)。

3. 练习合理。(1)突出声调。第一课第一项就教四声,第二项教单纯元音。编者的意图很清楚,用单纯元音练习声调。这一点也表现在练习的安排上,语音的练习始终把声调放在突出的地位。(2)编者试图给出一定的练习模式,让学生通过相对固定的"套式"形成语音习惯。这种做法对语音练习是非常有效的。例如:

轻声的练习:

1+○　　吃了、吃了三个、吃了三个酸的
2+○　　来了、来了一个、来了一个甜的
3+○　　买了、买了五个、买了五个小的
4+○　　卖了、卖了六个、卖了六个大的

三声变调的练习:

3+1　　　　　　　我说……
3+2　　　　　　　祖国……
3+3　　　　　　　我有……
3+4　　　　　　　你看……
3+○(○=3)　　　老虎……
3+○(○=1,2,4)　已经……、里头……、两个……
3+3+3　　　　　 我很好……
3+3+1(2,4)　　　我打针、你也来、很好看、我买的、小椅子

四

语法是这本教材的重点,对语法的处理也体现了一位语法大家对对外汉语语法教学的思考。尽管这是半个世纪之前的教材,我们仍然会从中受到许多启示,教材里面仍然有许多值得我们学习与借鉴的东西。

(一)语法体系

从第 6 课到第 41 课是语法,最后四课具有总结性质:第 38 课总结文言虚字,第 39 课总结复合句,第 40 课总结词汇,第 41 课总结短语和句子成分。这四课的总结勾勒出全书的语法体系,使学生对汉语语法有一完整概念。我们在这里略做介绍。

1. 字和词

字和词 由于保加利亚语(或其他语言)中没有"字"的概念,所以要特别对字和词进行比较,指出"不是所有的字都能单用"。朱先生把字分成三类:(1)有意义,可单用;(2)有意义,在现代汉语里不单用;(3)无意义,也不能单用,永远跟别的字连在一起组成词。

这里朱先生实际上是提出了对外汉语教学中的语素问题。这是很超前的,可惜后来对外汉语教学受外语教学"词本位"的影响,这一点一直没有被放在教学内容之中,直到上个世纪 80 年代以后才又逐渐明确起来。

重叠 总结了名词、量词、动词、形容词、副词的重叠,并指出它们最突出的特点。关于名词,指出亲属称谓多用重叠式,有的可以拆开单说,有的不可以(如奶奶、嫂嫂),如是第三声,重叠时,第一个念半三声(如姐姐)。这跟前面语音部分讲的呼应起来。关于动词和形容词的重叠,指出二者重叠形式不同,在句中作用也不同。而单音节副词重叠不重叠都可以单用。

附加 介绍汉语的词头和词尾,重点介绍了 7 个词尾,分别说明它们的作用。

儿:不成音节。在动词和形容词后造成意义形同的名词(盖儿、亮儿);在名词后指小,或造成跟原来意义不同的新词(劲/劲儿、眼/眼儿、嘴/嘴儿)。

子:比较稳定,不能随便把它去掉。有的名词加"儿"或加"子"意义没有多大的区别,有的有大小的区别(瓶子/瓶儿),有的意义完全不同(座子/座儿、帽子/帽儿)。

头:用得最窄,也最稳定。"动词+头+儿"表示行为的价值(看头儿、吃头儿)。

们:名词之前如果有数词,后面就不能再加"们"。

了(相关的课已有介绍)。

着(相关的课已有介绍)。

得:两类,即(1)单加在动词之后,后头不带补语(吃得、记得、认得);(2)"得"字后面有程度补语或可能补语。

复合词 指出复合词的构成成分可能都是词(火车、去年),可能都不是词(语言、虽然),有的是词,有的不是(瞎子、聋子)。这一点跟前面第一点讲的相呼应。介绍了5种构词方式:主谓式、主从式、联合式、动宾式、动补式。

词类 指出汉语词类划分的问题——没有标记、功能变动范围比一般印欧语大。教材将汉语里的词分为11类,即名词、量词、动词、副动词(即后来说的介词)、形容词、数词、代词、副词、连词、语气词、象声词。有针对性地提出5点注意:(1)助动词归入动词;(2)副动词(介词)不能做句子的主要成分。有些动词既是一般动词又是副动词;(3)形容词可以修饰名词,也可以修饰动词(快跑),有些还能修饰别的形容词(真热)。特别指出汉语的形容词相当于保语的形容词和一部分副词;(4)副词的特点是只能修饰动词或形容词,不能修饰名词,比保语的副词范围小得多;(5)象声词分两类,一类(啊、唉、哟)相当于保语的感叹词,一类是描绘声音的。

2. 文言虚字

这里总结了现代汉语书面语中仍然使用的6个文言虚字的意义和用法,它们是之、其、所、以、而、者。对每个字都先说自由使用时的意义,指出相当于现代汉语的哪个词,举出其在教材课文中的用例,然后归纳其包含在教材已经出过的哪些词或成语中。如:

之:之上(下、中、内、外、间、前、后)、之类(等等)、之一、总之、总而言之(总之)。

其:其中(这里头)、其实(事实上、实际上)、尤其(特别是)、莫名其妙(不能理解、不懂)。

所:所谓、所有、所以。

以:以免、以便、以……为……(拿、认为、数、要算)。

而：为……而……（表示目的）。

者：前者、后者、记者、读者、作者、领导者、组织者、复仇者、帝国主义者、机会主义者。

这样一归纳，学生就会对学过的带有文言成分的词语从理据上有了进一步的理解，而不是靠死记硬背，从而为记忆和使用这些词语创造了条件。

3. 短语和句子成分

短语的种类 联合结构、主从结构、动宾结构、动补结构、主谓结构（指出主谓结构在独立使用时就是句子，当包含在一个句子里时，担任主语、宾语、谓语等）。这5种结构常常结合起来，造成复杂的结构。

句子的成分 主语（名词、代词、形容词、动词、动宾结构、联合结构、主谓结构①、谓语、宾语②、名词的附加语、动词的附加语、全句的附加语、动词的补语、形容词的补语）。

这里的3类附加语，显然是采用了朱先生和吕叔湘先生合著的《语法修辞讲话》的说法。朱先生去保加利亚时，距离《语法修辞讲话》1951年在《人民日报》上连载和1952年单行本出版都不久。这3类附加语，分别相当于通常说的定语和状语。

同位语和外位语 1958年的《汉语教科书》，也曾讲过同位语和外位语，后来的教材，包括上世纪80年代以来的几种《语法大纲》在内，都很少再提到，要讲也只讲同位语（复指词组、复指成分），而不讲外位语。

4. 复合句

复合句由分句组成，特别说明两点：(1)复合句的几个分句的主语有时相同，有时不同；在主语相同时，后一分句的主语就省去不说。(2)连接分句最常用的是连词，有时也用副词，或是连词和副词一起用，也可以不用连接成分。这两点都是有针对性的，既是汉语复合句的特点，又点出了汉语复合句跟保加利亚语的不同之处。

几种重要的复合句。根据分句之间意念上的关系，复合句分为：

联合 有时不用连接成分，有时用副词"也"字，或"还"字，有时用"不但……，而且……"。

交替（即通常说的"选择"） 几项里头有一项，平常用"或""或者""或

---

① 主谓结构做主语时，动词往往是"是"。
② 主谓结构做宾语时，往往在"看见""听见""说""想""希望""知道"等动词之后。

是""还是""不是……就是……"等连接成分。

因果 用"因为""所以""因此""由于"等连接成分。

目的 用"为了""为的是"等连接成分。

条件 一般的条件,用"要是""如果"等连接成分;必要条件,用"必须……,才……""只有……,才……"等连接成分;无条件,用"无论""不管"等连接成分。

转折(对立) 用"但是""可是"等连接成分。

让步 先交待什么是让步,然后说明其用"虽然""即使""尽管""就算"等连接成分,并对"即使"和"就算""虽然""尽管"做了对比;

时间 说明几个分句所叙述的事件有时间上的关系。

5. 双重否定

先跟保加利亚语进行比较,说明汉语里一句话用了两个否定词,其结果是肯定的。这里朱先生用了一个非常贴切而且非常容易为外国学生理解的比喻:"跟算学里负乘负得正一样。"下面举了几个常见的例子:

你不是不知道(你是知道的)
不能不研究,不能不解决(一定要研究,一定要解决)
没有人不相信(大家都相信)
无书不读(什么书都读)
非去不可(一定要去)

(二) 总体布局

全书出现大小语法项目102个,语法项目的安排有如下的特点:

1. 从易到难。教材的语法项目不是按语法系统安排的,而是从最简单的名词的附加语(即定语)及相关的"的"字、量词、连词"和"与"跟"教起,然后才教几种句子(描写句、叙述句、判断句、几种疑问句等),中间穿插了助动词(即能愿动词)、语气词"了""的"、数词、时间词、位置词(即方位词)、几个介词、几个动词("到""上""来""去")等,这样做了铺垫之后,才出了几种补语(趋向补语、结果补语、可能补语、程度补语)。词尾"了"、词尾"着"、"比"字句、被动句、连动结构、兼语结构等都是到了中期之后才出。

2. 主次配合,突出重点。就一课书之中的几个语法项目来说,编者巧妙地做了主次的安排,就是一两个主要语法点配上几个小语法点;多数情况是,主要语法点与次要语法点互相关联,互相之间有逻辑上的联系。

还以第6课为例,主要是讲名词的附加语,与此有关的,很自然的就是"的",跟名词有关的就是量词,名词间的连接成分自然是"和""跟"。再如第12课,讲形容词或动词转成名词结构是主要语法点,配的是与此相关的描写句转为判断句、叙述句转为判断句。

3. 分散难点,前后照应。对于一些语法难点,教材都采取分散的办法,分在几课教。如量词,第6课讲了,第30课又讲到"人物的数量""动作的数量",在这中间,每一课的生词中的名词都同时出量词,据我们统计,全书共出名量词45个、动量词8个。再如"了",区分语气词"了"和动词词尾"了"。第13课出语气词"了",第20课出动词词尾"了",第21课对二者进行比较。

(三) 语法讲解

教材在语法的讲解上,也有几个特点:

1. 针对性强。从对语法项目的处理,可以看出编者是在思考如何针对外国(保加利亚)人学习的特点进行讲解的。比如,第8课把"很多"作为一个语法点出,说明"多"字"做附加语的时候一定要跟'很'字连用";讲数词的时候,特别提醒学生注意"万"是汉语特有的数字单位。

2. 注重对比。前面讲过,在语音课中,朱先生运用了对比的方法。在从第6课开始的语法教学中,朱先生同样很注意把汉语的语言项目和保加利亚语(有一处是与印欧语)进行对比,起到了画龙点睛的作用,使学生很容易地就理解了。比如在第7课讲"描写句"(形容词谓语句)时,谈到"很"的弱化时,特别告诉学生,"除了重读,不能译为保语的 много(很)";第17课讲"在"和"到"的区别时,指出"在"和"到"所表示的意念之间的区别相当于俄语"где"(在什么地方)和"куда"(去什么地方)之间的区别;在讲"更"和"最"时,说相当于保语的形容词比较级和最高级。

又如,讲到词尾"了"的时候,告诉学生:汉语的动词没有"时"的变化,"了"字表示的不是印欧语的"时",而是一种"态"。印欧语的"时"是以动作发生的时间为根据的,上面两句话(他买了很多中国书/我照了一张相)译为保语,动词都要用过去时,因为"买书""照相"的动作都发生在说话时以前。汉语的"态"是以动作的各个阶段(开始、持续、完成)为根据的。

对比的另一方面,是把汉语的相似形式加以对比。这也有两种情况:一种是把相似的形式放在一个语法项目中,如:和/跟、三种句子(描写句、陈述句、判断句)的比较、能/能够/会/可以、要/想、不要/别、怎么/怎样、二/两、到/上、来/去、要/就要、快要、又/在、词尾"了"/语气词"了"、程度补语/动词方式附加语、了不得/不得了、有点/有些、把/被、使/叫/让、对/对于、给/替/为、呢/罢了。

另一种情况是在讲解中把不同的相似形式加以对比,如:这本书新/这本书是新的(语气重)、天很黑(状态、静态)/天黑了(变化、动态)、他不喝酒了(以前喝)/他不喝酒的(一向不喝)、屋子里(做主语、名词附加语)/在屋子里(做动词附加语)、在(静止的)/到(动的)。

第38课对几个文言虚字的总结中,从意义上跟现代汉语的相应词语进行对比,这是另一种形式的对比,前面已经介绍过,此处不赘。

3. 交待细致、到位。对外汉语教学在语法点的划分上应该细致,因为对外国学生来讲,任何一点细微的差别都是新的,在这一点上,不应大而化之。在讲解上,尤其不能忽视那些细小的、但不讲到就会引起偏误的地方。常常在这些地方,哪怕只稍稍点一下,就能解决大问题。这也是教师和教材编写者的功力所在。正是在这些方面,朱先生的一些讲解令人拍案叫绝。上面的对比中,已经可以看出这一点,这里我们再举一些例子。

例如,第7课讲"不要"和"别",先指出"要"表示愿望,"不要"用于第二人称却不是表示愿望,而是表示命令语气,然后说,"别"是"不要"的合音。同课,讲到"没有"也可以单说"没"。第10课课文之后有一条注释:"没有"在句末时,"有"字不能省,"有没有"也不能说"有没"。第15课讲时点和时段,指出由于时点和时段在句中的位置不同,所以不会发生误解。第20课讲语气词"吧"表示商量时说"这种问句之后,往往可以再加问一句:'好不好?'。回答的时候如果同意,就说'好',如果不同意,只能说'不',不能说'不好'。"第24课讲可能补语,说:"写得完"等于"能写完","看得见"等于"能看见",两种说法意思一样,但在现代汉语里,用可能补语的格式比较占优势。又说:否定的时候,"睡不着""打不破"不等于"不能睡着""不能打破"。因为"不能"是"不应该"的意思。第28课讲"比"字句,说"他的年纪比我的年纪大"可以省略为"他的年纪比我的大",还可以进一步省略为"他的年纪比我大"。

必要的时候,为了说明问题,还采用了图解的办法,本书共有两处共18幅图。一处是第19课用4幅图表示"进、出、上、下",用2幅图表示"来、去",用8幅图表示"进来/进去、出来/出去、上来/上去、下来/下去"。一处是第20课讲"了"的用法,用4幅图分别说明"了"和印欧语的"时"的概念不同，汉语中"开始、持续、完成"的不同阶段的"态"、两件事都发生在过去和两件事都发生在将来。

五

以上我们对朱德熙先生的《华语教材》手稿，做了简单的评介。这部教材由于没在国内出版，没能流传开来，不能不说是对外汉语教学史上的一件憾事。作为建国后最早使用的对外汉语教材，又出自于著名的语法学家之手，其中不乏真见卓识和前瞻意识，让我们今天读来，仍有很多启发。

《华语教材》中针对外国人学汉语的某些教学理念，在其后出版的对外汉语教材中得以继承和发扬，如语音教学的内容及练习套路，语法体系及语法点的编排方式，语法讲解的深入浅出和针对性及对比练习的方法，课文由自编到选文的思路等等。其中根据我国中小学教材篇目改写的一些课文，与后来沿用多年的对外汉语短文教材的一些篇目不谋而合。

但是《华语教材》中有些观点和做法后来未能继承下来，如区别字和词，以突出"字"的特点和地位。直到50年之后学界才又重新提出了"字本位"及语素教学。《华语教材》中有外位语，这是涉及篇章衔接的手段，而几十年来我们的语法只讲到句子为止，不讲连贯和衔接。近年来我们才悟及这个问题。

文言虚字与现代汉语中常用的含有文言虚字的词语或成语等联系起来对比着教学，为我们如何教书面语以及从口语词向书面语过渡提供了行之有效的方法。

此外，《华语教材》在语法项目的细化，讲解上的准确、到位，对比的恰到好处等方面都为我们树立了典范。

作为一部境外汉语教学使用的教材，《华语教材》在语音、语法的讲解、编排上、课文选材上都突出了所在国语言文化的针对性，其中许多做法可为我们编写国别教材提供参考。

这部手稿给我们的启示是多方面的，很值得更加仔细深入地研究。另外，从这部手稿，我们还看到了朱先生的文风和学风。朱先生行文朴实、明白，不用大话吓人，是我们今天编写教材、撰写学术著作的楷模。这部手稿是朱先生用他那隽秀的字体书写的，在手稿的每一页，都有多处修改补充的痕迹，有的一处甚至反复改上不止一遍，可见，即使这样一部初级对外汉语教材,朱先生也一丝不苟、精益求精,表现出非常严谨的学风,这只有从手稿上才能领略出来。所以,这部手稿无论从哪方面讲,都是对外汉语教学历史上的一份珍贵的,应该继承的遗产。

(原载《国际汉语教学动态与研究》2007年第1辑,外语教学与研究出版社2007年出版)

指导学生使用词典应是教学的一个组成部分

一

学任何外语都离不开词典。外国学生学汉语也不例外。因此对这个问题，在对外汉语教师中应该不会有不同的答案。但如何在教学中指导和引导学生使用词典，使之成为教学的一个组成部分，却至今还是个问题。我们看到的情况是，外国学生即使是高年级的学生多数也不使用词典；近些年来，电子词典流行起来，外国学生几乎每个人的书桌上都放着一个。实际上，这种电子词典商业性很强，多是做得很粗糙，一般只给对应词，应应急可能还马马虎虎（假定那里面的解释没有错误的话），很少像我们给外国人编的工具书那样有针对性。要想让学生通过这种电子词典学会什么，无异于缘木求鱼。

学生使用词典需要教学的引导和指导。最好的办法就是把词典的使用变成教学的一个组成部分。尤其是在我们提倡的"激创法"的背景下，许多工作都需要学生用词典来完成，指导学生使用词典就显得更为重要和迫切。使用词典是学生进行创造式学习、独立工作的必要条件。

如何引导、训练学生使用词典呢？

除了要给学生解释使用词典在汉语学习中的作用和对学习的重要性，讲解如何使用词典，工具书能给他们解决什么问题之外，还应该有一套办法，使词典的训练融入教学内容。

比如，一般词典都是按汉语拼音音序排列的，学生也比较习惯这种排列方法，能够很快就熟悉。但假如遇到不认识（不知道读音）的字，要查其读音、意义、用法，就要用部首查字法、笔画查字法了。这两种查字法的教学，可以跟着汉字教学进行，通过教学，教会学生如何掌握笔顺规律、如何确定起笔、如何数笔画、如何识别部首等。这些，都需要有相应的练习。

再如，应该通过处理生词给学生进一步使用词典打下基础。我们现在的对外汉语教材，每一课都给生词表，每个词都给汉字、注音，初、中级给外文释义，高年级用中文释义；书后附有总生词表。我以为这种做法显然没有考虑到与使用工具书的衔接，不利于学生养成使用词典的习惯。

前几年我主编的《初级汉语精读课本》考虑到这一点,采用了一种新的做法,取消了每课的生词表,只在课文的边上标出生词和注音,不给意义,让学生据此在书后所附《字词总表》中去查词义。《字词总表》按字典的办法编写(详见本书 p.23),要求学生预习时根据课文旁边的生词和注音,从《字词总表》中查出词义,同时找出该词所含语素的意义,从而理解该词的结构及其意义的理据。这一过程对学生来说,是发挥其创造能力的过程,是创造性的发现过程。在预习的基础上,课堂教学中要求学生报告他们查找的结果,这会引起讨论,互相补充。

这样做的结果是,学生养成了查找的习惯,熟悉了查找的过程,了解了《字词总表》能够给他们提供哪些信息。

这是初级阶段的训练,《词汇总表》只限于本书出现的字和词,还不是真正的词典,只是一个向使用词典过渡的工具。因此,这只是为学生使用工具书做的预备性工作的第一步。第二步是,到中级阶段,《字词总表》就可以改为主要用学生能懂的中文注释,同时有意识地规定学生到词典中去查一些词语。中级阶段后期就可以过渡到以查词典为主解决生词问题。第三步,到了高级阶段,学生要完全靠词典解决生词问题;教材只提示一些在词典中可能查不到的词语。这个阶段还要指导学生使用其他类型的工具书中(如百科类型的词典)去查找一些教材中涉及的背景知识,如文学作品的作者、作品介绍或评价、历史、地理知识等。

在使用语词词典之前,应该先根据学生的水平,选用一本适合的词典,并对该词典的特点和使用方法给予介绍。开始也不必让学生查找所有信息,可以分步骤,先查一种,逐渐增加,登堂入室。

二

这里,我还要强调一下引导学生使用汉语单语词典的问题。如果说,学生现在连双语词典都很少使用的话,那么,就更不要指望他们使用单语词典了。这种情况可能跟我国外语教学的情况相差甚远。我国外语教学中有一个很好的传统,就是鼓励学生尽早使用原文工具书。可见当时这已是外语教学界的共识。

在对外汉语教学界,要不要让学生使用汉语原文词典,始终没有引起注意。原因可能是:

(1) 对使用汉语原文词典的重要性认识不足,觉得只要知道对应词就够了。

（2）观念上对学生的误导，认为教材中一切靠翻译是天经地义。

（3）对原文词典的畏惧心理，主要是对汉字的畏惧心理，包括教师也认为原文词典对外国学生太难。

（4）缺乏适用的为外国人学汉语编写的原文词典（像英语的 Learner's Dictionary，Longman Dictionary 等词典那样的）。

为什么要尽早地让学生使用汉语原文词典呢？主要理由如下：

（1）原文词典（包括专门给外国人编写的和给本国人编写的）能提供准确的解释，这是任何双语词典所不能企及的。

（2）原文词典能给使用者了解词的内部结构，从而深刻地理解词义。这也是双语词典起不到的作用。

（3）给外国人编写的单语词典一定是学习词典，因此外国人要学汉语，不但可以从词典中查到词语的确切意义，而且可以学到词语的用法和注意事项。这又是一般给本国人使用的单语词典所不能做到的。

（4）给外国人用的单语词典，都照顾到外国人的语言水平，用他们已经初步掌握的语言对词语加以解释、举例，他们可以学会如何用简单的话解释词语和说明事物。这是初学外语的人应该具备的能力。

总之，使用原文词典，可以从多方面提高学生的目的语水平。

要使学生自觉地使用单语词典，要做一些工作：

（1）从认识、观念上解决问题。应该认识到使用原文词典是外语学习和教学的一个重要组成部分。我记得上个世纪 50 年代开始学英文的时候，一开学老师就推荐两本词典，一本是郑易里编的《英华大词典》，一本就是原文的 Learner's Dictionary。当然不是从学 ABC 就开始查原文词典，而是到了一定阶段，留作业，查几个词，慢慢熟悉了，查起来也就熟练了。在这个过程中体会使用原文词典的好处。我想至今我们对外汉语教学还没有这样做。查中文词典当然有些特殊性，需要教。如部首，需要一定的时间教给学生。

（2）要消除学生的畏难情绪，特别是对汉字的畏难情绪。现在一种普遍的现象是对汉字外国学生喊难，教他们的老师也喊难。而解决的办法呢，有一种消极的办法就是回避汉字，似乎最好是不学汉字、不教汉字；什么都依靠拼音，连词典也要求所有内容都要汉字、拼音、外文翻译三位一体，好像缺了拼音和外文翻译就是很大的缺点。我们之所以认为这是一种消极的办法，就是因为，事实上，只要是认真地学中文或者将来要把中文作为工具使用,汉字这一关是一定要过的,回避不了(除非学习目的根本就不是要掌握汉语);在这一点上,不应该"迁就"学生。现在回避了,学生高兴了,将来怎么办?从长远来说,这样做对学生只有坏处,而没有好处。学生出了学校怎么办?授人以鱼,远不如授人以渔。因此,我们认为,积极的办法当然应该是研究出一套掌握汉字的方法,同时要创造条件让学生多接触汉字。美籍已故教授王方宇先生曾经生动地把汉字比成朋友,朋友天天见面,就越来越熟识,要是朋友十年八年不见面,就会生疏起来。因此他就编写了简易读物,让学生学过的汉字大量重现,一个"的"字出了500多次。试想,一个学生见"的"字500多次还能不认识吗?使用原文词典的目的之一就是让学生大量接触汉字。

(3) 使用原文词典应该纳入教学内容,要有计划地训练,教学上要做出一定的安排。具体办法前面已经说过。

我们提倡引导学生使用中文单语词典,并不是排斥"汉—外"词典,和"外—汉"词典,更不是说双语词典毫无用处。比如在最基础阶段,还不具备使用单语词典的时候,还是要用双语词典;还有,当我们查了原文词典对词义的理解不甚有把握的时候,查查双语词典会从中得到启发;特别是翻译中,查查双语词典,会对译文的用词多些选择,使译文更加确切,提高译文质量。大翻译家傅雷案头总是放着各种词典,就是这个意思。关键是给外国人用的"汉—外"词典和"外—汉"词典,要能体现其特点,区别于给本族人编的同类词典。这是我们另一个要讨论的题目。

附 注

近二十年来,这种情况有所改变,已经出版了几种为外国人学汉语使用的词典,如:杨庆蕙主编:《现代汉语正误词典》,北京师范大学出版社,1992年;李忆民主编:《现代汉语常用词用法词典》,北京语言大学出版社,1997年;刘镰力主编:《HSK汉语8000词词典》,北京语言大学出版社,2000年;邵敬敏主编:《汉语水平考试词典》,华东师范大学出版社,2000年;徐玉敏主编:《当代汉语学习词典》(初级本),北京语言大学出版社,2003年;鲁健骥、吕文华主编:《商务馆学汉语词典》,商务印书馆,2006年。

编写对外汉语单语词典的尝试与思考
——《商务馆学汉语词典》编后

在对外汉语教学学科建设中,无论是语言学理论、教学法理论、学习理论等的研究以及教材编写、语料库的建设等都硕果累累。相比之下,对外汉语辞书的建设无论在理论研究、编写队伍的形成,以及已出版的辞书的数量和质量方面都有很大的差距。可以说,对外汉语词典学在学科建设中仍是一块尚待开垦的处女地。

在外语教学中,为学习者编写的学习词典为该外语的推广和发展所产生的效应不容低估,郑定欧(2000)说:"对外英语成功的启迪之一是柯林斯、牛津、剑桥学习词典的效应,是它们给予对外英语以巨大的发展空间。"

随着对外汉语教学事业的蓬勃发展和日臻国际化、市场化,对外汉语学习词典的建设应迅速提到日程上来,应得到广泛的关注和重视。

面向外国人学习需要而编写的词典数量很少。目前,主要有为 HSK 编写的应试词典,以及常用词用法词典等。它们都有别于一般的对外汉语学习词典。"迄今为止可以说还没有一部真正为外国人学习者编写的对外汉语单语词典。"(雷华、史有为 1994)我们编写的《商务馆学汉语词典》(商务印书馆出版,以下简称《学汉》),就是一部供外国人学习汉语用的小型单语词典,收字条 2400 多个,词条约 10000 个。这本词典适合具有中级汉语水平的外国学生使用,初级水平的学生也可以一边学习,一边练习使用,提高汉语水平;对教师在教学中直接用汉语释义及举例也有参考价值。由于迄今为止还没有一部对外国人易懂易查的单语词典,他们学习词语主要靠教材中的生词翻译或双语词典。但汉外词语之间并不存在简单的对应关系,生词表或双语词典中的汉外词语之间一对一或一对多的翻译,对学生理解词义、组词造句有时会有误导作用,引发偏误的产生。胡明扬(1997b)说:"一张一对一或一对多的生词表就成了多年来语汇教学的唯一模式,而且深入人心,在学生和部分教师心目中形成了不同语言之间存在着简单的对应关系的观点。这种观点不符合事实,而且对语汇教学贻害无穷。"

所以我们在教学中提倡尽早开始用汉语解释词语、归纳语法,也希望学生能尽早使用单语词典,直接通过汉语理解、学会汉语的词语。这就是单语学习词典为广大师生热切期盼的原因所在。

为外国人学习本族语编写的单语词典在其他语言中早已广泛使用,如英国牛津大学出版社出版的《现代高级英语词典》、朗文出版社出版的《当代英语词典》等,在我国英语教学中早已非常流行,据我们所知,我国英语专业的学生从二年级甚至更早就开始使用了。

我们编写的这部小型词典,是为学习汉语的外国学生编写单语词典的一次尝试,意在探索编写对外汉语学习词典的目标、原则和方法,并通过实践积累经验,总结教训,为今后编写中型、大型的对外汉语单语或双语的学习词典提供参考。

一、目标

目前,能提供给外国人学习汉语用的词典数量很少,而外国人在使用汉语词典时,一般存在下列几个问题:

其一,难懂。一般汉语词典释义、举例用词没有限制,甚至释义用词的范围、难度大于被释词条本身,使学生读起来处处遇到障碍。举例中组词多为生词,还有成语、四字格等难点,有些例句引自文学作品和报刊,句子长、难度大。例如某 HSK 词典的举例:

关:～联/～涉/～注/双～/无～痛痒/息息相～/生死攸～/这不～你的事/跟那个人无～

以上 9 个例子中,有 8 个(画线的)是《(汉语水平)词汇等级大纲》所未收,难度显然对学生过大,学生既读不懂,更无法理解,因而起不到示例的作用。

其二,难查。外国人使用汉语词典,都会感到查字难、查词难。查字时,遇到不会读的字,不论是部首检字,还是笔画检字,他们都感到难以掌握。至于查词,由于汉语词典一般都是字义的义项和词义没有挂起钩来,要在诸多义项中让要查的词对号入座,对中国人尚且不易,何况对外国人。

其三,难学。学习词的用法是外国学生查词典、用词典的目的之一,但目前的词典却很难满足学生的这一要求。根据对近年出版的 5 种面向外国人学汉语而编写的词典的调查反馈,郑定欧(2004a)认为:"上述5本学习词典,……实际上所设立的例子要么偏少,要么偏难,当中出现的语法信息毫无系统性可言"。现在的对外汉语词典,尤其是用法词典,都尽量针对外国人学习的特点,从不同角度介绍了词的用法。但是由于解释和举例用词没有控制,对用法的介绍中又过多地使用语法术语,造成了外国学生阅读时的障碍。此外,作为学习词典,还应在体现汉语特点和在对外国人的针对性方面有所突破,有所创新,并在提供相关信息方面尽量优化,表现出等级的差异,才能适应外国人学习汉语的需要。

针对外国人在使用词典时存在的以上问题,我们认为,对外汉语单语学习词典应确定以下目标:

1. 易懂:应让外国学生能读懂。为达到这一目标,释义、举例要限制用词,并建立起适合外国人的表述方式,做到简明浅显。

2. 易查:使外国人查字、查词化难为易,构建一套适合外国人的检字表和排列顺序。

3. 易学:切合外国人学习的需要,优化语法信息,在词条录入、义项显示、词性标注、示例及用法提示等方面都应针对外国人学习的特点,做到实用。

实现上述目标的灵魂是创新。

二、原则

《学汉》在释义原则、示例原则、收词原则、词性的标注原则等方面做了一些尝试。下面是对我们一些做法的介绍和思考。

(一)释义原则

释义是词典的核心。作为对外汉语单语学习词典,释义还是能否达到易懂、易学两大目标的关键。由于受用词的限制,释义在编写时难度最大。

与给中国人用的现代汉语词典中的释义不同,给外国学生用的单语词典,对词语不能做学院式、专业式的解释,表达要力求简单、通俗,用词只求达意。由于受词汇和句式的限制,有些释义只能做到相对准确,基本到位。

《学汉》的释义大致有四种情况:一是显性释义,即对字条、词条的解释;二是隐性释义,由示例显示词义,或对显性释义做补充;三是提示性释义,用注意提示词的用法、语体、色彩、文化内涵等;四是图解释义,用插图加强直观性,以省去某些难以达意的描述性释义。

释义的原则是:

1. 可读性原则:可读性是对外汉语单语词典成败的关键,而只有在释义中限制用词和句式,采取独特的表述方式,具有相应水平的学生才能读得懂。

《学汉》是以中级以上汉语水平外国学生为对象的,我们在释义时尽量采用《(汉语水平)词汇等级大纲》中的甲、乙两级词,有些定义或表述涉及一些非常用词时,也一定是在本词典中可以查到的;所用句式都在语法大纲的甲、乙两级语法项目的范围内。在表述上有别于一般汉语词典,尽量用外国人能读懂的通俗的语句,做具体、明确、具有教学用语特点的描写。

释义中我们回避了专业用语或学院式的诠释。比如"呕吐"一词,《现代汉语词典》(以下简称《现汉》)的解释是:膈肌、腹部肌肉突然收缩,胃内食物被压迫经食管、口腔而排出体外。《学汉》的解释是:因为生病等原因,进到胃里的食物又从嘴里吐出来。

对虚词的解释避免只用语法术语作概括,尽量使语义具体。比如"就是"(连词),《现汉》:表示假设的让步,下半句常用"也"呼应。《学汉》:用"就是"假设某一事实,后面往往出现相反的情况。注意"就是"常和"也"配合,用在复句的前一分句中,既可在主语前,也可在主语后。

2. 熟知性原则:在我国高等学校学习汉语的外国学生都是具有高中毕业以上文化程度的成年人,他们已经具有一定的文化科学知识和生活经验,对客观事物具有相当的认知能力,只是不知用汉语如何表达。因此,用他们熟知的事物、常识和文化科学知识来解释词义可以收到较好的效果。比如"苦",《现汉》:像胆汁、黄连的味道。《学汉》:像咖啡(不放糖)的味道。

释义中要尽量用简明具体、容易理解的表述方式来诠释复杂抽象的概念或虚词。比如"货币"一词,《现汉》:充当一切商品的等价物的特殊商品。货币是价值的一般代表,可以购买任何别的东西。《学汉》:一个国家通用的钱(书面语)。再如"把"(介词),《现汉》:宾语是后面动词的受事者,整个格式有处置的意思。《学汉》:用在下面格式里:"把+名/代+动+其他成分",表示确定的人或事物通过动作发生了变化或产生了结果。

解释应尽量提供使用条件、范围、对象及所指,以帮助学生准确理解词语。比如"讹诈",《现汉》:威胁恫吓。《学汉》:借着自己的某些优势(如政治上的、军事上的)威胁别人,以便获得好处。

3. 区别性:一般汉语词典最常见的释义方法是以词释词,这对中国人也许问题不大,但对外国人这种释义就如同虚设,而且还徒然增加了大量的同义词,加大了学习的难度。对外汉语词典应该尽量避免以词释词,应突显词语的区别性特征,使学生学而能用,用而不错。比如"荒"(形),《现汉》:荒疏。《学汉》:由熟练到不熟练。再如"撞",《现汉》:碰见。《学汉》:事先没有安排而遇见(多指不愿意看见的人或事,或者不愿意被人看见的人或事)。

以词释词造成一些意义相近的词区别不大;抓住词语的区别性特征去释义,也可以起到区别同义词、近义词的辨析作用。比如:"疲乏""疲倦""疲软",《现汉》分别释为:疲劳;疲乏;疲乏无力。《学汉》分别释为:累得没有力气;累得没有精神;因为疲劳或有病而没有力气。

有些释义对中国人可以大而化之,但对外国人就可能产生误导。比如"盛"(chéng),《现汉》:把东西放在器物里。外国人照此套用,可能说出"把花盛在花瓶里"。《学汉》:用勺子、等器具取(饭、汤等)。这样解释就对外国人使用有利。所以,释义时应把外国学生的学习特点作为参照点。

4. 提示性:词语的使用对象、场合、在句中所在位置、与其他词语的搭配关系、句法功能、文化内涵、语气、感情色彩等,对缺乏汉语语感的外国人都是很难掌握的,为此,《学汉》有针对性地设立了753项"注意"作为提示。提示的范围主要是外国人容易发生偏误或不易理解的方方面面,提示性的描述常常是具体的、细微的,也恰恰是外国人需要了解的地方。

(1) 词义提示:对词的释义做进一步的诠释和补充。比如"碍事"一词多用在否定中,注意则对"不碍事"的意义做了诠释:"不碍事"一般用在对方道歉或关心等时,表示"不要紧""没关系"等意思。

对某些虚词的抽象概念式的释义做进一步补充说明,以使外国人容易理解。比如"即使"表示假设的让步。在注意中对此概念做了具体的、易于理解的解释:"即使"一般表示假设的让步关系。如"即使下雨,我们也要出去","下雨"是假设,让步关系是"下雨"可能出现的结果是"不出去",但结果相反:"出去"。只有少数情况表示发生或存在的事情,如"即使是星期天,他也不休息"。

对于中国人常用的体态语,提示其含义。如"咧嘴",在注意中指出:"咧嘴"常表示笑、哭等动作,或不满、惊讶的感情。

(2)文化含义提示:对某些含有文化因素或涉及国情的词语因与外语中的相应词语意义不等值而加以提示。比如对"群众"一词的提示是:注意"群众"有时跟"干部"相区别:干部要关心群众的生活。有时跟"共产党员"相区别:(共产)党员和群众是鱼和水的关系。/他是个群众,不是党员。再如对"岁数"的提示是:用"岁数"询问年龄时,只能问年纪大的人。

(3)语用提示:指出词语的语用功能,即词语的表达对象、语气、语境、前提、言外之意等。由于目前的对外汉语教材中语用的描写很薄弱,这一部分的提示对外国人学汉语尤为重要。比如"太"表示程度过分时,提示了:表示说话人不如意或不满意;表示程度很高时,提示了:表示赞扬;表示程度减弱时,提示了:表示委婉的语气。

(4)对比提示:在提示中隐含着对近义词的对比与辨析,这是《学汉》不单设辨析的原因之一。比如对"叔父"一词,注意提示了:不做当面称呼,而对"叔叔"则提示:可做当面称呼。再如"往往",提示了:注意"往往"是对带有一定规律性的情况的总结,不能用在将来的情况。"往往"不受否定词"不"的修饰,这一点与"常常"不同。对"虽"提示:只能用在主语后,而"虽然"既可用在主语前,也可用在主语后。

(5)语法功能提示:对外汉语学习词典,不仅仅要释词解义,更要指导学生正确地选择词语,组词造句,实现交际的目的,所以在释义的提示中应包含一些语法信息。《学汉》在语法功能的提示中,包含以下信息:

A. 搭配条件:比如提示"日趋"后面总是跟形容词或形容词性的词语;"尚"后的形容词多为单音节,不用在否定式中。

B. 位置:虚词,尤其是关联词语的位置,比较复杂,是外国人使用时的难点。《学汉》对连词和有关联作用的副词一般都提示了出现的位置。比如提示副词"其实"用在复句的后一分句的句首;"就"出现在后一分句的动词前,前一分句常有"只要""要是""因为""如果"等词配合。

C. 句法功能和句法条件:比如提示"亲爱"一般只做定语,必须带"的";"歌咏"只做定语;"最"不能用在"比"字句中;用"被"的句子里,动词后要有其他成分。

(6)用法提示:对外汉语学习词典的一个显著特点是要使词汇语法化,对外国人来讲,理解了词义并不一定知道怎样用这个词组织句子去表达或交际。这也是对外汉语词典中关注用法的原因所在。《学汉》对词做了用法提示。比如对"很"提示了：用"很"比不用"很"程度高,比"非常"程度低。在形容词做谓语的句子中,"很"用在形容词前主要是使句子语气完整,表示程度的意思很弱。"很"的否定有"不很"和"很不","不很冷"比"不冷"程度低,"很不冷"比"不冷"程度高。

（二）示例原则

示例是对外汉语学习词典中的关键部分,而且它的重要性越来越得到提升。与以中国人为对象的词典不同的是,对外汉语学习词典中的示例不单纯是对释义的说明,而是"集语义、语用、语法于设例一身,让读者从句子的整体上掌握相关的语言现象"（郑定欧 2004a）。示例把词放在词以上的平面考察词与其他成分的组合关系,它的意义、用法,以及出现的语义背景和语境等。示例是教外国人组词造句的最直接、最实用的方法。

《学汉》在示例上力求可读易懂、准确规范、引入信息、提供语境。

1. 可读易懂：这是对外单语词典的生命线,是编者追求的目标。示例必须严格控制用词和句式。以"老"为例,《学汉》给的例子是：老教师/老工人/老先生/很老了/老得走不动了/他才三十多岁,老什么？/人老了,腿脚不方便了/年轻的时候不学习,老了就来不及了。

举例都在词组平面以上,不出现含"老"字的词,尽量采用学生熟悉的常用词或结构简单的句子。限制用词和句式显然更能达到可读易懂的效果。另外,《学汉》举例注意尽量避免例句太长、太难,避免一个句子中有多个中心,避免一个例句中同时出现两个近义词或同形、同音不同义的词,以降低难度。

2. 准确规范：准确表现为示例必须与标注的词性一致。比如名词"比喻"的举例：这个比喻不合适/她说话特喜欢用比喻；动词"比喻"的举例：人们常用母亲比喻祖国/用狐狸来比喻狡猾的坏人。

示例必须与释义一致,要全面、具体地说明释义。比如"跺脚"的释义是：由于生气、着急、悔恨、寒冷等,脚用力跺地。举出的例子是：他气得直跺脚/他因为粗心没考好,后悔得直跺脚/她站在那里急得直跺脚,一句话也不说/她生气地跺了一下脚,走了/外面太冷了,我只好跺跺脚让自己暖和一点。

学习词典中示例的重要性犹如教材中的范句,因此在内容上要科学、合理、积极,形式上要规范、合乎语法,语义要单纯,不要含混不清或有歧义,要与词语的语体风格相一致,表达方式要符合中国人的习惯。

3. 引入信息:"通过示例来引进语法信息已经成为编纂学习词典的大趋势。"(郑定欧 2004a)由于示例是在词组和句子平面,因此使引入信息有了空间,而对外汉语学习词典的示例还可以扩大释义的信息、补充语用信息和文化、国情信息等。

引入语法信息,主要是提供常用的搭配关系,词语的搭配由于有很强的民族文化性,结合比较固定,与外语的对应词语的搭配方式常常有异,这就形成了外国人学习的难点。词典中只能选择那些常用的、典型的、可模仿的搭配。比如:动词"扛",《学汉》给了如下一些搭配:扛东西/扛起来/把包扛到楼上/扛的时间太长,肩膀扛肿了/箱子太沉了,我扛不动/他一个人就把这么重的石头扛走了。示例中把动词"扛"带宾语、带结果、趋向、介宾、可能等后补成分以及做谓语、定语的功能都展示出来。

另外,例句要尽量显示词语入句后的结构规律。比如形容词"好奇"的例句:他是一个好奇的孩子/我的话引起了他的好奇/展览会上大家都对这种产品感到好奇/由于好奇,他开始了对这件事的调查。

引入语义信息,主要是扩大释义中的信息量。比如名词"司"的例句中有:中国政府机关中部以下是司(局),司以下是处,处以下是科。再如"量词"的例句中有:跟名词配合使用的量词叫名量词,如:个、位、名、头、只(zhī)、封、张、件等/跟动词配合使用的量词叫动量词,如:遍、次、回、下儿、趟等。这些例句延伸、扩大了这些词的释义中的信息。

示例能比较自然地引入文化和国情信息。比如《学汉》中"龙"的例句:在古代中国,龙被认为是最高权力的象征/中国的皇帝都把自己说成龙/在中国,龙被认为是一种吉祥的动物。再如"北方"的例句:在中国,北方一般指黄河以北的地区/他是北方人,喜欢吃面食/秋天,这种鸟从北方飞到南方过冬/中国北方比较干燥,冬天比较寒冷。

4. 提供语境:汉语中的有些虚词,由于在外语中难以找到完全的对应词,一般都较难理解和运用。通过示例提供充分的典型的语境,使外国学生在上下文中体会某些虚词、难词的语义背景及表达的意义,是对外汉语虚词教学的行之有效的方法,也是对外汉语学习词典应该吸纳的方法。

提供的语境可以在话语中。比如"碍事"的例句:对不起,我把你的书碰到地下了,我给你捡起来吧。——不碍事,我自己来吧/哟,你手指头破了吧?——不碍事的,包上就行了/有几个字写得不清楚,我重新抄一遍吧。——不碍事,能看清楚。

提供的语境可以在上下文中。比如"何况"的例句:平常百货大楼的人就很多,何况星期天呢?/用中文参加辩论都不容易,何况用外文呢?……

提供的语境可以体现在句内、句外。比如"不得了"的例句:不得了了,房子着火了!/哎呀,不得了,我的钱包丢了/开车要小心,万一出事故可不得了/别害怕,没什么不得了的。

示例承载着语法、语义、语用等多方面的信息,因此举例必须丰富,数量不可太少,但也不可能穷尽,所以要优化信息,在保证浅近易懂的前提下,应该尽量选择典型、内涵丰富的例句来显示、印证词的意义和语法功能。

词典中的例句,尤其是初级词典,不必引用语料,主要要靠编者编写,但必须有针对性,由易到难、由简及繁,体现学习的递进性。

(三) 录词原则

作为一部综合性的对外汉语单语词典,《学汉》不同于比较专门的对外汉语词典,如 HSK 词典、常用词词典等,录入的字条、词条范围要广泛一些,条目要多一些,形态也不限于词,还涉及方方面面的相关性,在义项的确定上要有选择性,以使词典实用而有效。

1. 参考范围广:《学汉》在录字、录词上所确定的范围,依据以下线索:其一是《现代汉语常用字表》(国家语言文字工作委员会汉字处,1988) 和《普通话三千常用词表(增订本)》(郑林曦 1992),以录入常用的基本字、词;其二是《汉语水平词汇与汉字等级大纲》(修订本)(国家对外汉语教学领导小组办公室汉语水平考试部,2001) 中甲、乙两级的字、词;其三是国内外对外汉语教材中的词表,国内的教材有:《基础汉语课本》(1—4 册及续编)、《实用汉语课本》(1—4 册)、《初级汉语课本》(1—3 册)、《汉语会话 301 句》、《汉语教程》(1—3 册)、《汉语初级教程》(杜荣主编)、《桥梁实用汉语中级教程》(上下册)、《中级汉语听和说》、《报刊语言基础》、《新闻听力基础》、《汉语中级教程》,也酌情收入了澳大利亚的《中国通》、《你好》、《汉语》、法国白乐桑和张朋朋编的《启蒙》(正、续编)、德国乔伟等人编的 *Grundstudium Chinesisch* (I)、柯彼德编的《您好》(上、下)、刘月华等编的《中文听说读写》(初级)、俄罗斯谭傲霜编的《汉语口语教科书》等国外教材中出现的词语。此外还收入了汉语教学中通常会使用的汉语语言学术语。这样就把常用度高的,而且是对外汉语教学中出现频率高的字、词收录进来了。

2. 条目多样：一般词典比较注重词条须符合汉语构词法或词的界定范围，而对外汉语学习词典在录入词条时，首先关注的是学习的需要，因此比较多样。《学汉》录入了字、词、短语词、词组、常用结构、成语等，长短不一，虚实相兼，结构、格式既可相连，也可不相连。

条目的多样性体现了对外国人学习难点的针对性，如短语词、常用格式、结构等都能与教材接轨，与国际汉语教学接轨，使学生查得到、学得着。

3. 相关性：录入词条考虑到与汉语水平词汇与汉字大纲相关，以甲、乙两级字词为录入基础，作为释义和示例的基本用词，以确保词典的易读性。同时又考虑到与国内外常见的教材相关、接轨，以确保词条的涵盖面宽、适应性强，使学习汉语者需要接触到的词汇基本上都能查到。例如"之"以下的词条，《现汉》有"之""之后""之乎者也""之前"。《学汉》则结合交际的需要，出了"之后""之间""之类""之前""之上""之下""……之一""之中"等。

录入词条也要考虑到词条的对称、互相呼应等相关性，还要考虑到与学习汉语的基本语音、词汇、语法、汉字等语言学知识相关，《学汉》中录入了相关术语，给学生学习、聆听或阅读这方面的讲解扫清障碍。有少量词条是为了本词典释义用语而录入的。

4. 义项的选择性：一词多义是外国人学习汉语词汇的难点。为了降低难度，尽量切合初、中级水平的外国学生学习的程度和交际的需要，《学汉》在确立多义词的义项时没有照搬其他词典，而是适当地做了增减，分化（单纯化）。例如"号"，《现汉》出了10个义项，《汉语水平考试词典》出了8个义项，《学汉》只出了3个，即"号码"的"号"、"挂号"的"号"、"号召"的"号"，其他词典中出的"国号""标号"、人的"字号"、"号房子"的"号"、"多少号人"的"号"等都未收入。

为了有利于外国人理解和运用，有些义项须进行分化，例如"厉害"，《现汉》注为：难以对付或忍受；剧烈；凶猛。《学汉》分化为2个义项：①很难对付；②程度深，让人很难忍受：疼得厉害。两个义项意义、用法、搭配有明显的区别，分化之后有利于外国人掌握。

为了使义项单纯，《学汉》一般都把词的本义和比喻义区别开来，或增加某些已较常用的比喻义。例如"征服"，《现汉》注为：用武力使屈服。《学汉》增加了一个义项：比喻艺术等使人佩服：他的表演征服了观众。

有的义项在其他词典（如《现汉》）中没有，但却是对外汉语教材中常见句型中不可缺少的,需要增加。如"还",增加的义项是:用在比较句中。"比……还……"表示更进一步。

(四)标注词性的原则

一般的汉语词典,除少数词典之外,都不标注词性,而几十年来的对外汉语教材、双语词典,以及汉语水平等级大纲等都标注了词性,可见对外汉语教学中标注词性是必不可少的,也是外国人学汉语用词入句的重要依据。在标注词性方面,《学汉》有两点新的尝试。

1. 区分词和语素:《学汉》中的字条按语素处理,区分成词语素和不成词语素。成词语素标注词性,不成词语素标注"(素)"。成词语素能够单独使用,不成词语素不能独立成词,即不能单独使用。对语素的处理,有的对外汉语工具书已经有所探索,但都不够明确;而对外汉语教学的经验告诉我们,不明确地把语素标示出来,常对学生有误导作用,例如 * "我买一张桌"之类的偏误,应该说是这种误导的结果。因此,我们明确地标出语素。据考察,《汉语水平词汇等级大纲》的甲级词中有 921 个语素,其中成词语素 285 个,不成词语素则多达 636 个(吕文华 1999)。供外国人使用的词典,标注语素以提示外国学生哪些字不能单独使用,无疑给他们的学习带来了很大的便利。但区分成词语素与不成词语素,在理论上汉语学界仍有很多争论,在操作上难度很大。我们认为划分的标准宁可宽一些,凡是不能单独使用的,只出现在词和固定结构中,或对举中的,一律看作语素。有些古汉语或书面语中的字,在现代汉语中不单说、单用的也看作语素。

希望这一尝试有助于推动对外汉语语素教学。

2. 标注短语词:《学汉》标注了四类短语词:动宾式短语词[标为"(短语词:动—宾)"]、动结式短语词[标为"(短语词:动—结)"]、动趋式短语词[标为"(短语词:动—趋)"]、动介式短语词[标为"(短语词:动—介)"]。动宾式短语词即通常所说的离合词,动结式短语词、动趋式短语词、动介式短语词即通常所说的动词后带结果补语、趋向补语、介宾补语,而通常说的可能补语,我们看作是这后三类短语词的可能式。

划分短语词是吕文华多年来对对外汉语教学语法体系思考的结果。众所周知,离合词是外国人学习汉语中很突出的一个难点,究其原因,是外国人不能区别动宾式动词和动宾式离合词,所以造句时把二者混淆起来,如 * "见面他" * "游泳得很快"之类的偏误就是这样产生的。

对外汉语教材中,一直把动词后的补语分为 8 类,构成了一个庞大的补语系统。对此,德国的柯彼德教授说,"补语是传统语法体系范围最广、最不科学、在教学中最不好运用的概念。"(柯彼德 1990)所以欧美许多国家的汉语教学中把动宾式、动结式、动趋式都看作复合动词或联合动词,学生容易接受。我们提出短语词的概念,是基于把它们看作是词和词组之间过渡单位的认识,这更符合汉语的事实,更能体现汉语语法的特点。

划分动宾式短语词可以使这一语法难点得以化解。首先,有了标注,学生可以辨识,不会与动宾式动词相混淆;其次,词典中可以对它们逐一做扩展式的举例,使学生从中学到每一个动宾式短语词的用法,划分动结式、动趋式、动介式短语词,简化了现行语法体系的补语系统,从而使补语的脉络清晰,有利于教学,也与国外汉语教学的做法更为接近,容易接轨。

短语词的划分,使《学汉》在录词的形态上有了新的扩充,大量常用的短语词,尤其是在实际语言中结合得很紧密的短语词,可以进入词典,使外国人以词汇的方式学到语法。"在传统的内向语法里,我们倾向于把'问住''绊住'分析为'动词+住'格式,然后没完没了地给予语义上的诠释。外向语法则不然,统统作为语法化词汇处理,因为这些对他族人来说,往往体现为心理上的实体。"(郑定欧 2004b)因此我们录入了诸如"抓住""张开""做到""听见""掠过""进来""出去""过来""沦为""取决于"等在以往的汉语词典及对外汉语词典中不作词条出现的词条。短语词的划分应该说是寓语法于词汇,符合编写对外汉语词典的理念。

三、方法

对外汉语单语词典的易懂、易学的目标是通过释义、示例等实现的,而易查的目标则要通过检字、排序等方法来实现。

辞书是否易查是实现辞书价值、实现市场化的关键。外国人学汉语最大的障碍是汉字,而作为对外单语词典要想实现易查的目标,必须要有新的思路,要在检字和排序上有所改进、有所创新。

(一)关于检字法

为了方便外国学生查找,《学汉》有音序、部首、笔画三种检字方法,供使用者选择;同时又对音序、部首等检字法做了便于外国人使用的变通。现说明如下:

1. 对音序检字法的改进

《学汉》正文按汉语拼音音序排列,这对掌握了汉语拼音方案的外国人比较便利。在音序排列上我们有两点变通:一是把 CH、SH、ZH 从 C、S、Z 中分出来,单独设部。这两组声母本来就是不同的声母,但是排在一起,CH、SH、ZH 的词条把 C、S、Z 的词条分割成两块,查找起来很不方便,也影响了查找速度。两组分别设部,既反映了这一语言事实,使 C、S、Z 词条成为一个整体,无疑会提高查字的速度。第二点变通是在 L、N 两部中的 lú、lǚ、lǜ、lüè 和 nǚ、nüè 分别排在两部的最后,也显得比现在一般词典的排法更直接一些,容易查找。

2. 对部首检字法的改进

设立部首检字是考虑到与外国学生汉字学习的衔接。在汉字教学中,一般都要分析汉字的部件,有的教材还安排了部首教学。从形体上去查找汉字,也是有理据性的,所以在词书中普遍采用。我们在部首检字方面做了一些简化的调整。

使用部首的关键是碰到一个字能识别字中的哪一部分是部首。相对来说,合体字的规律性比较强,掌握起来难度也比较小,而独体字的部首规律性差,难以识别。但现在的做法是独体字和合体字混在一起,给人以杂乱无章的感觉。《学汉》对独体字和合体字采取了区别对待的办法,尽量突显部首检字的规律性。具体做法是:

(1) 区别独体字和合体字。

(2) 把独体字和合体字分开检字,设立"独体字检字表"和"合体字检字表"。

(3) "独体字检字表"按字的笔画多少排列。独体字数量不多,《学汉》收字约 2450 个,我们列出的独体字为 247 个,约占 10%。一般来说独体字笔画比较少,在我们的表中,最少的 1 画,最多的 10 画;1 画到 7 画的字有 229 个,8 画到 10 画的只有 18 个字。笔画相同的字按起笔分别排列,这样,分到每一部分的字就不很多了。学生只要会数笔画,再知道起笔,就可以比较容易地在这个表中查到字。退一步说,即使学生只能识别独体字而不会准确地数出笔画,也不知道起笔,从 200 多个字里找出一个字来,也不是很困难的事。若是这 200 多个字混在部首不明确的部首检字表里,就有如大海捞针了。

(4) "合体字检字表"因为去掉了独体字,部首检字表显得比较整齐、单纯,给检字带来了方便。在学生查字之前,我们先教学生如何识别合体字的部首,具体做法是把部首按在字中的位置(上、下、左、右、全包、半包)分类,制作一个部首位置表,每一个部首给一个常用字做代表,字中的部首用红色印出,最后再各给一个例字,说明查字的方法。这个办法使学生能够熟悉部首,看到一个字知道哪个部件是部首,再使用部首目录和检字表就容易了。

我们还对部首目录和部首检字表做了一点改变:在部首目录中,只指示某个笔画的部首在检字表中的第几页,而不具体列出哪些部首;在检字表中,每一个笔画下面,先列出包括哪些部首,接着就按部首排列所收的字。这就是说,把部首目录分散到了检字表中,查的时候一步到位,减省了一道手续。

(二) 关于排序法

词典正文的字条、词条的排序也有多种选择,但不同的对象,要选择最有适应性的方式。

1. 字条排序法

字条排序涉及正文中同音字的排序和部首检字表中每个部首下的字的排序问题。雷华、史有为(1994)归结了四种字条的排序方法后指出,"'声旁系连—笔画'法,比较容易为外国学习者掌握,因为字形的相同和相似最容易引起联想,以声旁系连串字,是具有表象特征的排序法,使原来隐含的排序理据一下子表面化了。在以音序为排列原则的词典中,这种声旁系连最为和谐,因此也较有利于查检,在针对外国学习者的单语词典中更应该是首选的排序原则。"

这一观点恰与《学汉》不谋而合,《学汉》在同音字的排序中采用的正是声旁系连。而在声旁系连上又有两点突显理据性的措施,一是出声旁字。《学汉》共有 447 个声旁字,其中 326 个是常用字,例如:胡 hú,声旁系连的字有:葫、湖、瑚、蝴、糊。另有 121 个字只做声旁,用网纹表示,只注拼音,不计入字条总数,例如:奂 huàn,不是常用字,只做声旁,系连的字有:换、唤、涣、焕、痪。二是结合字的结构,像同声旁的字,或相同部首的字,再按声旁、部首在字中的位置排列,顺序是:上、下、左、右、包。这样,在检字时,看上去整齐划一,规律性强,比完全按笔画顺序或完全按笔画多少排序区别性强,容易查找,使用者很容易体悟排序的理据或原则。

这两种措施,分别从读音和形体的角度突显了汉字的理据,使外国学生能体会到汉字并不是一幅幅毫无规律的图画,既方便了查找,也帮助了他们认识和熟悉汉字的规律。

2. 词条排序法

一词多义在汉语词汇中很常见,怎样能让读者迅速地找到所需义项,让所查的词在诸多义项中能"对号入座",需要编排的技巧。

一般词典字条下列出各个义项,再出这个字打头的词条。邵敬敏主编的《汉语水平考试词典》有所不同,在词条上标注是字条的第几义项,是一种改进,有利于学生掌握词义。

《学汉》的排列方法是,每个字义下列出该字所构成的逆序词和正序词,使学生对每个语素的组词一目了然,又能使要查的词条"对号入座"和义项联系起来。例如:学(动)学习。下面先列出在《学汉》中该义项"学"的逆序词:□学:教学 jiàoxué/开学 kāixué/留学 liúxué/留学生 liúxuéshēng/失学 shīxué/同学 tóngxué,再列出该义项"学"的正序词的词条:[学费][学历][学年][学期][学生][学习][学校][学员][学院]。

这样排列不仅查找方便,能使所查词条对上该词的义项,而且有利于学生对语素义、词义的理解和运用。把正序、逆序词列出来,也能充分地展示出语素的构词能力,使学生提高自己组词识字以及扩大词汇量的能力。分义项排列词条还有一个好处,就是起到了隐性辨析同素词的作用。外国学生常常在运用同素词时分不清意义上的差异,造成混淆。例如行业、企业、营业、作业、失业、产业等词,在排列上分别归在"业"字的5个义项下,使学生分别出这些同素词中同义语素的不同意义,避免了理解上的混乱和误用、混用。

(三)关于附录的编写法

给外国人使用的词典,在附录上主要是提供目标语国家的文化信息以及补充用法规则。

《学汉》共设有10个附录,提供文化信息的有《中国历代纪元表》《中国行政区划》《干支词序表》《二十四节气表》《中国民族民族名称表》《汉语亲属称谓表》,补充用法规则的有《现代汉语语法要点》《量词用法表》《标点符号用法表》。在编写中,都做了一些利于外国人理解、运用的处理:

1. 组合。结合朝代的组合,如:夏代、秦朝、东汉末年、魏王、唐初等;结合省市自治区特区简称、别称的组合,如:冀中、苏北、皖南、京广铁路、南疆等都是常见的有用的组合。

2.《汉语亲属称谓表》《量词用法表》《标点符号用法表》都有举例,不仅使用法具体化,也起到示范作用,指导学生运用。

3. 细化。行政区划给出全称、简称、别称;亲属称谓解释亲属关系、说明能否用作面称,使用的地域和色彩等。细化可以帮助外国人熟悉中国文化。

4. 对比提示。《标点符号用法表》中,在与外文对比的基础上,提示顿号、间隔号是中文特有的,句号是"。",不是".",冒号用于提起下文,直接引语前面中文用冒号,而不是像外文那样用逗号,提示中文的省略号是 6 个点儿,不是 3 个点儿等等。这些简单的例子、小小的提示,都体现了《学汉》的针对性、实用性。

5.《现代汉语语法要点》简要、概括地介绍了汉语构词法、词的分类、词组、短语词、句子成分、句子分类以及特殊句式等,其语法系统除短语词外基本与对外汉语教学语法系统相一致。这一附录的设立一方面使《学汉》在词类标注、注释和举例上有所依据,另一方面也为外国学生系统地梳理出一份语法大纲,使他们从感性认识上升到理性认识。这份要点每个部分都采取列表的方法,并给出例子和必要的说明,外国学生基本上可以读得懂。列表时注意突出外国学生学习的难点,总结规律,例如,定语和状语的列表指出了带"的/地"、不带"的/地"以及可带可不带"的/地"的规律,动结式短语词分别以同一动词结合不同的后补成分以及同一后补成分与不同动词结合进行举例,使学生体会动结式的组合规律。在特殊句式的列表中,对各种特殊句式的小类、语义以及表达特点都分别说明和举例。希望这份语法要点能对学生学习语法、复习语法、运用语法起到一定的参考作用。

以上我们结合《学汉》的编写,归纳了我们对编写对外汉语单语学习词典的目标、原则、方法的认识、探索和思考。我们深知,我们的思考,是一些"理想",要实现起来却受各方面条件的限制,再加上我们编者的经验和学识的限制,就导致我们所能达到的与我们的目标之间有不小的差距。编写过程中也困难重重,常有力不从心之感。郑定欧(2004a)说:"对外汉语词典学,从学科的要求来说,理论尚未成熟,规范尚未建立,队伍尚未组成。"我们颇有同感。我们这部词典的编写可以说"先天不足",但我们希望我们的尝试和思考以及所做的工作能够起到抛砖引玉的作用,能为将来编写同类型的词典提供一些参考,为对外汉语词典学的学科建设添砖加瓦。

(此文与吕文华合写。原载《世界汉语教学》2006 年第 1 期)

给外国人编双语词典二题

给外国人学汉语编的语词词典,不外乎四类,一类是"汉—汉"词典,一类是"汉—外"词典,一类是"外—汉"词典,一类是"汉—外"或"外—汉"双解词典。前一类是单语词典,后三类是双语词典。我们对"汉—汉"单语词典的思考,已经体现在《商务馆学汉语词典》中,并已撰有专文(见本书 pp.150—165)对我们的思考和实践做了初步的总结。那些基本原则、目标,词目的选择、编排、释义的方法,原则上也适用于双语词典。但双语词典自有其本身的特点,给外国人编的双语词典,更要区别于给本族人编的双语词典,本文谈与此有关的两个问题:一、学汉语的外国人为什么查双语词典;二、给外国人编双语词典在释义上的关键所在。

一、学汉语的外国人为什么要查双语词典

我们在《指导学生使用词典应是教学的一个组成部分》一文(见本书 pp.146—149)中,主要讲了要鼓励和指导学生使用单语词典,同时也指出,我们提倡学汉语的外国人使用单语词典,并不是排斥使用双语词典。外国人不管查什么词典,都不出下列几种情况:

(1)碰到了不认识的字,需要知道字的读音、意义、用法。

(2)碰到了一个词,需要知道其读音(或多音节词中某一个或几个字的读音)、意义、用法。

(3)碰到了一个词,知道读音,需要知道意义、用法。

一般来说,这些问题,为外国人学汉语编写的单语词典都是可以解决,也是应该解决的。但是,在下列情况下,学汉语的外国人也需要查双语词典:

(1)当他们的汉语水平还没有达到使用单语词典的时候,他们要知道某个字或词的意义。

(2)要知道自己母语或他所掌握的另一种语言的某个词在汉语中是怎么说的以及汉语对应词的用法时,就需要查"外—汉"词典。这还牵涉到"外—汉"词典收词的范围。我们认为,给外国人编的"外—汉"词典应

该收入一些那种外语(学生的母语)中特有的词语(可能在汉语中并不是常用的词语)。比如"首相"(英国等)、"国务卿"(美国)、"总督"(英联邦诸国)、"袋鼠、卡拉熊"(澳大利亚)、"斗牛"(西班牙)、"风车"(荷兰)、"比萨饼、通心粉"(意大利)等。

(3) 在汉外互译时,要知道某个汉语词的不同义项可以选用外语中哪一个对应词语时;或者反过来,要知道自己母语中的某个词的不同义项可以选用汉语中哪一个对应词时。

关于外国人是否需要"外—汉"词典,可能我们认识上有些误区,认为外国人对自己语言的词都知道,并不需要使用"外—汉"词典。即使有不知道的词,也只需要查他们母语的词典。这其实还是从中国人查汉语词典的角度去考虑问题的。外国人使用"外—汉"词典,并不是想知道他本族语的某个词的意思,而是要通过"汉—外"词典查汉语对应词和用法(当然也可能有读音问题)。认识上的误区导致至今给外国人使用的"外—汉"词典仍然几乎是空白。

二、给外国人用的双语词典在释义上的关键所在

明白了学汉语的外国人为什么要使用词典,应该如何给外国人编词典的问题即可迎刃而解。

笔者(1987)在《外国人学习汉语的词语偏误分析》一文中谈到"对等词观念"时指出,"当一个学习汉语的外国人接触到一个新的词语项目,他会很自然地联想到自己母语中与这个词语相对应的某个词语,进而把二者完全等同起来,造成使用上的偏误。"又指出,"学生有这种观念是很自然的,关键是如何通过教学使学生消除这种观念。"胡明扬(1997b)在《对外汉语教学中语汇教学的若干问题》中也指出:"在学生和部分教师的心目中形成了一种不同语言词语之间存在着简单的对应关系的观点。这种观点不仅不符合事实,而且对语汇教学贻害无穷。"因此"要在学生和教师中彻底破除"这种观点。我想,给外国人编纂双语词典,无论是"汉—外"还是"外—汉"词典,都应该注意破除这种"对等词观念",更不应由于词典释义上的问题而形成误导,不但没有破除"对等词观念",反而强化了这种观念。

因此,给外国人编的双语词典的突出特点(除了与单语词典共同的特点之外),在于其外文("汉—外"词典)或中文("外—汉"词典)的释义,而

其关键有两个。一是多义词的每个义项在必要的解释之外,只能给一个对应词,而不能罗列若干个对应词;二是对每一义项的对应词的词义要加以限制,使之成为唯一的意义。只有从这两个方面"卡"住词义,才能消除使用者的"对等词观念"。而给中国人使用的双语词典,基本上不存在这样的问题。

"汉—外"词典的外文释义,如一般给中国人用的汉英词典,常常在汉语词条后面罗列英语对应词,如:

参观(动词)。《汉英词典(修订版)》(外语教学与研究出版社,1995)的释义是:visit; have a look around:~工厂 visit a factory/~名胜古迹 go on sightseeing trips to scenic spots and historical monuments/~游览 visit places of interest; go sightseeing/欢迎~Visitors are welcome.

在某种情况下,visit 和 have a look around 自然都可以有"参观"的意思,但是,visit 在英文中是一个意义很多的词,我们查一查《朗文现代英汉双解词典》(以下简称《朗文双解》),可以将 visit 的意义归纳如下:

(1) to (go and) spend some time in (a place or, as a guest, someone's home) 去(某处)游览,旅行;去(某一家)做客一段时间

(2) to go to see (someone) or look at (a building or other place) for a short time 拜访;访问;参观(某建筑物,某处)

(3) to stay 待,住

(4) to go to (a place) in order to make an official examination 视察;调查;巡视

(5)【通常被动,文语】a. to attack (a place) 侵袭;b. to come into the mind of (someone) 在(某人的)心中浮现。

显然,以上五个义项中,只有(2)相当于"参观"(还不是全部)。给外国人编的汉英词典只能给这一个义项,并且要对这一意义加以限制,防止可能发生的把"参观"和"拜访、访问"混淆起来。

而 have a look around 与 visit 在语体上不同,因而在中文释义上也略有不同。《朗文双解》说:look around=look about=look round,只在 look round 处有解释。Look round 又分两条:

Round 为副词时的意思是:

(1) to look at everything that is interesting, without taking any

other action, *esp*. before buying 到处看(有趣之事物而不采取其他行动,尤指购买前)

(2) ＝look around (for)＝search for 寻找

Round 为介词时的意思是:to examine the parts of 检查,四处看看

显然,have a look around 其实跟"参观"并没有共同的意思,可能在某种上下文中,可以把"参观"翻译成 have a look around,仅此而已。因此对外国人的双语词典可以不取此义。

实际上,有的供外国人使用的双语词典就是这样做的。例如,王还主编的《汉英双解词典》(北京语言大学出版社,1997)是这样解释的:

参观:(动)到现场去实地观看(建筑、设备、陈列品等)to visit (buildings, equipments, exhibits, etc.)

有些多义词义项很多,只这样从搭配上限制词义就不够了,还要对对应词的词义加以限制。比如:

"厚",不能只注 thick,因为 thick 与"厚"的意义只在某个义项上是相同的,在其他义项二者并不对应。下面是我们根据《朗文双解》归纳出来的 thick 的意义:

thick adj.

1. a. having a large distance between opposite surfaces; not thin 厚
   b. (of a round object) wide in relation to length (指圆状物)粗
2. measuring in depth, width, or from side to side 厚,深
3. (of liquid) not watery; not flowing easily, heavy (指液体)稠,浓
4. difficult to see through; dense 看不清,浓密
5. aching and/or unable to think clearly (指头)昏昏沉沉的,重重的(沉重)
6. (*esp*. of an accent) very noticeable (尤指口音)浓厚,重
7. full of; covered with 充满,布满
8. (of a voice) not clear in sound (指声音——应为嗓音)重浊
9. closely packed; made of many objects set close together 茂密,稠密的
10. *infml*. (of a person) stupid (非正式)(指人)笨,蠢
11. *sl*. beyond what is reasonable or satisfactory (俚)荒唐,不合情

理,不像话

12. *infml.* very friendly（非正式）很要好,感情深厚
13. as thick as two short planks *sl.* very stupid indeed（俚）很笨,很蠢
14. as thick as thieves *infml.* very friendly（非正式）很要好,亲密
15. lay it on thick *infml.* to praise, thank, etc. someone too much（非正式）捧得过分,过分恭维

以上共15项,其中第10~15项或者是俚语,或者是非正式语体,我们可以暂不考虑。其余9个义项,能跟"厚"对应的,只有第一个义项的 a 义。其余则分别与"粗""深""浓""稠""密""浓密""茂密"等对应,也就是说,这几个词,在汉英词典中,都可能给对应词 thick。查《汉英词典》,结果如下：

粗：1. wide (in diameter), **thick**; 2. coarse, crude, rough; 3. gruff, husky; 4. careless, negligent; 5. rude, unrefined, vulgar; 6. roughly, slightly

深：未给 thick

浓：1. dense, **thick**, concentrated; 2. (of degree or extent) great, strong

稠：1. **thick**, 2. dense

密：1. close, dense, **thick**; 2. intimate, close; 3. fine, meticulous; 4. secret; 5. *text.* Density

浓密：dense, **thick**

茂密：(of grass or trees) dense, **thick**

如果只给 thick,一,学生不知道"厚"与 thick 的哪个义项相对应,二,他们可能以为"厚"和 thick 的所有义项相对应。因此必须对 thick 的意义加以限制,使之与"厚"对应起来：

厚：thick (having a large distance between opposite surfaces)

给外国人编"外—汉"词典,以上原则也是适用的。仍然以 visit 和 thick 为例。

visit（动）

1. 参观 cānguān (~ a place, exhibits, etc.)：参观工厂/参观展

览会。
2. 游览 yóulǎn (*written*) (～a place of historic interest or a scenic spot such as park, garden, etc.):游览了一处名胜。
3. 访问 fǎngwèn (～ a person or a place with some purpose to find out how things are, to exchange views, etc.)
4. 拜访 bàifǎng (*formal and polite*) (～ a respected person):拜访了老师/改日再去拜访。

……

thick（形）
1. 粗 (usually a round and long object) (wide in relation to length):柱子很粗
2. 厚 (having a large distance between opposite surfaces):厚木板/木板很厚
3. 稠 (of porridge, gruel, etc.) (not watery; not flowing easily):稠粥/今天的粥很稠
4. 浓(of soup, etc.) (not watery):浓汤;(of fog, etc.) (dense):浓雾

……

以上我们只是举例性地列出几个义项,目的是展示给外国人编的"外—汉"词典应该如何设立义项和释义。

建议制定对外汉语词汇教学等级大纲和最低限度词汇表

我一直认为,我们对外汉语教学缺少一个词汇教学等级大纲和一个最低限度词汇表。这应该是对外汉语词汇教学的两个基本文件,没有它们,词汇教学就没有依据,没有规范。制定这两个文件,应是对外汉语教学的基本建设。下面就说说我的一些想法。

一、关于词汇教学等级大纲

可能不少人都会问:我们不是已经有了HSK的词汇等级大纲了吗?为什么你还要提出制定词汇教学等级大纲?问题正在这里,HSK的词汇等级大纲,不管它是否完善,其实只是一个词汇表。这对HSK也许就够了,因为它是汉语水平考试,并不管应考的人是怎么学的,所以它可以只限定考生需要掌握的词汇的数量,这跟教学不是一回事,对教学只有参考价值,而不能指导教学,否则,对外汉语教学就成了应试教育。正因为许多人对这一点不清楚,所以现在不少教材都标榜自己是按照HSK的大纲编写的,未免本末倒置。

就内容说,词汇表不等于教学大纲。我们说的词汇大纲是对外汉语教学中学生应该知道的汉语词汇方面的知识系统,没有这样一个系统,学生只知道一个一个孤立的词,而不了解这些词背后那些系统的、规律性的知识,无疑会影响他们掌握汉语的词汇。我们不能指望外国学生可以自动地从所学到的词里总结出汉语词汇的规律来。显然,现在的HSK所谓的词汇等级大纲起不了这样的作用。

大概是2004年暑假,国家汉办在北京师范大学开了一个修改大纲的会,当时我也提出了这样的意见,得到一些与会者的赞同,但也引起了激烈的反对意见,说HSK的词汇等级大纲和词汇表的最大不同就在于分级。其实,分级是什么实质性的特点呢?高名凯和刘正琰两位先生上个世纪50年代编的一个英语词汇表就是分级的,国家语委的常用字表也是分级的,郑林曦先生编的3000常用词虽未分级,但分了词性。我手头有一本苏联60年代出版的《外语院系五年制英语词汇手册》,除了词性,还分了义项,给了例句,仍然是词汇表,而不叫"大纲"。可见,词汇表一分了级就成了大纲的说法并不能说服人,起码没有说服我,所以我还是要提制定对外汉语词汇教学等级大纲的问题。

那么词汇大纲与词汇表的区别是什么呢?二者的关系是什么呢?我的认识是,词汇表是词汇大纲的一部分,一个附属品。词汇大纲是要建立一个要教给外国学生的词汇知识系统。请大家不要误会,这里的"教"的意思,不是要我们在课堂上大讲汉语的词汇知识(这跟语音、语法的情况是一样的),而是说我们教学中应该涉及的汉语词汇知识。同时它也有规范的作用,比如术语的采用,是用词头、词尾,还是用前缀、后缀?是称拟声词还是称象声词?

这个词汇教学等级大纲不能简单地照搬一般的汉语词汇学的内容,而主要是从对外汉语教学涉及的词语中抽绎出来的一个知识系统。一些问题在对外汉语教学中是如何处理的,应做必要的说明和解释。这样就可能与词汇学、词法学、句法学,甚至语音学有一定的交叉,比如词类问题、短语词(包括动宾式、动趋式、动结式、动介式四类,其中动宾式短语词即一般所说离合词)的问题、轻声词的划定原则、词重音的确定等,都不属于词汇学的范畴,但却是词汇教学等级大纲中不能回避的问题。还有,这个大纲应该能反映对外汉语词汇教学与研究的最新的已有共识的成果,如语素的区分问题。

二、关于最低限度词汇表和分专业词汇表

如果将词汇教学大纲与词汇表分开,那么,在制定词汇表之前应该先制定一个最低限度词汇表。这也是我在那次会上建议的。

最低限度词汇的研究,是各国外语教学包括将本族语作为外语的教学都非常重视和关注的一项基础工作。我手头有一份材料介绍了一些著名的词表:

1. 英语

H. E. Palmer: *The 500 English Words of Most Frequent Occurrence*, Tokyo, 1931

H. E. Palmer: *The Second 500 English Words of Most Frequent Occurrence*, Tokyo, 1931

H. E. Palmer and A. S. Hornby: *Thousand Word English*, London, 1937

Michael West: *A General Service List of English Words* (1953) (2000 entries)

Michael West: *Defining Vocabulary* (1955) (1490 entries)

E. L. Thorndike and I. Lorge: *The Teacher's Word Book of 30,000 Words* (1944), basic 2,000

茨维特科娃、伊文斯卡娅、柯尔道尔夫:《英语最低限度词汇》,莫斯科,1957(2617个)

2. 法语

J. B. Tharp: *The Basic French Vocabulary*, New York, 1939 (3340)

伯利耶·施吕特尔:法语核心词汇,1951(2500)

威尔雷:法语基本词汇,1954(3000)

基础法语(1364)

我们可以发现,以上词表,无论叫什么名称,都属于我们所说的"最低限度词汇表",都是为教学服务的,数量少则1000(Palmer的两个词表加起来算),多则3000上下。这个数量可供我们编制对外汉语教学最低限度词汇表时参考。

据我所知,俄语、德语也都有类似的词汇表。当然,编写这类词汇表都有一套办法和规范,我们这里不去讨论它。我们只说为什么要编写最低限度词汇表。这份材料中提出九大目的,主要的是八项:(1)作为掌握语言的基础,以便学习更多的词汇;(2)为了规定统一的考试标准;(3)为了使语言纯洁化,借以排除新闻词语、电影词语、行话、俚语等;(4)为了教学的需要;(5)为了一般文化教育的需要;(6)为了编写简易读物的需要;(7)为了使一种语言作为不同民族的通用语;(8)为了旅游者的需要。以此为参考,对外汉语教学的最低限度词汇表主要是为对外汉语教学服务的,包括教材编写、简易读物的编写和扩大词汇学习等。这个词表应该是对外汉语教学中普遍适用的。

这样就产生了一个问题,"最低限度词汇"之后再往上怎么办?再往上就不能使用统一的词表了,像现在这样一个HSK词表包打天下的状况是不正常的。我一直坚持认为,现在的HSK词表越往上(主要是C、D两级)对专业方向不同的对外汉语教学越缺乏针对性。很难设想,学生只有先掌握HSK的8000多个词语,才能学别的词语。我们的设想是,最低限度词汇表是共同的,接着的词汇表应该按专业的不同"分岔"。

所谓"分岔",就是说,对外汉语教学的词汇表,不应该只有一个,而是应该根据不同专业、不同的学制制定不同的词汇表。实际上,对外汉语教学界已经朝着这个方向做了。如孙瑞珍(主编1995)的《中高级教学词汇等级大纲》就属于这一类的词汇表。该大纲(我们并不赞成称为"大纲")包括中级教学词汇基本纲、中级汉语课程词汇大纲、听力口语课程词汇大纲、报刊基础课程词汇大纲、新闻听力课程词汇大纲、高级教学词汇基本纲、高级汉语课程词汇大纲、高级口语课程词汇大纲、报刊阅读课程词汇大纲等。但他们还是以HSK的词汇大纲为基础,凡该大纲未收的词语都叫做"超纲词",其实大可不必,因为HSK的大纲是为HSK服务的,而这个大纲是为中高级对外汉语教学服务的。再一点,这样的词汇表不能按课程制定,而应该按专业制定,比如北京语言大学汉语学院有两个专业八个专业方向,这应该是制定词汇表的最主要的依据,每个专业方向的词汇表必然是不完全相同的。

这里我想简单地介绍一下上面提到的苏联上个世纪60年代的那本《外语院系五年制英语词汇手册》。因为至今我仍然很欣赏那本词汇表。通过那本《手册》我们可以看出苏联的外语教育的一些理念。那本词汇表有如下几点值得注意:

1. 五年的词汇总量是6800个(1900＋1850＋1550＋1050＋450),注意,是逐年递减而不是递增。

2. 词汇的构成有根据。

一年级:房间,家庭,体育运动,食堂,食物,一年的时间,天气,疾病,常用课堂用语,商店,影剧院,音乐会,相貌,服装,我的一天,地理名称,语音、语法术语。(1900词)

二年级:城市、城市交通,影剧院、音乐会,教育,常用课堂用语,铁路旅行,无线电、电视,选举,集会,货币、度量衡,我的一天,文学批评,军事术语,语音、语法、词汇学术语。(1850词)

三年级:轮船、飞机旅行,旅馆,邮局,电报、电话,各大城市名胜,音乐会、影剧院,商店,博物馆,农业,体育运动,气候、自然,审判,公共生活设施,词汇学、文体、翻译术语。(1550词)

四年级:艺术,工业,农业,教育,疾病,医疗,食堂,水果,蔬菜,副食品,炊具,餐具,理发馆,体育运动,服装、时装,集会,选举,英美地理,教学法、教育学术语。(1050词)

五年级：毕业论文，英国、美国，教学法、教育学术语。（450 词）

上面有些项目在不同年级都有，可见是一种螺旋形的发展，实际上也是一种分级。

3. 每一条目，都包括词性、义项、例句、年级。

该词汇表包括两部分，第一部分是五个年级的词汇总表，第二部分又包括两个表，一个是中学英语词汇总表，一个是分年级的词汇表。

当然，时过 40 年，情况会有变化，但这种做法还是值得我们在制定对外汉语教学各专业的词汇表时加以研究和参考的。

这样，我们有三项工作要做：制定词汇教学大纲，研制最低限度词汇表，按专业、学制制定词汇表。词汇教学大纲和最低限度词汇表应该是可以相对稳定的，而作为大纲的附件的各专业、不同学制的词汇表，应该是动态的。因为最低限度词汇多属稳定的基本词汇，而与其衔接的各教学词汇表所收的多是各专业用的常用词，这是词汇中最活动的因素，作为语言教学的依据的词汇表，应该及时反映词汇的发展，而不能像现在的 HSK 的词汇等级大纲，20 年不变（1990 年出版，2001 年修订，几乎没有变化）。

对外汉语词汇教学等级大纲和最低限度词汇表的制定完成，就是完成了对外汉语教学中的两项基本建设，在此基础上再制定各专业和不同学制对外汉语教学的词汇表，教学就可以进一步走上正轨，为教学的发展创造了条件，打下了物质基础。这就是我所期盼的。但愿我的期盼能够得到业界的理解。

附 注

本文的思想，其实也适用于汉字教学等级大纲和汉字表的制定。

如何计算教材的生词量和词的使用频率？

现在我们计算教材的生词量时,常用"百分之多少"表示。这里其实有矛盾,众所周知,百分数的前后两项单位应该是一样的,可是我们这里说的"百分之多少"前后两项单位却不同,"百"指的是字,后边的"多少"指的是词,是说每 100 个字里有多少生词。这样就造成了生词量计算上的错误,导致对教材的评估上的失误。因为我们援引英文的文献,说什么教材的生词量应该是百分之多少的时候,人家说的是 100 个词里有多少个生词,前后单位都是词;把这个比例用到计算汉语教材的生词量却成了 100 个字里有多少个。比如阅读教材,英文文献一般认为生词量应控制在 4％左右,那是指每 100 个词有 4 个生词;我们说的 4％却是 100 个字里有 4 个词;只有这 4 个词都是单音节词的时候,这个计算才是正确的。但现代汉语中占多数的是双音节和多音节词,以平均一个词有两个字(音节)计算,4％的比例就应该是 8％了。有的文章说生词量应该是 10％～15％,假如这个比例在英文教材是合适的,按我们现在的办法去评价汉语教材,就未必合适,试想 100 个字里就有 20～30 个字是生词(不一定都是生字),这个比例还不高吗?假如让我们去阅读一篇生词量为 20％～30％的英文材料,那还读得下去吗?

在进行汉外对比时也有类似问题,比如统计某个语言现象在两种语言中的出现频率,若都用百分比,也会产生问题。如在汉语中的出现频率是用百分数表示,就是每百字中出现多少次,可是在外语(如英语)中的出现频率,则是每百词中的出现次数。一个分母是字数,一个分母是词数,怎么能在一起比呢?我在《"它"和"it"的对比》一文中,就出现了这样的问题。"它"的使用频率,我引用了施光亨先生的统计:在 82.3 万字的语料中,"它"出现了 279 次,频率为 0.000265。"it"的使用频率,我用的是 Michael West 在 *A General Service List of English Words* 中的统计,在 250 万词的语料中,"it"出现了 17756 次,使用频率为 0.0071。据此得出"it"的使用频率是"它"的 27 倍。现在再看,虽然这样算并不影响结论,但算的方法是不对的,错就错在汉语的语料是按"字"计算的,英语的语料是按"词"计算的。颇有点"关公战秦琼"的味道。所以在对比中统计频率,汉语的字数应该换算成词数，才能与外语平衡，才能够进行对比。前不久我的研究生作统计，我就告诉她要把中文语料的字数换算成词数，才能跟英语语料对比。她这样做了，我觉得得出的数据比较可靠，比较合理。

不管是表示生词量还是表示频率，或者都按字计算，或者都按词计算，反正不能字和词混着计算。但要进行汉外对比，就一定要按词计算。这里面有个问题，就是词数如何计算，因为词有单音节的、双音节的、多音节的，统计起来会麻烦一些，要是按每页多少词计算，也不可能逐个往下数，只能算一个平均数；字数也不是一个一个数出来的，而是按每行多少字，每页多少行相乘得出每页的字数，再乘以页数得出语料的字数（当然要扣除空得比较多的地方）。现在在电脑上可以很容易地统计出字数，但统计词数可能就需要专门的程序了，据说也已经有了，那就方便多了。要是讲生词量，以按词计算比较好，这就是说，100个词大概合200个字，这里面如果有4个词（平均为8个字）是新的，可能就比较说明问题了，高于这个比例，就是生词量大，低于这个比例，生词量小。再回过头来说现在被认为生词量小的教材，说不定就合适了；现在被认为课文长了的教材，也就不长了。这样计算比较科学。

还有一个解决办法是，统计生词量的时候，不应用百分符号（%），而应用"生词/百字"或者用叙述的办法"每百字若干生词"。但不能牵涉对比。

加强对外汉语教学学科不可替代性的研究

新中国的对外汉语教学已经整整走过了半个世纪,半个世纪的对外汉语教学历史,大致可以分为前30年和后20年两个时期。前一个时期可以说是对外汉语教学形成学科的准备、酝酿阶段,而在后一时期对外汉语教学逐步走向成熟,并最终完成了初步形成学科的过程。这是一个了不起的历史性转变。这个转变恰恰是在世纪之交完成的,因此在我们回顾这段历史,展望21世纪对外汉语教学的发展的时候,我们就应该对这一学科的现状作出冷静的客观的估计,从而认识我们在新世纪之初应该做一些什么事情。

我们现在说到对外汉语教学的时候,总是说它是一个新兴的学科,也就是我们这里说的,它只是初步形成了学科,初步搭起了学科的架子。作为一个学科,它还不够成熟,其学科地位还没有得到普遍的认同,还有许多基础工作要做。比如,对一个成熟的学科,人们不会提出它是不是学科的问题,而对对外汉语教学的学科地位存有怀疑的人,却大有人在,其中也包括一些本身正在从事这一事业的人。存在这种现象的原因,恐怕主要是学科本身还有许多问题连我们自己也还没有清楚的认识,还说不大清楚。因此,说清楚这些问题,应该是一个亟待完成的课题,这个课题,归结起来说,就是对外汉语教学学科的不可替代性。在这个问题上不能设想可以以己之昏昏,使人昭昭。

不可替代性是任何一个学科的本质,也是一个学科的成熟的表现。前几年,我们曾经谈论过对外汉语教学这一学科的不可替代性,但和者甚寡,被认为是一种理想主义的看法。今天我们再次提出这个问题,是因为我们认为这仍然是当前学科建设的一个关键,是不可回避的。这不完全指论述得不够,更多的是说许多具体工作还没有充分体现学科的特点。在一个学科还没有成熟的时候,人们总是习惯于把它跟某些相关学科进行类比,类比的结果,就是否定这个学科。前几年发生的那场关于对外汉语教学与文化的关系的辩论,实质上就是这种类比的反映。在具体工作方面,比如我们的师资培训和考核,多数课程和考核项目仍然缺乏学科的个性,有些方面甚至还把大学中文系本科生的基础课作为师资标准,这就不能不使人对对外汉语教学学科本身产生怀疑。这与国外的情况形成了鲜明的对照。如英语作为外语的教学,在许多英语国家都已成为一个重要的热门学科。我见到的一份70年代的材料说仅美国和加拿大当时就有200多所大学开设了英语作为外语教学的硕士课程,有些还有博士课程。这些课程的共同特点就是紧紧扣住学科本身。最近上海外语教育出版社出版的牛津大学的一套这个专业的教材,更说明了国外作为外语的英语教学已经达到了非常成熟的程度。一个学科要立得住,站得稳脚跟,就必须具有其他学科不能替代的特点。

  对外汉语教学,具有外语教学的一般特点,这是不言而喻的,但它仍然是"汉语教学",还有自己的特性,其特性又常常跟汉语本身的特点分不开。对外汉语教学中许多问题的解决主要还是要靠我们中国人自己解决,从希腊、罗马那里找不到答案。比如汉字教学的问题,我们不想办法,靠谁去想办法?我国的语言教学有悠久的历史,有着独特的理论体系和丰富的实践经验,并且在历史上曾经对周边的日本、朝鲜、越南等国家的汉语教学产生过巨大的影响。总的来看,这些都是从汉语的特点产生的。在我们研究对外汉语教学的不可替代性的时候,应该认真地研究我国语言教学的历史,从中汲取营养,对其中合理的部分加以总结,给予科学的说明,使之具有新的生命力,从而得到发扬。这一工作,可能有助于解决对外汉语教学学科建设中尚未解决或者尚未解决得很好的问题,同时,也会有助于这一学科更迅速地走向成熟。

  当然,我们说学科的不可替代性,丝毫不意味着对外汉语教学可以独立于相关学科而存在;我们说要从我国传统的语言教学中汲取营养,也丝毫没有否定现代外语教学理论,排斥外国先进的外语教学理论的意思。我们只想强调,不管是相关学科的研究,还是对国外外语教学理论的研究,都必须联系对外汉语教学的实际,使之融汇到对外汉语教学中去。当前的问题是,这融汇的工作做得不够,因而对外汉语教学的理论还没有形成一套完整的有特色的理论。我们希望看到,在新的世纪开始的时候,这一工作能够得到加强,对外汉语教学的学科建设能够出现新的面貌,对外汉语教学的学科地位得到进一步的确立。

(原载张德鑫主编《回眸与思考》,
外语教学与研究出版社2000年出版)

"对外汉语"之说不科学

对外国人进行汉语教学作为一个学科,早在70年代末已经得到确立;到了80年代初又把这个学科定名为"对外汉语教学"。在至今近二十年的时间里,这个名称已为学术界认可,王力先生还写了"对外汉语教学是一门科学"的题词。当然,对这个名称业内也有不同意见,认为这个名称还不能很好地体现这个学科的性质,或者说还没有充分表达出"Teaching Chinese as a foreign/second language"或"Teaching Chinese to speakers of other languages"的意思,因为这个名称只适用于我们国内对外国人的汉语教学,国外把汉语作为外语的教学就包括不进去,而英文的名称,却没有这样的问题,不管在哪儿教,只要是把英语作为外语或第二语言教,那个名称都可以涵盖。从这个角度说,"对外汉语教学"这个名称也不是不可以讨论。而且,一个学科,在发展的初期,对其名称多推敲推敲,也是正常的,有利于学科的发展。

但是在讨论如何对学科命名的时候,有一点应该注意,就是说,得越讨论越好,不能违反科学性。再者,对学科命名,有个最起码的要求,那就是要名实相符。违反了科学性,又名实不符,那就有违讨论的初衷。

最近几年一直有"对外汉语"之说,似乎要用这个名称代替"对外汉语教学",虽说只少了两个字,却是很不妥当的,是不科学的。追其根源,这个名称却是最先出现在教育部的学科目录里,而且一直使用到今天。涉及学科名称的问题,行政领导机关尤其应当慎重,在确定之前,也应多听听业内人士的意见。

"对外汉语"一说,连"对外汉语教学"所能表达的意思都表示不出来,更没有"作为外语(或第二语言)的汉语教学"的意思,这是显而易见的,这里不必多说。就是从字面上说,也是禁不起推敲的。

在汉语中,"对外"就是对外国(人的)、面向外国(人)的意思,相对待的是"对内",比如我国有对外贸易,是就贸易说的;有过对外文化委员会,是说这个委员会是面向外国的;对外出版贸易总公司,也是面向外国出版界的。这里"对外"的意思很清楚。"对外汉语教学"的"对外"也是这个意思：这个汉语教学，是对外国人的，区别于对本国人的汉语（母语）教学。但说"对外汉语"就不通了，只要懂一点语言学的常识就不难理解这是为什么。在语言学上，语言有3种分类法，即类型分类法（孤立语、黏着语、屈折语）、区域分类法、谱系分类法；在一种语言的内部，则有各种方言，还可以对语言按其发展加以区分，如我们区分古代汉语、近代汉语、现代汉语；在外语教学上，又有第一语言、第二语言、母语、目的语、本族语、外语之分。从来没有听说过把一种语言分为"对内"和"对外"两类的，所以我们不知道"对外汉语"为何物，不知道"对外汉语"和"对内汉语"有什么区别。越想越糊涂，要是这么区分起来，我自己说的是"对内汉语"呢，还是"对外汉语"呢？我教给外国学生的是"对外汉语"呢，还是"对内汉语"呢？这一连串的问题，恐怕连那些"创造"了这个学科名称而且还把它赫然写进了学科目录里的人自己也说不清的。

也许有人会说，我们说的"对外汉语"就是指作为外语或第二语言的汉语，可是，除了他们自己，别的人谁能看了"对外汉语"就能跟"作为外语或第二语言的汉语"挂起钩来呢？显然，这个名称是名不副实的，再要求下面跟着走，无异于指鹿为马。

实际上，对于"对外汉语"这个名称的谬误，早就有学者指出了。1992年1月吕必松先生在中国对外汉语教学学会第四届学术讨论会上讲话时，特别指出："对外汉语"的说法是不通的，因为"汉语"本身并没有对内、对外之分。在"对外汉语教学"这个术语中，"对外"是修饰"汉语教学"的，而不是修饰"汉语"的。施光亨先生（1995）也在《关于对外汉语教学的若干议论和思考》一文中指出：人们常把"对外汉语教育"简化为"对外汉语"，这是不妥的，因为"汉语"无所谓内外，这里的"对外"指的是"汉语教育"。

编制专业目录的人可能看不到这些正确意见，但总应在确定专业名称的时候征求一下从事该专业工作的人士的意见吧，这里需要一点"不耻下问"的精神。凭主观定下"对外汉语"这么个不伦不类的名称，下面就得执行，于是就出了"对外汉语专业"，还出了研究"对外汉语"的中心。按照我们的理解，既然不存在"对外汉语"，就不可能有教或研究"对外汉语"的机构，所以只能从另一个方面理解，就是这个专业和研究中心是为外国人设立的，可一打听，不是那么回事，这些专业和研究中心的学生和研究人员都是中国人；其教学和研究的实际内容也不是"对外汉语"，而是"对外汉语教学",它们之所以不名正言顺地叫对外汉语教学专业和对外汉语教学研究中心,恐怕跟教育部的专业目录有关,名称跟专业目录不一致,就有得不到批准的危险。

总之,学科的名称应该具有科学性,不科学的名称应该及时纠正,免得遗患无穷。

(原载《语言文字应用》2000年第4期)

国内与国外·普及与提高·规模与实效
——汉语国际推广中应该处理好的三种关系

汉语国际推广工作已经有几年。这是一种新形势。如何使汉语国际推广工作健康运作,已经成了人们普遍关心的问题,也有各种各样的理解与认识。我们认为,从宏观上,有三种关系必须处理好,这就是:(1)国内与国外的关系;(2)普及与提高的关系;(3)规模与实效的关系。下面就对这三种关系略作分析。

一、国内与国外的关系

所谓国内与国外的关系,就是说,如何正确处理国内的对外汉语教学与作为汉语国外推广的教学之间的关系。现在有一种说法,认为由于汉语国际推广工作的开展,"主战场"已经从国内转到国外,并且把这种认识提到转变观念的高度。我们认为,国内与国外的教学,不是"主战场"和"次战场"的关系,那样就会把我们的注意力转移到国外的汉语推广上,势必削弱国内的对外汉语教学。汉语的国际推广应该以国内对外汉语教学为依托。只有把对外汉语教学搞好了,国际推广才能成为可能。国际推广工作之所以在最近几年才提到日程上来,除了我国国际地位的提高、我国与世界各国经济、文化、教育的关系空前密切的大环境的原因之外,很重要的一点,就是对外汉语教学事业的发展。没有对外汉语教学事业的发展,就很难实施汉语国际推广,这是显而易见的道理。因此,要保持汉语推广的势头,今后仍然要靠对外汉语教学的进一步提高。应该说,对外汉语教学面临着许多亟待解决的问题,如教学质量的进一步提高、教学观念的更新,以及由此引起的教学体系的形成、教学方法的变革、教材建设、教师业务素质的进一步提高等等。所有这一切,都关系着汉语国际推广工作,都是汉语国际推广工作的物质基础。那种把对外汉语教学视为汉语国际推广附属物的观点,是有害的。

二、普及与提高的关系

　　这其实是一个战略问题。也就是说，对外汉语教学往什么方向发展，目标是什么。现在流行的看法是，要向大众化、普及型、应用型发展。果真应该这样吗？作为高等学校，能够把自己的培养目标定在"大众化、普及型"的人才上吗？大学从来都是要培养高级专门人才的场所，衡量一所大学教学质量的一个重要标准，应该是看它培养了多少高级人才，这些人才应该是未来社会精英的后备军。一所大学的影响力、名声也正在于此。这在国内外都有很多实例。日本有一所经济学院，规模一直保持在 500 余名在校生，又是"学院"，规模又如此之小，在我们看来是很不起眼的，但其名声在日本却如雷贯耳，原因只有一个，就是日本经济、财政方面的头面人物、各大财团、公司的高层领导，几乎都是这所学院的毕业生。哈佛大学之所以"牛"，是因为他有 30 多位诺贝尔奖得主。80 年代，美国大使馆有个文化参赞，叫简慕善，是个纯粹的"洋人"，可是他说的中国话，不看他本人，根本听不出是"洋人"。一问，是赵元任的学生，大家称赞说，真是名师出高徒，名家教出来的学生就是不一样。出杰出的人才，这才是一所大学应该追求的。从这点来说，我们现在还有很大的差距。当然我的意思并不是说，我们一定要培养出总统、总理来，那不是我们的任务。我们的任务是培养高级的汉语人才，现在我们培养出来的这样的汉语人才不多，因此也不可能有像日本那所经济学院那样的名声。我们之所以认为要把培养高级汉语人才作为我们的战略目标，是因为这些为数不多的人才，他们的影响是巨大的，他们的能量是巨大的。如果我们能多培养一些这样的汉语人才，我们对国家、对世界的贡献就大了。但这不是"大众化、普及型"的国际推广能达到的目标。

　　现在把汉语国际推广的目标定在"大众化、普及型"上，如孔子学院，两三年之内一下子办了几百家，摊子不可谓不大，"发展"不可谓不快，但即使是"大众化、普及型"也应该讲求实效，据说，现在真正开展起教学活动的孔子学院还是少数，多数孔子学院还是空架子。他们这样办，或许有他们的道理，有他们的考虑，但不能一刀切，不能用汉语国际推广的路子去办国内高等学校的对外汉语教学。奥运筹办期间，北京搞起"市民学外语"的活动，对这种搞法如何评价，是另一个问题；但总不能因此把我们高校的外语专业也都变成跟"市民学外语"似的吧？

汉语国际推广和对外汉语教学是普及与提高的关系,二者并行不悖,各有分工,互相补充。"推广"本身就含有普及的意思,但这不是高校的任务。打个不太恰当的比喻,汉语国际推广和对外汉语教学,有点像科普协会和科学院的关系,不能为了普及科学知识非得把科学院降到科普协会的水平。

三、规模与实效的关系

这是跟质与量的问题相关联的问题,上面所举的几个例子,既说明了质与量的关系,也说明了规模与实效的关系。人们常常习惯于把办学规模视作硬指标,用规模大来说明办学成功,好像摊子铺得越大,事业发展得越好。其实不然。美国办学规模大的都是州立大学,在校生最多的是密执安州立大学,6.4万人。但是州立大学中,除了加州大学伯克利分校进过美国大学排行榜前25名,别的州立大学都不沾边。几乎年年都排在英国大学排行榜第一、二名的鼎鼎大名的牛津大学,在校人数只有14000多人(其中研究生4000多人),比我们一个中小规模的大学多不了多少。可见,规模不是衡量学校水平的决定性因素。

当然,规模是直观的,实效常常是不为人所认识的,甚至是不为人所承认的。但规模绝不代表水平,盲目地扩大规模,不但不会提高办学实效,弄得不好还会影响办学实效。所以我们不应该夸耀自己的办学规模,而要更多地关心自己的办学实效、教学质量。我们认为,应该把实效放在第一位。至于办学规模,是应该根据学校的客观条件确定的。就像一个工厂,它的生产能力(人员、场地、技术、设备、资金等)决定它的生产量。一所学校的办学规模(主要是招生人数)也要根据自己的师资力量、教学水平、设备等来决定,上下有一点误差是允许的,但绝不能无限扩大。现在我看有点盲目,似乎多多益善,只要把学生接下来,学费收到手,比什么都"实惠"。这样就会形成恶性循环:越是这样招生,来的差学生越多,据说,在日本、韩国都流传说××大学好进、好拿文凭。这样混的学生越多,教学质量越上不去。反过来,假如我们严格把关,哪怕经济收入一时少一些,也不要那些"混子",好学生就进来了,教学质量才有可能提高;质量提高了,名声就有了,不愁没有学生,经济效益也就上去了。这就是辩证法。

办学规模·教学质量·理论研究

2001年4月,北京语言大学汉语学院做了一件非常有意义的事,开会纪念我国对外汉语教学事业开创50周年。会前,让每一位老教师就对外汉语教学写一段话,叫做"寄语对外汉语教学"。我当时也写了一段,开头两句是这样的:"如果说20世纪后50年是对外汉语教学初步形成学科的时期,那么21世纪的前50年应该将是这一学科走向成熟的时期。学科的成熟有赖于从事这一事业的老、中、青三代教师的不懈努力。"今天看来,这两句话还是有点意思的。新世纪刚刚开始,而对外汉语教学事业也进入了一个新的发展时期,我们将用50年的时间把这个形成的时间还不算长的学科推向成熟。我想,所谓成熟,主要还不是表现在规模的扩大方面,更重要的是要表现在"质"的方面。世界上许多名牌大学的名气,并不是因为规模大,而是因为质量高,培养出了高质量的人才。赫赫有名的牛津大学,下属48个学院,总共在校学生数只有不到15000人,其中还包括4000多名研究生。剑桥大学本科生也只有11596人,爱丁堡大学本科生人数是11648人。美国的哈佛大学本科生只有6600人,耶鲁大学本科生只有5100人,普林斯顿大学本科生4500人(据 *American Heritage Dictionary*, second college edition, Houghton Mifflin)。相反,那些规模很大的学校,如美国的州立大学,除了加州大学伯克利分校以外,很少能进入前25名。当然,我不是说,名牌大学没有招生人数多的,我只是说,招生规模不能说明教学质量。我们对外汉语教学,作为一个新的学科,现在应该更多地在提高质量上下功夫。规模和质量也是一种辩证的关系。你的教学质量高,培养出了高水平的人才,名气就出来了,人家就会慕名而来,规模就随着扩大了,到那时候,我们就可以挑选学生了,教学就会形成一种良性循环。

学科成熟的标志之一,还是看你能不能培养出高质量的人才。这里就存在着理论与实践、理论与应用的关系的问题。现在有些人很重视理论的研究,这是好现象。对外汉语教学的确需要在理论上提高,需要理论的指导。但有三点需要注意:

1. 要注意创新。2001年11月8日,我在《中华读书报》头版看了一篇短文,题目是《学术翻译能否走出欧美?》我想不需要介绍,大家也能猜出这篇文章的内容。这里说的虽是"学术翻译",但也反映了当前科学研究中的一种倾向,也包括对外汉语教学的理论研究在内,眼睛只盯住西方,跟着人家转,而缺乏创新的精神。"洋为中用",我看还是至理名言。

2. 要注意理论联系实际,解决实际问题。如果不解决实际问题,那理论就是空理论。假如一位对外汉语教师能写出大本大本的对外汉语教学理论著作,可是自己在课堂上几乎被学生赶下台去,这种理论又有什么用处?就是研究原子能、核能,最后也要用在发电、医疗,也要造出原子弹、氢弹。我的意思绝不是说我们从事对外汉语教学的人都不要去研究理论,而是说要把理论用到提高教学质量上。现在由于种种原因,对外汉语教学的质量堪忧,我这绝不是戴着有色眼镜看世界。前不久,我看了几盘示范教学的录像带,初级的、中级的,我都看了,结果令我失望。可以说还没上路,可是却被当作示范教学,让大家学习!因此我们要运用理论,中国的、外国的理论,去研究我们的教学,研究课程设置、研究教学方法,编写有创新的教材、教学参考书、工具书。这不应被看作是低下的工作。我想,要使我们的学科走向成熟,不扎扎实实地做好这些实际工作,是不行的。

3. 不要用理论吓人。有一种现象值得注意,就是我们的一些论文和专著,说起心理学、神经语言学这些理论,成本大套,新名词一大堆,好像这些理论都是作者创造的。这不是运用理论,而是花架子,用理论吓人,弄不好还有侵犯别人知识产权之嫌。其实,一篇文章有没有理论的高度,关键在于作者是否弄懂了相关理论,并运用到自己的研究中去,而不在于非得把人家基础理论专家说的话在自己的文章或著作中重复一遍,好像自己就是这方面的专家,要相信读者完全有能力去读相关的论著,你只要提示一下就可以了。近几年来,受几家出版社委托,审阅过几种对外汉语教学理论的书稿,发现每一种书稿一牵涉理论,就都是重复别人的研究,既浪费资源,又浪费读者的时间。此风不可长。

(本文是 2001 年 11 月 9 日在一次会议上的发言,收入本书时有所补充)

规模·特色·创新

　　对外汉语教学现在正处于一个快速发展的时期,在这样的时期,我们更应该有冷静的头脑,客观地估计形势。所谓"汉语热",只能是和我们自己的过去比,如果横向地比,比如和英语在世界上的影响比,那我们的差距就仍然很大;在某些国家和地区,汉语的地位甚至不如法语、德语、意大利语。一种语言在世界上的影响,是多种因素造成的,主要还是国力,是科技的发展水平。目前的"汉语热",跟我国经济的高速发展有直接的关系,但在科技方面还没有进入先进的行列,如果我们统计一下,现在到中国学习科技的留学生,尤其是来自西方的留学生有多少呢?我不敢说没有,恐怕是凤毛麟角,所以"汉语热"进入不了科技领域;而英语之所以成为全世界的强势语言,既跟美国的经济实力有关,更与美国先进的科技有关:你要学习先进技术吗?你就得学习英语。所以汉语要成为强势语言,还有很长的路要走。现在媒体上说全世界有多少多少人学汉语,差多少汉语教师,其实都是被无限夸大了的数字,不可信。所以我们的决策必须建立在实事求是地估计形势的基础上,这才是科学的发展观所要求的。

　　但总的来说,对外汉语教学在快速发展。我作为过来人,知道对外汉语教学之所以有今天,来之不易。作为从事对外汉语教学的单位,我们应该充分利用这个形势,把对外汉语教学推上一个新的台阶。

　　高等学校发展对外汉语教学,前提是保持高等学校的性质。高等学校是要培养某些领域的专业人才的。高等教育再普及,高等学校的这个性质不能变。因此,我们高等学校开展对外汉语教学也应该把培养汉语人才作为己任。高校不能走普及的路。

　　再者,从战略上说,对外汉语教学,特别是高等学校的对外汉语教学,也应该把培养高级汉语人才作为重点。为什么要重视高级汉语人才的培养呢?因为在国际关系中,这些人将会起举足轻重的作用。比如我们上个世纪50年代培养的那批东欧交换生,后来都在他们本国的各个领域成为领军人物,我国的这种影响恐怕是其他领域的工作难以做到的。这样的人在关键时刻就会起作用。再举一个例子,1990年,我到德国海德堡去做学术访问,在那里听接待我们的德国朋友说过一件事:二战时期,德国几乎所有城市都被盟军炸平了,只有一个城市没有被炸,就是海德堡,所以我们今天看到的海德堡的古城堡、古桥还是原来的。为什么是这样呢?因为当时盟军的空军司令曾经在海德堡大学留学,他对那个城市太有感情了,所以下令不轰炸海德堡。关键时刻留学生就起了作用。

当然,这样的人才的培养,不是完全靠汉语教学,还有其他方面的专业教学,但是语言教学是基础、是前提。这正是我们从事对外汉语教学工作的单位和人正在做的工作,我相信,只要我们树立这样的战略思想,经过努力一定可以培养出高级汉语人才。我这样说的意思,不是不要做推广工作,但脑子里应该树立一种培养高级的、对中国友好的人才的战略思想。这样的人才光靠推广、靠普及性的工作是培养不出来的。现在有人特别迷信英语 900 句,可是请问,哪个英语人才是靠学英语 900 句学出来的?

我们说对外汉语教学作为一个学科正在走向成熟,我想,能不能培养出高级的汉语人才,应该是这个学科成熟的标志之一。这是我说的战略思想的另一个方面。这涉及正确处理"量"和"质"的关系的问题。我们现在在量的方面已经有了长足的进步,但在质的方面尚嫌不足。世界上许多名牌大学的名气,并不是靠规模大出名,而是因为质量高,培养出了高质量的人才。我们对外汉语教学,作为一个新的学科,现在应该更多地在提高质量上下功夫。规模和质量也是一种辩证的关系。你的教学质量高,培养出了高水平的人才,名气就出来了,人家就会慕名而来,你就不愁学生少了。相反,到那时候,我们就可以挑选学生了,有了素质高的学生,教学就会形成一种良性循环。

但是我却要建议,即使我们的生源充足,也不要盲目扩大规模,而要使招生规模基本保持稳定。一个学校的招生规模,并不是多多益善,而是要看学校的师资、设备等条件。就像一个工厂,能生产多少产品,是由其人力、技术、设备等决定的,而不是订单决定的。我们现在一个普遍的问题是,教师的教学负担过重,这与盲目扩大招生很有关系;教学负担过重的恶果是教学质量的不得保证。试想,把一杯牛奶加水变成两杯甚至三杯,那牛奶还有味吗?教师的教学负担和教学质量的关系,恐怕也如是。

我们还要有特色意识和创新意识,从这点出发,也不能盲目地比办学规模,那是比不出个结果的。只比较办学规模,规模小的学校怎么跟规模大的学校比呢?只能越比越泄气。如果换个角度,在特色上下功夫,那么我们就会看到,规模小的学校是可以有所作为的。他们完全可以根据自己的优势,根据自己学校的专业特点,开展有特色的对外汉语教学。有了特色,还要有创新,二者是相联系的。大家都知道有个贝利兹教学法,其实贝利兹是个语言学校,专门对从事经济工作的外国人进行英语教学,创造了一套独特的方法,而且与时俱进,在最初的直接法基础上,不断发展。这个学校最初规模并不大,可是贝利兹教学法却赫赫有名,广为人知,经过上百年的发展,现在已经成为在全世界都建有分校的进行多语种培训的学校。这很值得我们从事对外汉语教学的人研究,如何根据自己的特点发挥自己的优势,创造出自己的一套办法,应该是我们的研究课题。在对外汉语教学领域,在课程设置、教材建设、教学方法等方面创新的空间是很大的。又有特色,又有创新,我们的汉语教学就站住脚了。在此基础上就一定能够有更大的发展。

以上是我经常思考的几个问题,说出来或许有一点参考价值。

怎样要求一个优秀的对外汉语教师？

这是一个很大的题目，而且可以从多个角度去谈。我想谈的是从课堂教学的角度看优秀的对外汉语教师应该是怎样的，因为一个教师优秀不优秀，最终还要看他的教学。我这样说，丝毫没有轻视科研的意思，相反，科研是成为一个优秀教师的先决条件之一，或者说是一个优秀教师的支柱。不应把科研和教学对立起来。但是如果科研很强，而教学不行，绝不是优秀的教师。这样的例子太多了。

先说一点观念的问题。对外汉语教学有一点特殊性，就是常常被误解，既被社会误解，也被行内人误解，以为当对外汉语教师是最容易不过的事，只要是中国人，谁都可以当，所以有的学校，招的学生多了，教师不够了，就去找幼儿园的阿姨、小学教师来救急。能不能解决问题呢？实事求是地说，能！但是这样的对外汉语教师合格吗？是不是优秀的汉语教师呢？那就难说了。这不是说幼儿园的阿姨、小学教师水平低，他们中间有很优秀的人才，但是他们的知识结构不适合教外国人汉语。一位对外汉语教师是不是合格，是不是优秀，这要看如何要求，特别是对自己如何要求。新中国第一代对外汉语教师王还教授说过一段语重心长、充满感情的话，她说：

> 我们也不否认，教外国人汉语，比你作为中国人教中国人汉语或作为一个英语教师教中国人英语要容易，特别是如果你对自己的要求不高。作为一个中国人教英语如果不好好备课，上课时就可能对付不了。教外国人汉语，不好好备课，上课时总可以对付一气。不过不幸的是我们的教学对象是成年人，多半是大学生，有些甚至是教员。他们除了汉语不如我们以外，其他方面有些知识可能超过我们。对于一个语言教员的好坏，他们是评价得了的。究竟在你倒给他那一杯水的后面是一大桶水，还是只有两三杯，他们很快就会发现的。……这时是你自己丢脸，丧失威信。教外国学生，如果丧失威信，就有丢中国人的脸的问题，就有损伤我国荣誉的问题。我们不能做这样的教员。不能让学生因为我们是不合格的教员，而离开中国到别

的地方去学汉语。我们不应该只做合格的汉语教师，而要做出色的汉语教师。在许多自然科学的学科以及一些别的人文科学的学科的研究与实践上，我们和别的国家在平等的地位。各个国家在某些方面成绩各有高下。我们即使有比别人差的地方，还不能算什么特别的耻辱，但是在汉语教学这门学科的研究与实践上，难道我们能让任何别的人去占领先的地位吗？不能！这就叫做当仁不让。我们必须有这样的志气。

这是王先生1984年讲的话。我当时听了，就非常感动，今天重温这段话，仍然感到它的分量，更感到一位前辈学者对后学的殷切期望。

在同一篇讲话中，王先生还非常明确地说过："作为一个教员……仅仅能说地道的汉语，是不够的。学生犯的错误是各种各样的，仅仅指出错误加以纠正而不能说出原因，统统归之于'不合习惯'是在学生面前树立不起威信来的。……外国人多问几个为什么常常就可以把我们问住。"

对外汉语教师在社会上常被误解，特别是常被那些专业的科研人员歧视，好像搞教学就低人一等，于是我们自己也就总感到有点底气不足。这种情况也不仅仅是我们国家如此，在国外搞汉学的往往看不起搞教学的。不过，我们自己大可不必那么自卑。我曾经引用了美国Ingram的"语言教学实践发展模式图"，说明与语言教学相关的基础理论、应用语言学理论与课堂教学方法、技巧的研究与实践的关系。这是三个平行的领域，互相间是一种既有分工又有联系的关系，不存在孰高孰低的问题。我说过，我们不能要求这三个领域的专家一身兼三任：既是基础理论专家，又是应用语言学家，又是教学的专家。但是三者不可割裂。语言教师当然要懂得基础理论和应用语言学理论，但我们要求他是语言教学的专家，并不要求他成为基础理论和应用语言学理论的专家。我们也不单单是基础理论和应用语言学理论的"消费者"，我们同时也是这些理论的"检验者"：这些理论研究是不是符合实际，要接受教学实践的检验。

这些就是我们作为对外汉语教师对自己从事的事业的基本认识，不然就会"心猿意马"，一边教书，一边心里总是犯嘀咕，静不下心来搞好教学。换句话说，只有这个思想疙瘩解决了，才能说到怎样才能成为一个优秀的汉语教师。

前几年，我做了三年学校的教学督导组成员，听了很多各种类型、各个年龄段的教师的课，对第一线的教学状况和教师的情况有了一些感性的了解。我发现,课上得好坏,跟教师的资历和年龄的相关性可以说不是那么大,课上得好的教师,不一定是那些年资高(甚至学历高)的教师,相反的,一些参加工作不太久、只有硕士学位的老师,课上得非常好。课上得好的教师共同的一点,就是他们热爱这个事业,他们刻苦钻研,注意学习、注意积累,上起课来非常自信,得心应手。

我觉得对外汉语教师应该对先进的教学理念、教学方法非常敏感,并且勇于实践。比如,自从上个世纪70年代以来,我们一直提倡"教师为主导,学生为中心",应该如何理解,又如何付诸实践,如何体现在教学(主要是课堂教学,当然也包括教材的编写)中,始终是个问题。我听课发现,对多数教师来说,这种理念还没有成为教学的指导性理念,还是教师为中心。

教学观念的转变,应该给教学带来很大的变革,给我们成为优秀的教师带来了机遇和挑战:"修行"在个人。从教学理念这点看,大家大致是在同一个起跑线上,你接受了这种理念,运用到了教学上,见了成效,你就跑到前面去了。如果一个单位形成了这样一个教师群体,这个单位的教学也就上去了,教学的实力就加强了。

我常把这种"教师为主导,学生为中心"中教师与学生在课堂上的关系,比喻为导演和演员的关系,教师是导演,学生是演员;导演只能指导演员表演,而不能代替演员表演。本来,在课堂上学生应该是很主动地、有创造性地学习,而现在某些教师上课恰恰是常常代替学生,本来应该是学生做的事,老师却自己都做了,剥夺了学生在课堂上的"话语权",学生上课是被动的,这就造成了这样一种上课的局面:老师总想让学生跟着自己转,学生却不情愿,也跟不上,于是就形成了恶性循环。

这种教学理念,引出了所谓"任务式""发现式"教学。虽然这并不是很新的东西,在国内也已经引起学界的关注,但是从我在我们学校听课的情况看,可以说还没有成为教学的自觉。我说一个优秀的对外汉语教师应该具有专业的敏感,指的就是对新的教学理念的敏感,并且付诸自己的教学实践。近年来,我提出了"激创法"对外汉语教学。什么是"激创法"教学?简单地说,就是让学生在教师的指导下动脑、动嘴、动耳、动眼、动手,就是让学生多做事,解决他们自己能够解决的问题,去观察、发现汉语的各种规律,去获得新知,付诸交际实践,要使学生在学汉语的过程中,形成学习能力。一门课如此,一节课也如此。只有这样引导学生登堂入室,你的课才能上得丝丝入扣、引人入胜,你在课堂上就会充满激情,对学生就会有感染力。如果什么都是老师在那里自说自话,何谈任务、何谈发现、何谈创造?

我们说,优秀的教师要有创造性,就表现在这里。我们说,教无定法,但理念必须与时俱进。理念的问题解决了,你的创造力就能够得以发挥,就不需要机械地模仿别人,就会去钻研、去体会对外汉语教学的特点、每一个教学阶段的特点、每一门课程的特点、学生的特点;就不会一上课就照本宣科、走过场,就不会不顾效果如何、不顾学生的掌握与否。创造力发挥出来了,就不会自我满足,就会要求自己不断探索、不断创新,使自己的教学"常教常新",不断改进,达到更高的境地。

这就是我们所希望于我们的对外汉语教师、特别是年轻的对外汉语教师的。

(本文是本人 2008 年 5 月 7 日与一部分青年对外汉语教师座谈时讲话的一部分。收入本书时有补充)

想起了王还先生《和青年教师谈谈对外汉语教学》

在我做学校教学督导员时,曾经集中一段时间听了一些青年教师,特别是新聘任的青年教师的课(新聘任并不意味着刚开始从事对外汉语教学,他们多数都是已经有了几年对外汉语教学经验的)。通过听课,我对这一群体的教师形成了一些印象。他们起点比较高,基本知识扎实,在课堂上充满活力,基本上掌握了对外汉语教学的技能。当然这是就总体来说的,每个人之间还是有差距的,有的差距还不是一星半点,还没有"上路"的也不是很个别的。于是我就注意观察,希望发现造成这种差异的原因所在。

我想到王还先生1984年在第一期汉语教师培训班开学典礼上的讲话。王先生那篇讲话的核心,就是她讲话最后说的:"对外汉语教学是可以大有作为的学问,问题在于教师们如何对待自己的工作。……只要把心放进去,专心致志,把教学工作搞好,发挥钻研精神,就一定会做出成绩。"这里,王先生已经回答了我的问题,青年教师在课堂上的不同表现,主要是对待教学的不同态度导致的。

教学态度好的里面有些青年教师是非常有培养前途的,可以说是尖子。我说他们态度好,表现在他们对对外汉语教学事业的热爱,有的老师跟我们谈起来,非常有感情,说就是喜欢做这个工作。为了做好教学工作,他们肯花时间精力,动脑筋。这从他们的课堂教学设计可以看出来,有的老师为了准备一课书的课件,往往要花五六个小时。有一位老师告诉我们,每次课后都要记下本次上课的成功之处和存在的不足,供下次备课时参考。她说,所用的课本她已经教了三遍了,但每次都要重新备课,要弥补前一轮上课的不足。我还发现,凡是上课好的老师,都有一个共同的特点,就是虚心。不止一位老师对我说,她们上课之前,都听过老教师的课,或者向老教师请教,主动请老教师听课,求得指导。我听课的过程中,不止一位老师表示希望我们能够多听她们几节课。凡有此要求的,我都尽量予以满足。倒不是因为我真的能给他们多少指导,更多的是被他们这种虚心的精神所感动,我愿意多跟他们沟通,互相切磋。

我觉得态度问题最为重要。态度端正,哪怕一时课上得不太理想,总会提高的;反之,恐怕永远也上不好课。如今的新教师,一般都有高学历,在知识方面应该说不会有什么问题,差别就在对待教学的态度上。我们听过个别(但不是一位)已经有几年甚至一二十年教龄的老师的课,课上得松松垮垮,无精打采。老师拿着一本书,你念一段他念一段,然后照着书上的几个练习做一遍,两节课就算完了。天知道这种课能有什么效果!

联系我们听课的情况,我觉得有必要建议青年教师和从事对外汉语教学时间已久但对我们这个学科还不甚了解的老师们重温王先生的这篇讲话。这篇讲话语重心长,体现了前辈学者对后来者的殷切希望。

王先生针对当时一些青年教师由于对对外汉语教学的性质和特点不了解,而产生的"屈才""英雄无用武之地"的思想,提倡大家要掌握教学法的知识和汉语本身的实践和理论知识。她用非常生动的事例,令人信服地说明,这两个方面的知识,都不像行外的人想象得那样简单。比如,关于教学法,王先生向我们提出一系列的问题:我们可以问问自己是否研究过教学法?自己的教学是以什么理论为指导的?世界上现在语言教学都有哪些先进的方法?我们可曾有意识地把它们运用到汉语教学中来?又有哪些方法是不可取的,我们应有意识地避开?怎样教汉语才算教得最科学?这些问题难道不是一个合格的汉语教员应该能够回答的吗?这里不是有大量的学问需要学习,有大量的未知的理论需要探索的吗?王先生提出的这些问题,的确应该回答,但是谁能给出完全的答案呢?今天有责任感的青年教师,也应该拿这些问题问问自己。我想,其实每一位从事对外汉语教学的教师都在通过自己的教学回答着这些问题,只是回答的水平有差异,有人答得好,有人答得不那么理想。

关于汉语本身的理论知识,也就是我们今天说的"本体",我体会,王先生说的主要意思是,我们的理论必须能够解决外国学生的实际问题,她说,现代汉语中没有解决的问题比比皆是。外国人多问几个为什么常常就可以把我们问住。她认为,就汉语而言,教外国人汉语是最好的提供实际问题的场所,是考验理论是否符合真理的最好的实践。有许多问题是在教本族人汉语中很难发现的。吕叔湘先生也说过类似的话,他说,"教外国学生对我们的启发比教汉族学生更大,更容易推动我们的研究工作。"我想,这一点只要有一点教学经验的老师都会有体会的。前辈学者的话给我们的启发是,我们不要以为自己是"英雄无用武之地",教学中有许多问题等着我们去解决呢。

王还先生的讲话已经发表了近三十年了,但仍然是有现实意义的,对今天的青年教师、新教师以至于对那些没有经过严格训练的"老教师",都应该是有启发的。

(原载韩经太主编《教学督导的实践探索》,收入本书时有修改)

重视研究中国人教外国人汉语的优势和弱点

对外汉语教学有四个要素：(1)教学对象是外国人；(2)汉语是作为外语教的；(3)教学活动主要在中国国内进行（出国教师在海外教汉语也可在此列）；(4)教师是中国人（不管是中国籍还是外国籍）。这四个要素，缺了任何一个都不能称之为对外汉语教学。关于这四个要素，前三个论述得很多，而对第四个，即"教师是中国人"这一点，却很少论及，即使谈教师素质的的文章，也只讲教师的知识结构、教学与科研能力、个人修养等方面，而忽略了分析中国人把自己的母语当外语或第二语言教时，有什么特点，对教学有什么影响。我们认为，这一点是不可忽视的。

把汉语作为外语教的教师有两大类，一类是外国的汉语教师，一类是对外汉语教师。我们可以把这两类教师做一番比较。

第一类的教师，汉语对他来说，跟对学生一样，也是外语或第二语言，他们对汉语的认识、理解和掌握，因人而异，但总的来说，是不完全的，他们所使用的汉语，是中介语。这可能是他们的弱点。我们接触过不少这样的外国汉语教师，也看过这样的汉语教师编写的汉语教材，撰写的研究教学和汉语的论文，发现语言不过关者大有人在。显然，这样的教师在课堂上就不会那么得心应手：他们可能教错，对学生的偏误不那么敏感（可能他们自己会有跟学生一样的偏误）。但是，假如他们是具有外语教师资格的，那么他们就应该具有与外语教学相关的基础理论和应用语言学理论和语言教学理论知识，以及一定的能够反映国外外语教学法的教学技能。但是他们的最大优势，不在于此，这些也不是和我们对外汉语教师实质上的不同。他们的最大优势在于，由于汉语对他们来说是外语，他们就能够从外国人的独特视角观察汉语，能够敏锐地发现汉语的哪怕很细小的特点，同时，一般来说他们与学生同操一种母语，因而他们能够了解和体会汉语学习的过程，知道"教什么、怎么教、怎么学"，知道学生可能在什么地方发生困难，如何帮助学生克服困难，使教学有比较强的针对性。那么，我们对外汉语教师的优势和弱点何在呢？简单地说，外国汉语教师的弱点就是我们的优势，他们的优势就是我们的弱点。汉语是我们的母语，不存在语言不过关的问题，外国人说汉语，我们对他们的偏误也会很敏感。可是我们的问题也恰恰在这里,由于汉语是我们的母语,我们自然而然地或者说不自觉地就会把汉语的一切现象都看作理所当然,习以为常,而很难体会外国人会怎么想,很难想象外国人学习的时候,是怎样的情况,哪些是他们的难点,为什么是他们的难点,不是很有经验的教师,是很难体会的。

这样一比较,就比出了我们对对外汉语教师的认识:对外汉语教师必须善于"换位思维",你得换到外国人学习的立场上,去观察自己的母语,这样才能体会出外国人学习时会有什么问题,才能找出怎样教才能把学生教会的办法。

我们只要到课堂上走一走,只要浏览一下我们的教材、工具书,就会发现,要做到这一点很不容易。不仅对外汉语教师如此,即使是外国那些把母语作为外语教学的教师、教材的编写者、工具书的编纂者,也是如此。我们随便拿一本给外国人编的所谓英语原版教材或者词典,再想一想我们学习英语的问题,就会发现,我们的很多问题在那里都得不到解决。原因很简单,就是他们编的教材和词典,可能是针对某一类外国人的,但是并没有特别针对中国人学英语的实际。我们对外汉语教学的情况也一样。

解决的办法只有一个,就是加强对对外汉语教师的训练,帮助他们完成角色的转换,这样,经过一定的教学实践,就能成为合格的对外汉语教师。我这里还有一点建议,我们应该多做些调查研究,比如多看些外国人或者对外汉语教学的大家们编的汉语教材、工具书、参考书,研究他们的思路。像赵元任的《中国话的文法》(原文或全译本)、DeFrancis 的教材,都是很有参考价值的。还有,早期传教士编写的一些有关汉语的著作、教材也很值得一读。像马若瑟的《汉语札记》、威妥玛的《语言自迩集》等,虽然是一百多年前的著作,但他们对汉语的观察与学和教汉语的办法,很值得我们研究。

总之,我们要重视对对外汉语教学中教师这个要素的研究,多交流、多积累,给对外汉语教师认识自身的优势和弱点创造条件。

关于对外汉语教学课堂语言研究

关于对外汉语教学课堂语言,相关的研究不太多,我自己也没有关注过这方面的问题。几年前,我的一个硕士生的论文写的是学生对教师在课堂上纠错的反应,只能说是课堂语言的一个方面。但因为要指导他写论文,也就临时抱佛脚,找了一些资料学习。

2009年初,香港科技大学的两位朋友,编写了一本《普通话课堂语言研究与实践》的教材,让我给看看。这才引发了我对我们对外汉语教学课堂语言做比较认真的思考。到目前为止,在对外汉语教学界有关课堂语言的论述都是作为课堂活动的一部分加以讨论,而对课堂教学语言的专门论述,我只见到孙德金(2003)的《对外汉语教学语言研究刍议》和姜丽萍(2008)的专著《课堂教学语言概论》,可见,课堂教学语言的研究还是一个有待开发的研究领域。

我现在要谈的,并不是什么系统的论述,只是我个人对课堂教学语言的一些认识和对课堂教学语言研究的一些想法。

先说我对课堂教学语言的理解。顾名思义,课堂教学语言指的是教师在课堂教学中的言语行为,当然不包括教师应该避免的与课堂教学无关的言语。课堂语言有狭义广义之分。狭义的课堂语言只包括与学习内容直接有关的言语行为,如讲解用语、指令用语、提问用语、纠错用语等;广义的课堂语言则还包括交际用语等与教学内容没有直接关系,但却是课堂教学中不可缺少的言语行为。

课堂教学是通过教师与学生互动使学生学习新知、掌握言语技能的过程;师生之间的言语互动则是保证课堂教学顺利进行的重要条件。苏联教育学家戈诺博林(1982)认为,"教师的语言才能表现在两个方面:(1)完美无缺地掌握语言工具、运用语言工具的能力;(2)借语言的帮助以影响学生的能力。"我们认为,对外汉语教师也必须具备这两方面的能力。对外汉语教师必须能够很好地运用教学语言在课堂上与学生交流、互动。

我认为,教师在课堂上的言语行为对学生具有多方面的影响,其要者有三:

(1)教师清楚准确的课堂用语,能够从学生方面得到回馈,引起学生

对教学内容的理解,使学生始终处于教学活动的中心地位,从而能够进行在教师指导下的主动的、创造性的学习,完成学习任务;

(2) 教师的课堂语言,对学生来说是一种示范,是一种语言的输入,学生不但要对教师的输入做出反应(言语的反应、行动的反应等),而且在这个过程中,学生会对教师的话进行模仿,增强对汉语的语感,所以教师的课堂语言,对学生学习汉语起着潜移默化的作用;

(3) 师生的言语沟通,起着增进师生情感的作用,创造一种和谐、活跃、默契的课堂气氛。

那么,我们对教师的课堂语言的要求是什么呢?我想,基本要求有如下几点:

(1) 要熟练掌握普通话。这一条本来不必作为要求提出来的,因为现在的对外汉语教师,大都持有通过了国家普通话测试的证书,普通话当然是合格的。但是据我了解,有些地方的一些老师的普通话并不过关,特别是语音。除了受自己的方言影响以外,还有一点,就是对汉语的语音不敏感。曾经有一位老师,是北京人,说话当然没有问题,但是他不会单独念声调,所以无法给学生单独示范声调。还有另外一种情况,在对外汉语教师中是比较普遍的,就是在课堂上的示范夸张到"蹦字儿"的程度,使得语言失真;有的老师为了突出某个语法点,说出的话违背汉语的语用规则,以至于对学生产生误导。我曾经听一位老师对学生说:"我拿着我的书包,我穿上我的大衣,到学校来。"显然,这里的两个"我的"用得都违反了汉语的语用规则。这两种情况都值得注意。教师本身的汉语标准不标准,对学生的影响很大。所以我们这里还是提出对外汉语教师要熟练掌握普通话的问题。

(2) 对外汉语教师应该不断锤炼自己的课堂语言。首先是要表达得规范、准确、得体,进一步则要求表达得生动、富有幽默感、引人入胜。在课堂的讲解中,要做到"精讲",不能以讲"代"练,以讲"压"练,以讲"冲"练。要避免说话拖泥带水,不流畅,或者在课堂上说些与教学无关的"闲言碎语",浪费时间,分散学生的注意力,使课堂松散。

(3) 对外汉语教师的课堂语言应该适合自己的教学对象,符合他们的汉语水平、年龄特点、心理特点、教育程度、专业特点、上课方式等。也就是说,教师要善于根据学生的情况,调整自己的课堂语言,提高课堂语言的可接受性,达到师生互动的目的。教师还应该善于随着学习进程,逐步加大课堂语言的难度、提高语速,适应学生汉语水平。这是语言教师的一种能力,一种功夫。要做到这一点并不容易。我说一个上个世纪 50 年代我学英语时候的例子。当时北外有一位英国来的教授,叫 Margaret Turner,她就有这个本事,跟哪个年级的学生都能用英语交流。这是很值得我们对外汉语教师学习的。

(4) 教师要善于运用课堂语言激励学生,引起他们学习的"好奇心",使他们跟着教师的节奏登堂入室。比如教师可以运用提问的课堂用语和提问的技巧,引起学生深入探求的动机。教师要善于表扬、称赞学生,激发他们的学习信心。教育心理学告诉我们,适时的适当的表扬、称赞对于任何类型的学生,都有激励的作用,比对学生指责、批评产生的效果要好得多。教师应善于用恰当的言语和方法给学生纠正错误,做到既保护他们的自尊心,又能增强他们的自信。因此,教师应了解学生对不同纠错方法的反应,从而找出针对自己的学生的纠错语和方法。教师还要善于运用课堂语言体现出自己对学生的关心与爱护,增进师生的情感和融洽的师生关系。教育心理学告诉我们,教师得体的言语行为,能起到充分调动学生学习积极性的作用,创造良好的课堂氛围,达到师生关系的融洽与配合的默契,取得良好的教学效果。

(5) 教师要注意积累经验、总结经验,使自己的课堂用语不断臻于完善,使用得当。

再说说我对对外汉语课堂教学语言研究的一点意见。前面讲过,目前对外汉语教学界对课堂教学语言的研究还很不够,还有很大的开拓空间。课堂教学语言无论在理论上还是实践上,都值得探讨。比如说,课堂教学语言具有很强的跨学科的性质,与许多学科相关。从宏观上说,课堂语言与教育学、教育心理学密不可分,教育学与教育心理学帮助我们深入了解课堂语言的性质、特点、作用、分类等问题。从微观上说,课堂教学语言与语言学的若干分支有着密切的关系,首当其冲的是语音学、词汇学、语法学,同时我们可以运用语用学的知识研究课堂教学语言的语用特征,也可以进行语篇规则的研究,进行与外语(主要是学生的母语)中的课堂语言的对比研究。我们还可以运用社会语言学理论从人际语言交际(师生之间在课堂的语境中的交际)、得体性等方面关注课堂教学语言。对外汉语教学的课堂教学的对比研究和人际语言交际研究,实际上涉及跨文化的语言行为研究。

我的两位香港朋友把课堂教学用语,分为交际语、导入语、讲授语、提问语、指示语、过渡语、纠错语、结束语等 8 类,包含了我们所说的广义的课堂语言的内容。从研究的角度说,其中的每一类都是值得单独进行研究的。比如课堂上的交际语,她们就对课堂交际中经常使用的问候、介绍、交流、告别、评价、鼓励等用语进行了分析。其他7类,目前我看到了研究纠错语和提问语的,还未见其他方面的研究。看来,课堂教学语言研究的细化,应该是一种趋势,可以将课堂教学语言的研究引向深入,对教师也会有直接的指导作用。

至于对外汉语教学课堂语言的研究途径,孙德金(2003)认为应采用实证的方法。他在《对外汉语教学语言研究刍议》一文中提出一种研究模式:先要"按照语言学研究的一般方法,客观地记录……课堂教学中的语言,也要把语言环境信息记录下来",据此建成一定规模的"教学语言语料库","然后对这一部分语料进行综合(语音、词汇、语法)的描写与分析,最后进行理论的概括和总结"。我们认为这一研究模式,是切实可行的。

关于对外汉语教师培养与聘用的几点建议

长期以来，对外汉语教师的培养与聘用之间一直存在着矛盾。

目前，各校设立对外汉语教学专业的越来越多，多数是本科专业，少数有硕士点，个别的设立了博士点。除少数学校本科专业比较符合专业的培养目标外，多数都是硬凑，可以说是跟时髦。硕士点的情况比较好，从硕士毕业论文看，多数都跟对外汉语教学有关。但是现在国家汉办为了解决向海外派遣汉语教师的急需，办了一些汉语国际推广硕士班，降低入学门槛和教学目标，是搞"超女""快男"的办法，是极不可取的。博士点一是少，二是多数研究课题与对外汉语教学无关，实际上没有培养出对外汉语教学方面的人才。还有，就一个学校来说，从本科到博士，缺乏一体的规划，互相不衔接，也是一个值得注意的问题。

从用人单位的聘用情况看，高等学校基本上都要聘用博士毕业生，硕士毕业很难进高校，只有少数边远地区的高校和国家汉办招的志愿者才要硕士毕业生。但是这些地区的学校，硕士毕业生多数人又不愿意去，当志愿者一般也不是他们的第一选择，所以硕士毕业后真正从事对外汉语教学的是少数，大部分人都转行了，这是一种人才的浪费。那么，高校要进博士毕业生的情形如何呢？从目前情况看，对外汉语教学方向的博士真正做对外汉语教学研究的也很少（我没有这方面的统计数字），据我观察，现在高校从事对外汉语教学的博士研究生毕业的绝大多数都不是对外汉语教学研究方向的。这些人的多数对对外汉语教学并没有兴趣，他们之所以愿意搞对外汉语教学，往往是出于某种很实际的目的。少数原来的对外汉语教师获得博士学位（他们的研究方向往往也不是对外汉语教学）后回到对外汉语教学岗位上，那纯粹是个人因素造成的。

针对以上情况，本人提出以下建议：

1. 统筹安排。需要对现在从本科生到博士研究生的培养根据目前的形势做统一安排，对各阶段的规模、课程设置等做适当调整，起码要做到互相衔接。具体地讲，本科生问题不太大，不必过于强调专业方向，但硕士研究生阶段则需要突出专业特点，这要从招生抓起。原则是招生可以不限原来的专业，但必须符合要求的知识结构，不合格的要先补齐，再报考,而不能反过来。学校可以为这些人的补课提供方便。

　　根据李晓琪(2002)主持的一个研究项目的考察,硕士课程目前一般分为几大块:语言学基础课、语言教学理论课、对外汉语专业课;其中有选修和必修两种。从当时情况看,对外汉语专业课的比重占得比较小。李晓琪、黄立(2001)通过对美国20所大学的 TESOL 硕士课程结构进行的考察,发现他们英语教学理论与实践课占全部课程的33%以上。我想这是值得借鉴的。这里我愿意谈一点个人的亲身经历。我上世纪80年代初在美国俄亥俄州立大学听了一个学年的 TESOL 硕士课和部分博士课。该校的 TESOL 硕士和博士专业都设在教育学院。TESOL 硕士课程大致分为两部分,一部分是语言学课,由学生在语言学系自由选课,但语言学概论为必修(该校本科只开"语言导论"课,不开语言学概论),另一部分是与 TESOL 相关的专业课。那一年共开了12门,每一门课最多教一个学季(semester),每学季上课10周,每周上课两次,各上一门课,每次3学时。我的感觉是,他们的课程实用性很强,理论课不多。12门课里,理论课只有一门,即"语言教学原理",用的是 Douglas Brown 的 *Principles of Language Learning and Teaching*,那本书的好处是把语言学习与教学的相关问题都介绍了一遍,其中的每一部分其实都是一门单独的学问,如语言获得(习得)、学习理论、对比分析、偏误分析、中介语理论、话语分析、语言教学测量与研究等。学了这门课之后,学生对语言学习与教学是怎么回事就有了概括的了解,而这些问题的单独设课都在博士课程中。但这并不妨碍学生去深入地探讨他们感兴趣的问题。比如我对中介语理论感兴趣,就集中去研究这方面的东西。除了"语言教学原理"这门课,其余11门课,都是实用的课,如像我们说的语言要素的教学、技能教学、教材的改编(注意:不是教材编写)、教学法流派、实用语言测试等。教师很重视训练学生的动手能力。比如学习教材改编的时候,就让学生每人自己选一篇文章,按交际法的理论改编成教材,包括把文章改编成课文、设计练习等。学生非常乐意做这样的作业。班上好几个学生介绍他们改编的过程时都说曾经就文章的内容向作者咨询过。相比之下,我们的硕士课程过于重视理论,缺乏对对外汉语教学实用性很强的课程。

　　该校的 TESOL 博士课程,则是理论课较多,如教育心理学、语言获得(习得)理论、语言教学统计方法等。他们的博士生也要在语言学系选课,如社会语言学、语言类型学与语言共性、语义学等。但他们的博士课也并不是从理论到理论的课,比如在教育心理学课上,教师就给学生布置去做调查,有一位哥伦比亚的学生甚至把这个作业带回国去到他原来教学的中学去调查。

因此,我认为我们的硕士课程应该更加有特点,加强其实用性,重点在训练学生的教学实践能力,集中在一点,就是使每一门课都成为只有在对外汉语教学专业的硕士课这里才能学到,是其他专业所不能替代的。包括基础理论课,也应当紧密结合对外汉语教学。只有这样,对外汉语教学方向的硕士课才能立得住。

至于博士研究生课程,既然打的是对外汉语教学的旗号,理应朝着这个方向建设。前几年我听说有的学校的博士研究生除了政治理论课以外没有专业课或方向课,导师把他们"赶到"北大去选课。这种状况不知如今是否会有所改变。

总之,对外汉语教学从本科到研究生的课程应该统筹安排,有所调整,课程不能互相"串门",使之成为一个完整的、合理的体系。

2. 留住硕士生,加强教学第一线。这是为了解决前述的矛盾的,但其意义却不止于此。试想,专业对口的硕士生毕了业多数都转了行,而第一线又由于政策的原因成了对本专业既不熟悉又无兴趣的非本专业的博士的天下,其效果如何,可想而知。这种状况必须改变。我建议的办法是,尽可能多地聘请对外汉语教学方向的硕士毕业生任教,在不能解决本市户口和正式编制的情况下,工资待遇上可以适当从优,也可提供住宿,使他们安心工作。据我前几年做教学督导时听课的经验,凡是对外汉语教学专业(课程与教学论)硕士研究生的多数人上课都不错,教学水平总体上超过那些不熟悉对外汉语教学又对对外汉语教学无兴趣的博士和外聘教师。如果第一线这样的老师多了,对提高教学质量肯定会起很大作用。同时,他们可以作为对外汉语教学方向博士生的预备队。也可以有一些政策性的保证,如在博士招生时可以给予某些特殊待遇。他们读本专业的博士,也可以提高对外汉语教学方向的博士研究生入学时的专业素质。

3. 取消目前汉语国际教育硕士班,统一纳入对外汉语教学方向的硕士研究生的培养系列,以保证质量。

4. 加强博士点的建设,扩大招生。这也是为了解决前述的矛盾的:高校非博士不进,可又没有对口的博士,连本专业博士点都培养不出本专业的博士来,这是何等的尴尬局面。改变这种局面的办法就是要切实加强对外汉语教学方向的博士点的建设,主要是加强本专业的博士课程,而且不能以各种理由不开专业方向课,学生的研究课题必须与对外汉语教学有关,再也不能"挂羊头卖狗肉"了。与此相关的是,要扩大对外汉语教学方向博士生的招生,保证高校对外汉语教学师资的质量。当然,这不等于通过这个办法对高校对外汉语教师的需求有求必应。须知,博士毕竟是属于高级人才,在教师队伍中保持适当的比例是必要的,他们将来是要起"挑大梁"的作用的,不可能都去"挑大梁"。教师的总体数量,必须分层次。如果有足够数量的硕士毕业生队伍来充实第一线,那是不愁第一线教师不足的。

谈对外汉语教学科研的方向

〇、问题的提出

近年来,对外汉语教学领域的科学研究,取得了长足的发展,其标志是,科研成果的面宽了,论文的数量和质量都有提高。由于发展了,所以大家也就开始关注科研本身的问题,主要是对外汉语教学的科学研究的方向的问题。这里面就未免有不尽相同的意见。我也在思考这个问题,也曾在不同的场合说过一些看法。今天借这个机会再一次跟大家交换意见,希望引起讨论。

2002年在上海开第七届国际汉语教学讨论会时,美国芝加哥大学的赵智超教授在闭幕式上呼吁注意研究的可行性,实效性,(在)吸收新知的同时,不要赶时髦,不要忽略汉语的特性。到底效果如何才是我们所追求的。不能偏离正确的方向,要注重实证,不空谈理论。(大意,纪录稿)

我想,赵先生大概是就他在会上的感受说这番话的。他的话很值得我们对外汉语教学界警惕,使我们的科研不偏离正确的方向。

一、对外汉语教学科研的定位

什么是对外汉语教学科研的正确方向?我看只有一条,就是正确处理理论和实践的关系,使我们的研究具有突出的对外汉语教学的特色。

先讲一讲对外汉语教学科研的定位。我想借用美国Ingram在1983年设计的一个示意图,叫做"语言教学实践发展模式图"。图中他把跟外语教学相关的理论分为三个领域。一个是基础理论,包括语言学、心理语言学、社会语言学、心理学、社会学等。这是这些理论家的领域。二是应用语言学的理论,包括第二语言学习理论及其应用(教学法理论:教学法体系、教学大纲、教学目标等),通过教学项目对前述基础理论进行再评估。这是应用语言学家的领域。第三个领域是教学实践,包括教学方法、技巧等,同时也对前面两个领域的理论进行再评估。这是广大外语教师的领域。

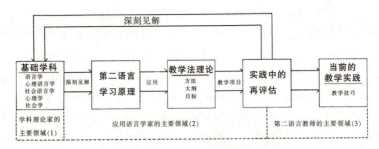

Ingram：语言教学实践发展模式图

（摘自 H. H. Stern：*Fundamental Concepts of Language Learning*）

这个示意图将基础理论研究者、应用语言学研究者和外语教师之间既有分工又相互联系的关系表示得很清楚。三个领域是平行的，三个领域的专家各有侧重、各有专长。对外语教师来说，应该掌握并利用基础理论和应用语言学理论的研究成果，检验这些成果，丰富这些成果。正像我们不能要求那些研究基础理论的专家、研究应用语言学的专家必须精通外语教学一样，我们也不能要求广大的外语教师（包括对外汉语教师）"一身三任"。

我们这是就对外语汉语教师作为一个整体来说的。至于说某个人对基础理论或应用语言学理论有兴趣研究，那是完全可以的。正像有的老师要写诗、写小说一样。写相声的梁左曾在北京语言大学教过书，后来去当专业作家了。道理是一样的。

我们从这个示意图也可以看出，这三个领域不存在谁高谁低的问题。可事实上，有些搞理论的常常看不起搞教学研究的，认为只有纯理论才是学问，研究教学是小儿科。这种情况中外皆然。

面对歧视，有两种态度，一是妄自菲薄，在搞理论研究的人面前自感矮人三分；一是坚持走自己的路，做出成绩。

上面讲的是外语教学的情况，也完全适合我们对外汉语教学界的情况。那种把对外汉语教学看成小儿科的潜流，还在时时冲击着我们。于是就有人去搞那些玄而又玄的不跟教学实际沾边的所谓理论，以为越是别人不懂的东西，越显示自己学问大。这不是误区吗？

但是，我们不能把这个示意图的第三个领域理解得过于狭窄，只满足于搞好课堂教学。在教学之外，我们还肩负着教材建设（包括各种教学参考书、工具书的编写）和科学研究的任务。问题在于，这些都必须紧密结合教学实际，解决教学和学生的实际问题，就是说，我们的科学研究必须是从教学中来到教学中去的。

对外汉语教学领域的科学研究,包括对教学本身的研究,也包括具有对外汉语教学特色的汉语本体研究,二者不可偏废。对教学本身的研究,应该运用基础理论和应用语言学理论成果,总结对外汉语教学的规律,把我们几十年的丰富的实践经验,上升到理论的高度,并在此基础上,创造出我们自己的教学法体系。应该说,现在已经具备条件做这件事了。

许多语言学界的前辈学者和著名学者都十分看好、看重我们这个研究领域。他们都很强调搞好基础研究(即本体研究)的重要性。他们同时又强调对外汉语教学的本体研究必须结合教学实际。

陆俭明先生(1998)说过,对外汉语教学"从另外一个方面开拓了我们的研究点","启发我们去注意中国人自己常常想不到的问题","我们现有的研究成果……还不能完全满足对外汉语教学的需要"。

近几年来,胡明扬先生(2002)在不同的场合都强调过汉语本体研究,他说,"从外国学生的问题着手去研究汉语本体问题最容易取得有实用价值的科研成果,也最能深入语言的本质。"他又说,"在今天,在中国进行语言研究只有结合对外汉语教学或中文信息处理才能得到社会重视。"

胡先生在讲到本体研究时,不止一次地举 Jespersen 的 7 卷本《现代英语语法》的例子。我本人也曾见过这部超大部头的英语语法,这部英语语法对英语的描写的详尽程度是空前的,说它是现代英语语法的百科全书也毫不过分。我想,一个教英语的教师,有了这样一部语法,足以应付学生出现的问题了。而 Jespersen 作为一个外国人之所以能编出这样一部语法,恐怕跟他大半生从事英语作为外语教学有关。这部语法,从 1900 年开始动笔,当时 Jespersen 只有 40 岁,到他 1943 年去世时,出版了 5 卷,最后两卷是由他的学生整理出版的。像 Jespersen 这样既是英语教师,又是语言学大师的学者,有一批。胡先生说,从 19 世纪末到 20 世纪 20 年代,经过一大批学者的辛勤努力,把英语的基本语言现象描写清楚了。

对比之下,我们对汉语的某些基本语言现象还没有描写清楚,所以在这些方面的教学总有一定的盲目性。胡先生一再提倡研究用法是有道理的。朱德熙先生、王还先生、陆俭明先生也都发表过大致相同的看法,可惜在对外汉语教学的科研中没有得到足够的反映。

弄清语言事实是很重要的。记得上世纪 80 年代中期,有位要编写教材的年轻老师问我,语法是要粗一点还是要细一点。我回答说,就对外汉语教学来说,对语法的研究要尽量细,因为,同一个语言现象,哪怕是其内部的一点很小的变化,对外国人来说都是新的、陌生的。我们研究的目的就是要把这一语言现象内部的所有细微差别都描写出来。但作为教学内容，反映到教材上，应该有选择。选择的前提就是要有详尽、甚至穷尽式的描写。在这一步工作实现之前，我们对语法点的选择只能是"大而化之"，其中隐含了很多"钉子"。这可能就是我们教给学生的规律总也"卡"不住学生的语言使用的原因之一。学生按照我们给的规律去用了，却错了，错就错在撞在那些隐含的"钉子"上了。不要说对整个现代汉语的详尽描写，就是那些大难点，我们也还是心中无数，没摸清"家底"。如"了"，到底一共有多少种用法，使用规则是什么，就我所见，还没有搞清楚。吕叔湘先生30多年前就在北京语言学院说过，谁能把"了"说清楚，应该给他发一个一吨重的大奖章。可惜这个奖章至今还摆在那里，没被领走。

再如对汉语句型的研究，应该是我们对外汉语教师的研究对象。句型本来就是从外语教学兴起来的。句型教学法（即听说法）也是初级外语教学中行之有效的方法。美国的 Fries 早在上个世纪40年代就编出了英语句型的教材，几乎同时，英国的 Hornby 已经主编了专门给外国人学英语用的 Learner's 词典，词典正文前列出25种英语常用句型。但汉语句型的研究，还很不够。我只见到过林杏光、李临定、陈建民的几项研究，还有清华大学的一项成果。但这些都不是针对对外汉语教学的句型研究，对外汉语教学方面，只有赵淑华教授领导的一个课题组做过研究，有了初步成果，但还没有见到有更深入的成果问世。

语法如此，其他方面也如此。如基本词汇表（最低限度词汇表），英语、俄语、法语等都有专门为教外国人用的基本词汇表，有的还不止一种，像英语著名的基本词表就有 West 和 Thorndyke 两种。这本应是一项基本建设，但对外汉语教学至今没有提到日程上来。现在都以汉语水平考试的词汇等级大纲为依据，其实那个大纲是为考试服务的，不能代替基本词汇表。

对语言现象的详尽描写的工作，主要应靠我们自己。对别的人，除了搞电脑的人，是没有迫切性的。而且研究的目的不同，研究的结果也不同。别人研究出来的，也不一定适合我们使用。

在对外汉语教学的领域中，我们要做的工作实在是太多太多，真的是有着广阔的天地。

二、讲究实效，不赶时髦

讲究实效，不搞空架子，不赶时髦，这是赵智超先生的另外一个意思，我也很赞同。这其实是个学风的问题。

我想得区分什么是引进新理论,什么是赶时髦。有一位前辈学者在说到转换生成语法时说过一段话,很值得我们深思,他说,结构主义语法和转换生成语法各有一套理论,往往是引几个例子谈一个问题,的确能说得头头是道,因此我们应当对它们进行研究,弄明白究竟是怎么回事。可是到现在为止,还没有看到过应用结构主义语法理论或转换生成语法理论,全面地、详细地叙述一种发达的、有文学历史的语言的语法的著作,可以拿来跟用传统方法写出来的一些有名的著作相比较,这就未免有"雷声大,雨点小"的缺点。所以吕叔湘先生写《汉语语法分析问题》时,"基本上还是在传统语法的间架之内谈,别的学派有可取之处也不排斥。"我想这就是我们对待新理论的正确态度。研究本体如此,研究教学法也如此。切不可钻所谓现代语言学、现代外语教学法的牛角尖。

实际上,国外就有这样钻牛角尖的人。美国俄亥俄州立大学的薛凤生教授一次聊天时对我说,有一位研究现代语言学的华人教授,认为汉语的"了"的存在是不合理的,因为它不符合转换生成语法。薛先生说,学问做到这个份上,也真可以。另一个例子是,前不久让我审一篇博士论文,作者引用了一位美国华人教授的论点和例句,可是那个句子本身就有毛病;而作者本人为了论证自己的观点也生造了好几个病句。这样的研究能得出什么结论可想而知。

这里,我还可以给大家提供一个情况。大家知道,英国的韩礼德是功能语法的创始人,影响也很大。他后来到了澳大利亚,在悉尼麦夸里大学任教。大概是由于他的名气大吧,澳大利亚新南威尔士州中小学教语法也都改成按功能语法教。1995年韩礼德退休,1997年初新南威尔士州教育部决定,恢复传统语法,理由是,功能语法不适合中小学。

我想,功能语法还不像转换生成语法等那样高度形式化尚且如此,那么,对于那些高度形式化的现代语言学流派,恐怕很难直接用到外语教学里去,包括对外汉语教学。我这样说,并不是要否定现代语言学,而是说任何语言学流派都有它适用的对象。比如现代语言学的一些流派,都跟现代科技(如电子计算机技术)的发展有很大关系,有些对计算机、人工智能的发展起了很大作用。据我所知,蒙太格语法(Montague Grammar)就推动了第五代机器人的研制。但这些现代语言学流派对外语教学、对对外汉语教学能有多大用处呢?乔姆斯基自己就说,他的理论不是为语言教学服务的。当然后来应用语言学家发现他关于语言能力和语言行为的认识对研究语言获得有用,但也仅此而已。

在教学法的研究中,也存在这样的问题。确实,国外,特别是美国,新的教学法层出不穷。但并不是每一种教学法都值得引进。比如什么沉默法、社团法之类,据我所知,基本上是发明人在那里自说自话,并没有多少人响应。碰到这样的教学法,我们就得取分析的态度。不要以为只要是外国的就都是先进的。

不管研究什么,我们切不可不加分析地追着美国人的风走,还以为这就是科学的前沿。我们要问问,这些理论对对外汉语教学到底有用还是没用。

其实,老一辈语言学家早就教诲我们要"务实"(朱德熙为《语言教学与研究》创刊十周年的题词)。在这方面,我们对外汉语教学是有一些好的传统的。如《汉语教科书》建立的汉语教材的格局和语法体系,至今仍在发挥作用,有着鲜明的特色,能够解决汉语作为第二语言教学的实际问题。记得上个世纪70年代,延边大学、延边师范学院和延边教育学院的朝鲜族老师来语言学院交流,当时他们对我说,他们教朝鲜族人学汉语,有问题还是到《汉语教科书》里去查,别的书里常常找不到答案。

我们再看王还先生《门外偶得集》。朱德熙先生写的这本书的"书后"中说:研究语法的人有一种危险,就是很容易陷入一些语法概念里头去,在里头来回转圈子,忘记了研究目的是什么。本书作者是为了教外国人汉语才开始研究汉语语法的。他的研究工作始终联系教学实际,所以一直能保持清醒的头脑,明确的目标。

我们应当重视自己的传统、研究自己的传统、继承自己的传统,树立起良好的学风,不尚空谈,不赶时髦。

三、结语

总之,我们只要把握住大的方向,在对外汉语教学的领域内不断开拓,就一定能做出一番事业来。对外汉语教学学科的形成用了50年,恐怕要再用50年这个学科才能走向成熟。我想,当我们在自己的领域中的研究具有一定规模,把自己的家底弄清楚的时候,我们大概就可以宣布,对外汉语教学已经是一个成熟的学科了。

汉语中介语研究的现状和前瞻

我国对外国人学汉语的中介语的研究，迄今已20余年，其影响所及，已经超出了国界，以致每一届国际汉语教学讨论会和中国对外汉语教学学会年会上，中介语的研究都成了重点话题。在过去的20余年里，这个领域无论在研究的深度上还是广度上，都有了长足的进展。尤其是几种中介语语料库的建立，更为学术界所瞩目，而且在对外汉语教学界已经形成了一个以中青年学者为主体的研究群体。这是非常可喜的。

汉语中介语的研究是汉语作为第二语言获得研究的一个组成部分，也是一个基本部分。施家炜在一篇论文中将第二语言获得研究概括为四个方面：学习者语言的特征研究，学习者外部因素研究，学习者内部机制研究，语言学习者研究。这四个方面是互相联系的。第一个方面，实际上就是中介语的研究，中介语理论的奠基人、英国的科德最初就把中介语称作"学习者的语言"。中介语理论的创始人、美国的塞林格(1992)说，中介语研究的终极目的"是发现第二语言获得的普遍规律"。另外三个方面则是探究中介语现象发生的根源必不可少的因素。反过来说，要研究这三个方面的问题，还是得从中介语现象入手，因为中介语是第二语言获得的最直接的表象，是看得见摸得着的，研究成年人获得一种第二语言的心理过程，只有从中介语中才能找到根据。

国内对作为第二语言的汉语获得的研究，表现出几个特点。特点之一，就是研究范围的全面化。我们的中介语研究是从偏误分析开始的，在20世纪80年代，偏误分析出现过一个热潮。而现在，我们的研究已经扩展到了上述另外三个方面，呈现出一种全面开花的趋势。特点之二，就偏误分析方面，研究的领域也得到了拓宽。最初的偏误分析，基本上限于分析汉语几大要素方面的偏误。90年代初扩展到语用层面，后来又扩展到语义、语篇的层面。笔者(1999)曾对此进行了回顾，提出这样一个认识："中介语作为外语或第二语言学习的语言系统，也跟任何语言一样，包含着多种构成因素，不仅是语言的几大要素，同时也包含语用、语篇、语体、风格，以及社会文化等因素，也就是说，一般语言有的，中介语也都是有的。"特点之三，中介语概念的延伸。塞林格1998年访问北京语言大学的时候,就专门讲过中介方言和中介文化的问题。中介文化这一概念,是我国学者屈延平最先根据中介语理论提出来的,北京语言大学王建勤予以响应,于 1995 年发表了《跨文化研究的新维度——学习者的中介文化行为系统》一文。特点之四,年轻学者群体的形成,给我们的研究带来了新的风气,他们凭着坚实的理论素养和学术的敏感,改变了最初的经验式的研究多于理论的研究的局面。实验研究已经蔚成风气,定量统计的方法正在普及,这些都使得研究上了一个台阶。

上面是对 20 年来汉语作为第二语言获得研究的简单回顾。下面再就几个有关中介语研究的问题谈一点个人的认识。

第一点,对比分析、偏误分析、中介语理论三者之间的关系问题。对于这个问题,曾经有过不同认识。一种是代替说,认为是后者代替前者;一种是发展说,认为后者是前者发展的结果;还有一种是殊途同归说,就是说三者的目标是一致的。对此上世纪 90 年代又有发展。塞林格本人在其 1992 年出版的《Rediscovering Interlanguage》一书中,把对比分析和偏误分析都纳入中介语理论的框架之中。他把弗里斯和拉多早期所作的对比分析研究看作是中介语研究的肇始时期。当然,从中介语理论出发看对比分析,跟早期对比分析可以说有根本的不同。中介语理论承认"语际识别"是第二语言获得的一种基本策略,意思是说,第二语言学习者"有规律地把他的中介语跟他的本族语进行比较,从而建立'语际识别'"。塞林格引述科德的话说:当学习者试图发现目的语形式上的特征时,本族语的作用就像一件很有启发性的工具,这一工具特别有利于学习那些跟本族语特征相像的特征。塞林格接着说,如果情况果真如科德所言(而且我们没有理由认为不是这样),那么,我们就回到了某种形式的对比分析。这就从一个新的角度给对比分析作了定位。这样定位的意义在于,我们今天的对比分析,应该在这个理论框架下进行,才能够跟上第二语言获得研究的步伐,而不至于陷入陈旧的语言对比的窠臼。至于偏误分析,应该说我们已经摆脱了传统的错误分析的做法。正如王建勤所说,"我们国内的偏误分析一开始就在中介语理论的支撑下,因而避免了分析方法上的某些片面性。"但实事求是地说,从现有成果看,这种理论支撑,并没有成为所有研究的理论支撑,有些研究自觉不自觉地沿袭了错误分析、病句分析的方法,表现出理论的滞后。

第二点,关于开辟新的研究领域。前面我们讲到,从各个方面,我们对汉语获得的研究都得到了扩展。但这还不够。中介语还有不少领域我们还没有涉及。还有些看来是旧的领域,需要重新认识。比如说关于翻译,过去就没有纳入中介语研究的领域中,然而翻译在"语际识别"中有着不可忽视的重要性。从中介语的角度,可以重新对翻译加以审视。塞林格认为,对等翻译是学习者观察语言系统时的重要策略;研究对等翻译应该包括在第二语言获得研究的范围之中。

第三点,关于理论假设。第二语言获得理论,包括中介语理论,都是"舶来品",但我们认为是对对外汉语教学具有理论价值和实用价值的"舶来品"。不过应该注意的是如何运用这种理论研究汉语作为第二语言的获得,通过我们的研究对这些引进的理论进行检验。对于他们已经证明的东西,我们不必重新提出理论假设,而是应该在他们的基础上有新的发现。实际上对于某些理论假设,在国外也是不同的人有不同的结论。那么我们完全可以通过对汉语获得的研究对那些理论加以充实,有些还可以修正。这样就可以提高我们研究的起点和效率。

第四点,关于研究的策略。汉语作为第二语言获得的研究,是一项极复杂的工程,首先是中介语的研究。1998年塞林格来访的时候,我曾两次问他,有没有人对某一种语言的中介语做过系统描写,他说这个问题提得好,但是至今还没有这样的成果。我想,对汉语中介语做系统描写,可能也像中介语本身一样,只能不断接近目标,而不可能达到目标(这跟研究自然语言一样)。但这并不是说中介语的研究没有意义。为了更加接近目标,我想提出两个策略性的问题。一个是要搞"团队"。就是说要集中相对多的学术力量,长期作战。而且还需要教学第一线的教师参与(他们的作用不只是给研究人员提供素材,应该发挥他们的教学优势)。二是在此基础上分国别地进行研究,这样就能把复杂的过程相对地单纯化,从分国别的研究再发展到综合研究,或许可以加快研究的进程。

第五点,关于基本建设。为了进一步提高汉语作为第二语言获得研究的水平,有两方面的工作需要跟上。一是对国外理论的系统介绍;一是改进中介语语料库的质量和语料库的管理。

先说第一小点。至今我们还没有系统地翻译过第二语言获得的重要文献,也没有系统地翻译过中介语理论的经典文献。这很影响我们的研究。我们的研究之所以存在着理论的误差,跟有些研究者没有接触过有关的重要文献有很大关系。我以为,这是当务之急,应该很快提到日程上来。

再说第二小点。北京语言大学于上个世纪80年代末在国内率先建立了中介语语料库,并且已经产生了效益和影响。但我们应该建立一种机制,使得中介语语料库成为一个动态的、不断升级的系统。今天,距离这些语料库建成,已经过去很长时间了。那么这些语料库有什么不完善之处?语料应该不应该更新,如何更新?这是我们当前需要考虑的问题。比如搜集中介语语料的一个重要的技术问题,也牵涉到语料库的质量问题,就是应该及时了解学生要表达的实际意思。要做到这一步,最好是学生用双语(本族语与汉语)说出或写出他想表达的意思(我手里有一份《武松打虎》的中英文本,就属此类。见本书 p.218《外国人学汉语的篇章偏误分析》)。如果这一点做不到,至少应该在学生出现偏误时,要求他用他的本族语写出要表达的意思,以便对照。我认为这是我们现在的中介语语料库存在的一个主要问题,需要我们在搜集新的语料时加以弥补的。再就是我们应该扩大中介语语料库的规模,在更广泛的范围内搜集。继北京语言大学之后,其他学校也建立了自己的中介语语料库。我们能不能把几种中介语语料库加以整合?对此我已经在不同的场合呼吁过了。"随着时间的推移和信息技术的发展,我们已经不满足于那种小规模、低效能的搜集方式,不满足于那种封闭式的语料库管理方式。今天,我们要求更大规模地,跨校、跨省市、甚至跨国度地搜集语料,建立起更高质量的语料库。"在信息时代,做到这一点已经不是困难的事了。关于语料库的管理,我在第六届国际汉语教学讨论会(德国汉诺威)上曾经呼吁:"这个语料库应该不断完善,不断更新,实行完全开放式的管理,实现高度的资料共享。只有这样,语料才能得到最充分的开发和利用,才能推动中介语的研究。"我相信,一旦一个广泛的、高质量的、开放的中介语语料库建立起来了,中介语的研究,乃至整个汉语作为第二语言获得的研究,就会更上一层楼。

总之,我认为,汉语中介语的研究、汉语作为第二语言获得的研究,大有可为。

(本文根据 2002 年 9 月 7 日在"新中国对外汉语教学 52 周年座谈会"上的发言整理而成)

外国人学汉语的篇章偏误分析
——兼谈拓宽中介语研究领域

一

我们曾经注意到,外国人用中文说话、写作,常常给人以前言不搭后语的感觉,虽然他说的话里、写的文章中的每一个句子也许都是合乎语法的。我们认为这是在篇章和语用上有偏误造成的,因此,主张把偏误分析扩大到篇章和语用的层面上(鲁健骥 1992)。近年来,这个问题越来越引起对外汉语教学界的重视,呼吁"走出篇章教学的盲区"(赵燕皎 1998),有关篇章方面的偏误分析,也有一些成果发表。本文旨在结合中介语研究,特别是偏误分析的新的动向,对一篇典型语料中与篇章有关的偏误进行分析,进一步说明扩大中介语研究的范围的必要性,并对此提出一点具体建议。

要进行篇章和语用层面上的偏误分析,一个重要的前提就是要有适当的语料。然而我们现在见到的语料还多为所谓的"病句"。满足不了分析篇章偏误的需要。而且我们认为供偏误分析的最理想的语料,应该知道学生想表达什么。具体地说,最好在搜集语料的时候,能够请提供语料的人同时用他的母语把他的意思告诉搜集人,这对分析偏误的工作会有很大的帮助,也会提高分析的准确程度。有一种意见不同意这样做,认为这样会有诱使之嫌,从而使得语料本身失去客观性。我们不这样看。因为造成偏误的原因是多方面的,常常是不同的原因造成同样的偏误。知道了学生本来要表达什么意思,首先就能分析出学生的偏误是不是母语、母文化影响的结果(而这是大量的),如果不是,我们才能考虑其他的原因。因此,作为偏误分析的第一步,这是很关键的。

再有,分析篇章方面的偏误所用的语料应该有一定的长度。根据篇章理论,所谓篇章,起码应该是复句或者两个句子。但是,仅仅据此对篇章所做的观察是不全面的。比如段落内部和段与段之间的结构关系,连贯与衔接等,只有通过对大于句子的语料进行分析,才能得出比较全面的结论。

根据以上两点,我们选取了一本供外国学汉语的中学生作阅读材料的《武松打虎》作为分析的语料。这份语料有如下特点:

(1) 作者是一位以英语为母语的汉语教师,汉语对他来说是外语,他使用的汉语是一种中介语系统。据我们从行文观察,文章没有经过汉语母语者的修改,因此可以看作原始的语料。

(2) 这本书由作者自己写成汉英对照本,其英语部分可以被看成作者要表达的意思。从中英对照文本的互相参照中,我们可以看出汉英在篇章方面的某些特点,从而发现产生偏误的原因。

(3) 正文部分汉字约2100字,篇幅适中。

由上可见,这份语料对我们进行偏误分析具有典型性。

本文将以这份语料为基础,简单地对外国人学汉语中的语篇偏误进行一些分析。当然,本文的分析是就这一份语料进行的,其结果不可能反映外国人学汉语的篇章偏误的全貌。一是一篇文章中包含的偏误是有局限的;二是在篇章层面上,不同体裁的文章有不同的篇章特点。本篇是一篇故事,它具有叙述文体的篇章特点,而不具备论说文和说明文的篇章特点。

在分析过程中,我们有时还把《水浒》有关部分作为一种参照。由于本文所使用的这份语料不是《水浒》中武松打虎故事的忠实复述,所以我们的参照只能是就大的方面而言。虽然知此,这种参照仍然是有意义的,我们仍然可以发现正常的中文篇章与有偏误的篇章的不同。

还有一点应该说明的是,这篇语料中所包含的偏误是多方面的,本文所分析的仅是与篇章有关的偏误,其他的偏误则不在本文讨论之列。引用时不作改动。

二

廖秋忠先生(1991)曾经指出,"篇章现象指的是语言使用时由于跨越句子而产生的语言现象。篇章现象到底有哪些,目前不完全清楚。"他又指出,"篇章现象的研究可大致分为两大类:篇章连贯与篇章结构的研究。"本文在分析篇章偏误的时候,把重点放在篇章连贯方面。我们这样做,基于这样一个认识:篇章连贯更多地涉及语言学的问题,而篇章结构更多地涉及写作问题,多属所谓"文章学"的领域。中介语是一个语言系统,我们对它的研究则主要关注语言学方面。另外,篇章分析还包括会话分析。其实,会话只是由两个或更多的人完成的篇章,参与会话的人交替说话(所谓"话轮"),仍然要连贯,仍然需要衔接的手段。当然,一个参与者的话(如果是超句的)内部的句与句之间也要求是连贯的。

篇章的连贯,说到底是句与句,句群与句群,段与段之间如何联系起来。这种联系,有形式的,也有非形式的(意义上的、语用上的)。各种语言在连贯上虽然有许多共同点,但也存在许多各自的特点,这又是从语言本身的特点派生出来的。正是这些特点常常是造成外国人使用上的偏误的原因。

外国人使用汉语时,在篇章方面的偏误主要表现是连贯的问题,他们掌握不住汉语的连贯手段,就出现了前文所说的"前言不搭后语"的现象。本文将就篇章连贯手段中的几个方面对外国人使用汉语中的偏误进行分析。

(一)指称偏误

在话语中,说话人会使用多种指称,对同一个人,同一个事物,会使用不同的指称,前后替代与照应(多数情况下是后面出现的替代、照应前面出现的),使话语前后衔接,连贯下去。高宁惠(1996)发现的规律是,段落与段落之间趋向于用名词性成分接应;话题链与话题链之间趋向于用代词接应;同一话题链内部的小句之间趋向于用零形式接应。只有符合这一规律,指称的替代和照应才是明确的,文句才是连贯的,不然就会连贯不起来。外国人使用汉语时,如果违反了上述规律,就会出现偏误。根据我们对《武松打虎》的分析,在指称方面的偏误有下列几种情况:

1. 没有被照应的对象。

例如:

① 我国北宋的时候,有一个又强又勇敢的英雄,姓名叫武松。他是山东省,清河县人。因为他在自己的家乡闯祸了,所以他离开家找工作。有一天他想回家去看看他好久没见的哥哥,叫武大郎。
② 伙计说:"……你来看我们这里前面挂着一张布告。"武松看了布告,带着几分酒意,好不在乎地说:"我什么考虑都不怕了。这条路我已经走过一二十次,我从来没听说过有老虎,你吓不倒我!"
③ 下山以后,有一个大群人欢迎武松。猎人立刻把武松扶上轿子一直抬到县长家去。
④ 第二天县长派来用人请武松去看他。武松坐上轿子由四个人抬着。在前头也有四个抬死老虎的用人。

⑤ 最先他们怀疑,可是后来看见武松身上有血,才相信。于是武松带猎人到那里去。

例①中提到武松"好久没见的哥哥"时,就显得突兀,因为上文并没有交代武松有哥哥,也就是没有被照应物,因而违反了上述第一个前提。从新旧信息的交替看,这里也不衔接。按一般规律,第一次出现的总是新信息,再次出现时,就成了旧信息,确指的信息,而这里第一次出现的"好久没见的哥哥"从形式上看却是旧信息,因而不匹配。比照《水浒》原文,我们就看得清楚了。原文在提到武松想回家看哥哥之前,作者就借柴进和宋江之口说明武松有个哥哥:

柴进指着(武松)道:"这人是清河县人氏。姓武,名松,排行第二。已在此间一年了。"宋江道:"江湖上多闻说武二郎名字,不期今日却在这里相会。多幸!多幸!"

下文宋江又问"二郎因何在此",武松才说出"今欲正要回乡去寻哥哥"的话来。在此之前,已经通过"排行第二""武二郎"暗示出武松有一个哥哥,下面说要去看哥哥,就接上了。

从英文看,似乎也不存在衔接不上的问题。这段话的英文是:

In China, at the time of the Northern Song Dynasty, there lived a brave and courageous soldier, named Wu Song. He was from Shandong province and from Qinghe county. As he had gotten himself into trouble in his own village, he left home to find work. One day he thought he would return home to visit his elder brother, whom he had not seen for a long time. This elder brother was called Wu Dalang.

这里"One day..."一句中 whom he had not seen for a long time 是一个非限定性定语从句,是对"哥哥"的补充情况,与"哥哥"的关系比较松散,接着又是另外一个独立的句子"This elder brother was called Wu Dalang"跟上句的"哥哥"呼应。

例②在提到布告时上文丝毫没有涉及布告的内容,更没有提到老虎,因此武松说的"什么老虎都不怕"之类的话,就失去了前提,因而前后不连贯。同样,《水浒》的原文就没有这样的漏洞。原文中酒家一提"榜文"(布告),武松就问:"什么榜文?"引出酒家讲出景阳冈上发现老虎的事,由此才有武松不相信有老虎,也不怕老虎的话。

例③④中前边并没有提到"轿子",就说"把武松扶上轿子""武松坐上轿子",因而不连贯。《水浒》的原文中这两处是这样的:

③-a 得到岭下,早有七八十人都哄将来;先把死大虫抬在前面,将一乘兜轿抬了武松,投本处一个上户家来。

④-a 早有阳谷县知县相公使人来接武松。都相见了。叫四个庄客将乘凉轿来抬了武松,把那大虫扛在前面,挂着花红段匹,迎到阳谷县来。

这里是先给新信息"一乘兜轿""(一)乘凉轿"再说"抬了武松",前后呼应。其实,例③④的英文原文也没有衔接不上的问题:

③-b When they reached the bottom, there was a large crowd of people to welcome Wu Song. The hunters carried Wu Song straight to the village elder's home in a sedan chair.

④-b The next day, the County Magistrate sent servants to invite Wu Song to call on him. Wu Song was carried in a sedan chair by four men. In front was the dead tiger, also carried by four men.

两句都用的是表示不定的形式 a sedan chair,和"一乘兜轿""(一)乘凉轿"性质是一样的,是新信息,不需要跟前边照应。

例⑤的"那里"应当是替代"冈上""山上"之类的,但这时早已超出了前面提到"冈上""山上"的话题链的管辖范围,照应不上,而《水浒》原文是"众人都跟着武松一同再上冈子来",衔接得很好。

2. 不该照应而照应。

这方面的例子比较多,例①中的"因为他在自己的家乡闯祸了,所以他离开家找工作"一句,第一个分句的"他"可以管到最后,第二个分句中不需要另一个"他"来呼应。再举二例:

⑥ 你看看,我们店门口挂着这张"三碗不过冈"的招牌,你就明白我们的酒很强。客人喝了三碗酒,得停止,再喝酒,就醉了,……

⑦ 武松走了半里路,看见一座破孔子庙(《水浒》原作"山神庙")。前头的树也有同样的布告。他看了一眼就继续往前走。武松走到半山腰,他想睡一会儿觉,……

⑧ 城里的人听见景阳冈的老虎被打死了,大家都来看这位打虎的英雄。

例⑥和⑧就属于一个话题链内部的接应,⑥中的"三碗酒""再喝酒"中的"酒"和⑧中的"大家"都是多余的,用了反而累赘。⑥中的偏误,是作者对汉语的"喝酒"的理解造成的。这一点,可以从英文原文体会出来:

> Look, in the doorway of our shop we have this sign, which reads "three bowls and you can't cross the ridge". Now you understand that our wine is very strong. When a customer drinks three cups of wine, he has to stop drinking for if he drinks any more, he'll be drunk.

一般情况下,这里的"drink"应该翻译为"喝酒",而不需要说"drink(ing) wine",但作者不知道汉语中当上下文清楚时(在同一个话题链内),开始时说过"喝酒",后边再说时,只说"喝"就够了。

⑧中的偏误则是作者母语篇章习惯的干扰造成的。这也可以从英文原文看出:

> When the people of the city heard that the Jingyang tiger had been killed, everybody came to see the hero, who had killed the tiger.

在英文中,主句中的 everybody 和状语从句中 the people 呼应。在这种情况下,英文不可能用零形式,汉语则必须用零形式。

例⑦是按时间顺序讲武松的动作,可以分为两个话题链。抛开其他问题,就篇章说应该是很顺的,在两个话题链之间需要"他"跟前面的"武松"呼应,下面可以一管到底。可是作者却又用了第二个"武松",在第二个话题链中又多用了一个"他",既切断了两个话题链之间的衔接,又切断了话题链内部的衔接,违反了规律,反而不连贯了。

这种偏误还有一种类型,就是照应成分的混乱。这篇语料中有这样一段:

⑨ (1)这时候老虎抬起两只前爪向武松扑来,武松往右边跳走。(2)老虎跳过武松身体的时候,他从老虎的后头用哨棒打老虎。(3)老虎几次扑空,愈来愈生气。又向武松慢慢儿的走来。(4)这次武松用哨棒使出全身力气打老虎,可是棒子打成两段,却没有打

到老虎。(5)武松跳过去抓住老虎的头猛打老虎,直打得老虎的嘴,耳朵,鼻子都流出鲜血,然后老虎受伤太重死了。

这一段是讲武松打虎的经过。我们仍然只从照应的角度看,可以发现(2)(4)(5)因照应混乱而使得文意不清,或者上下不衔接。在(2)的主句中,不应用"他"照应"武松",而应重复"武松",意思才清楚。三句中都有"打老虎",三处都是误用。第一处,句中有"从"这个方向性很强的介词,其后一般应有具有方向性的动词与之配合,如动词没有方向性,就要其他手段表示出方向性。动词"打"是没有方向性的,没有其他手段,就与"从"配合不起来。这句话如果改成"武松从后边向老虎打去"就连贯起来了;其他两处都应用零形式与前呼应,因而是多余的,应该删去。(5)是一个话题链,最后一个分句中不需要重复"老虎"(当然也没有必要用"然后"——作者对"然后"的理解显然有误,见下)。

3. 该照应而没照应。例如:

⑩ 武松走到半山腰,他想睡一会儿觉,就在路旁边儿的一块石头上躺下,觉得真舒服。

⑪ 他刚要睡觉的时候,忽然草里跳出了一只老虎十分漂亮,……

⑫ 武松最后自言自语地说:"我最好把这只老虎拉下山去吧!"可是已经用完了力气,实在拉不动了,两手发颤。

例⑩中的"他"是多余的,这个话题链应该到"……躺下"处结束,下面一句不照应就接不上,如果加上一句:"躺在那里,他觉得舒服极了",就好多了。例⑪说到"跳出了一只老虎"意思已经完整了,后面再说老虎怎么样就需要照应成分了:"那只老虎"如何如何。例⑫在"我最好把这只老虎拉下山去吧"后面需要照应,或者照应"武松",或者照应"拉"这个动作,不然就衔接不上。《水浒》原文就是这样的:

武松……寻思道:"我就地拖得这死大虫下冈子去?……"就血泊里双手来提时,哪里提得动?原来使尽了气力,手足都酥软了。

这里的"双手来提"跟上面的"拖"相呼应,即使省略了主语,仍然是衔接的。值得注意的是这三个例子的英文原文都不存在不衔接的问题:

⑩-a He thought he would sleep for a while and lay down on a rock, which was at the side of the road. He felt really comfortable. (另起一句,而且有 he 跟前边呼应。)

⑪-a He was just going to sleep, when suddenly from out of the grass jumped a tiger, strikingly beautiful,...（在英文中，strikingly beautiful 是补充成分，自然不存在衔接问题。）

⑫-a Wu Song finally said to himself, "I'd best drag this tiger down the mountain!" However he had already used up all his strength,...In fact he couldn't move it; his two hands were shaking.（这里有 he 跟 Wu Song 呼应，所以也是衔接得上的。）

（二）关联成分的误用

句与句，段与段之间的衔接，在很多情况下是靠关联成分的。比如复句的分句之间所用的关联词。另一方面，有些语法现象，如句尾"了"，从篇章的角度看，也与句子之间的衔接有关系。过去我们对这方面的偏误往往从词汇或语法的角度分析，有些情况下，这种分析是无力的。问题在于应该把这些词语或语法成分在篇章层面上的衔接作用讲清楚。

1. 关联词语使用上的偏误

⑬ 请旅客晚上不要过冈，白天才过去以免发生危险。

⑭ 武松看了那只老虎以后，一面不由得的说："哎呀"，一面准备打老虎。

⑮ 直打得老虎的嘴、耳朵、鼻子都流出鲜血，然后老虎受伤太重死了。

⑯ 没想到那两只老虎用后脚站起来，事实上是穿虎皮的猎人。

例⑬中的"才"用得不对。这里是指"过冈"这个动作将在另外一个时间（白天）出现。在这种情况下，应该用"再"，才能使前后衔接。例⑭中的格式"一面……，一面……"应该用于同时发生的两个动作，而这里的"哎呀"和"准备打老虎"是有先后顺序的，因此用上这个格式之后，语句因不合逻辑而失去连续性。例⑮中的"然后"用得不对。前面我们已经指出，这句话是一个话题链，"老虎"是多余的照应成分。"然后"用在这里，表示的意思是不对的。当两件或更多的事情先后发生时，"然后"用于后面的分句开头，与前一分句顺接。然而在这里，"然后"却破坏了话题链内部的连贯性。例⑯的第二句是说明发现一个与前面看到的不同的情况，而不是要否定前面的论断，而说明实际情况，所以用"事实上"作关联成分是不恰当的，应该用"原来"。

2. 句尾"了"的误用引起的篇章偏误

句尾"了"的篇章功能之一是它有完句作用(吕文华 1983)。一般来说,句尾有了"了",就表示这是一个完整的句子,也是一个话题链的完结,下面应该开始另一个话题链了。反过来说,在一个话题链中,前边已经用了句尾"了",后面再往下接续,往往就连贯不起来。外国人常常在这种情况下发生偏误,下面是《武松打虎》中的几个例子:

⑰ 因为他在自己的家乡闯祸了,所以他离开家找工作。
⑱ 我不拿酒给你,我怕你喝酒,喝得太多了,过不了前头的景阳冈。
⑲ 要是你使我发火了,我就把你店打烂。
⑳ ……可是已经用完了力气,实在拉不动了,两手发颤。

显然,这几个例子都因为用了句尾"了",使得话题链中断。

(三) 简化造成的不衔接

简化是中介语形成的一个原因,多因说话人目的语水平不高导致发生偏误。简化也有不同的情况,一种是说话人想表达比较复杂的意思,但受语言水平所限,表达不出来,必须简化;一种是说话人适应听话人,要把复杂的意思简化。从篇章的角度看,简化引起的偏误主要是语句的不连贯。

1. 对话中的不衔接

这里指的是对话中两个人交替话说时的互相不衔接,违反了所谓会话的合作原则。这种不衔接是没有标志的,属于语用的问题。例如:

㉑ 武松:"嘿!怎么回事!叫你拿酒来,听见没有?难道你怕我喝酒不给你钱……"
　　伙计:"客人,我不拿酒给你。我怕你喝酒,喝得太多了,过……过……过不了前头的景阳冈。……"
㉒ 伙计:"不行!不行!那条路你不能走!今晚你应该在这儿住下,明天一早再走吧!"
　　武松:"我一定没醉,有什么不行?……"
㉓ 猎人:"你不怕老虎吗?怎么这么晚还一个人上山来呢?"
　　武松:"你们再也不用害怕了,老虎已经被我打死了。要是你们不信的话,你们自己去看看。"

以上三个例子,都给人所答非所问的感觉。例㉑伙计应该接着武松的"难道你怕我喝酒不给你钱"说(不是怕您不给钱,而是怕您喝醉了),他却直接跳到解释为什么不上酒;例㉒伙计说的不是醉没醉,武松却说自己没醉,两个人说的不是一回事;例㉓猎人问武松怎么不怕老虎,一个人上山来了,武松说的却是"你们再也不用害怕了",也衔接不上。对照英文,我们发现英文的行文跟中文是一样的,也衔接不上。造成这种不连贯的原因,恐怕是简化。我们可以设想,作者作为教师,具有一定的阅读能力,但在讲述这个故事的时候,为了适应学汉语的中学生的水平,她必须对《水浒》的原文进行简化;而在简化的过程中,她受到本身笔头表达能力的限制,以至于表达不全。

2. 陈述中的不衔接

这包括句与句之间、话题链与话题链之间、段与段之间的不衔接。例如:

㉔ 武松喝了十五碗,才觉得痛快,站起来大声说:"这个伙计欺骗人。我怎么一点都没醉。"

㉕ 县长看到那么大的老虎由武松一个人打死了,马上给他很多金子和银子。武松是一个不爱钱的人,所以把钱给了猎人。最后,他成为"好汉"。

要是你想知道武松的哥哥被他太太杀死,然后武松报仇;和别的"好汉"的故事,请到图书馆去看《水浒》。

例㉔武松说的两句话,互相不衔接。例㉕是语料的最后部分。从武松把钱给了猎人,到成为(梁山)"好汉"中间的跳跃太大了,读者莫名其妙。最后一段,从武松一下子跳到武松的哥哥和别的"好汉",跟上段也衔接不上。

(四) 语用失误造成的篇章偏误

这主要指由于说话人不了解某些语用限制而造成的失误。例如:

㉖ "嘿!再拿酒来吧!"

㉗ "嘿!怎么回事!"

这两个例子的"嘿"作为发语词,用得不符合汉语习惯,既与上下文不相适应,也不符合对象,因而给人不连贯的感觉。胡明扬(1987)指出,"嘿"是提请对方注意,不礼貌地招呼对方。除此之外,我们的体会是,虽然都是不礼貌地招呼,这里的"对方"在语用上却是有限制的,具体地说,有两种:一种是招呼跟自己毫无关系的人,一种是招呼熟人。而在此处,店家对武松来说,既不是熟人,又不是毫无关系(顾客与店家的关系),因此不能用"嘿"招呼。《水浒》原文武松招呼酒馆主人时,总是先说"店家",酒馆主人跟武松说话或打招呼总是先说"客官",是符合彼此的身份的。这种偏误,只有不熟悉汉语的外国人才会发生。

有些情况下,由于说话人没有掌握汉语某些句式的语用特点,又缺乏其他表达手段(特别是那些汉语中比较"虚"的表达手段),因而造成了偏误。比如"把"字句。从语义上说,"把"字句用于确定的事物;从语义背景上说,"把"字句必须用于通过动作达到某种目的的句子。所以,"把"字句具有很强的承前性。下面的例子从形式上看,完全合乎语法,但放到它们所处的语境中,却是不合适的,上下不连贯:

㉘ 有一天他想回家去看看他好久没见的哥哥,叫武大郎。他就把行李放在背上,带着护身用的哨棒,往清河走去。

例中的"把"字句,"行李"应是确定的,就必须承前;而"放在背上"又表现了它的目的性。可是整句话却没有提供这样的语境,或者说,这里只是一般的叙述,不是使用其"把"字句的语境。《水浒》原文有两处提到同样的内容,都没有用"把"字句:"武松穿了一领新衲红袖袄,戴着个白范阳毡笠儿,背上包裹,提了哨棒,相辞了便行","次日早,(武松)起来打火吃了饭,还了房钱,拴束包裹,提了哨棒,便走上路"。两处都是按时间顺序叙述武松的动作,所以是连贯的。作者使用"把"字句,是"泛化"的结果。这个"泛化",又是作者表达手段不够造成的。查"他就把行李放在背上"一句的英文原文是"he then put his swag on his back"。看来作者是不知道"背上行李"或"背起行李"就可以表达出"to put ... on one's back"这一短语的意思,只好直译出来,造成了全句的连贯。再举一例:

㉙ 他(武松)在石头上坐下,休息一会儿,心里想"先下山去比较好。要是等一下再出来一只老虎,可没有力气。"

例中"先下山去比较好"一句英文是"It would be better to go down the ridge first"。关键是"It would be better"这个成语在中文里怎么表达。这里可以选用的是"最好"和"还是"。但作者都没有用,原因是,从字面上看,"最好"跟"better"的意思不相合,作者不会选用,而"还是"所表示的"经过比较、衡量,选出满意的做法"的意思,又是"还是"的几个意思中比较"虚"的,外国人掌握起来是有一定难度的,所以作者也采取了直译的办法,但却跟下文连贯不起来了。

三

本文所作的篇章偏误分析,是以一篇语料为基础的,因而还是很初步的,也是不全面的,但通过分析,我们认识到,在篇章层面上,学习汉语的外国人是会出现偏误的,值得研究,特别值得汉语教学工作者注意。目前,尽管中国对外汉语教学界已经开始关注篇章的问题,也有了一些成果,但总体说来,这个问题还没有引起普遍的注意,这方面的研究成果,还没有反映到我们的教学中,也没有反映到对外汉语教材中。这恰恰是产生篇章偏误的重要根源。能够引起偏误的另一些原因,如母语的负迁移,使用策略等,也是不容忽视的。

从语言教学的角度说,我们进行中介语和偏误的分析,目的是改进教学,提高教学效果;从学的方面说,是如何掌握好汉语。这里有个认识问题,也是理论问题,就是,对外国人来说,怎样叫做掌握了汉语,应该把目标定在哪里。我们过去在理论上和实践上有一个很大的差距。一方面,我们见到一些教学大纲、分级标准,把外国人掌握汉语的最终目标定在接近汉语母语者或双语者的水平;另一方面,在教学实践上又明显地滞后,从而形成了一以矛盾。教学实践上滞后的表现就是我们有超句训练(如成段表达、作文等)的要求,而缺乏相关理论的指导。必须把这二者协调起来,才能达到教学目标。

母语者的话语是多种因素形成的集合体,其中既包含了语言要素的因素,也包含了语用、语篇,以至社会文化、语体、风格等多方面的因素。从理论上说,外语或第二语言学习者只有掌握了这种种繁复的因素,才能达到母语者的水平。然而要做到这一点,谈何容易!本文所引用的语料说明了这一点。但作为外语教学的目标,却应该把这种种因素都包括进去,创造条件,使学习者尽量能接近这个目标。中介语和偏误分析的研究,应该为此作出贡献,拓宽中介语和偏误分析的研究领域,这就是说,不能停留在语音、语法、词汇的层面,而应扩展到上述各个层面,使我们对语言学习的认识更加深入、全面,为教学提供科学的、可信的基础。

这里提到的语体,似乎在中介语的研究中还是个新问题,因而有必要略加说明。我们说的语体,主要指口语、书面语和二者之间的共核。在我们接触到的中介语语料中,我们也观察到语体方面的偏误。外国人学汉语,往往是最先学习口语,书面语是到了一定阶段才开始学习的。或许是因为我们教学中缺乏语体的意识,学生在使用上常常出现语体上的混乱,这其实也是一种偏误。在有些情况下,又是书面语先入为主,造成口语上的语体偏误。我在国外工作时,有一位华人朋友,为了不让他的孩子忘记母语,给他准备了许多中文书报杂志,孩子也有兴趣阅读。然而他的汉语口语是滞后的。他说出的汉语,总像是背书。以上两种情况都是由于训练的失误引起的语体偏误。这种语体上的偏误,不仅仅表现在语法、词汇上,同时也表现在语音上。我时常想,我们的语音教学的归宿是什么,是朗读呢,还是说话呢,或者说,应该孰先孰后。目前的做法,似乎是前者为主。我想,应该让学生听与学地道的口语,而不应该让他们去模仿广播——即使他们模仿得很像,那么他们说的汉语听起来也会让人觉得很可笑。这样学出来的学生,他们在语音上的偏误,不一定表现在声韵调上,甚至也不表现在轻重音和语调上,而表现在语体上。

上面说的是对中介语内部的研究的扩展,或者说是深化。拓宽中介语研究领域的另一个方向,是把中介语的理论运用到标准语、方言和目的语文化的学习上。1998年号称"中介语之父"的塞林格(L. Selinker)教授访问北京,曾就"中介方言"和"中介文化"问题发表了几次演讲,他举出美国英语和英国英语这两种最大的英语变体的例子,说明中介方言和中介文化的存在和它们对英语学习的影响。我们认为,这两个领域跟语言的教与学也是息息相关的,对外国人学汉语也是有意义的。因而值得重视。

中介方言的概念,是中介语概念的引申。严格地说,每个人使用的都是一种方言,都跟标准语有一定的距离。我们在这里强调的是汉语各主要地域方言区的人说普通话时所产生的中介方言。中介语产生的各种原因,在中介方言的形成过程中也都发生作用。中介方言的存在使外国人学汉语增加了一个需要考虑的因素。具体地说,就是外国人学习汉语的时候,应该具备分析他所接触到的中介方言中的非普通话因素的能力,排除这些因素对学习的影响。另一方面,对于已经有一定汉语水平的外国人来说,这种识别中介方言的能力,又会成为说明他汉语水平(特别是理解能力)的标志。从教的方面讲,中介方言的概念的引入对我们确立一定阶段的教学任务和内容,有着重要的意义。举例来说,曾经有一段时间,某些对外汉语教材中大量出现方言土语,混淆了口语和土语,使得教学走了弯路。另一方面,在高级阶段,本来应该进行必要的训练学生理解中介方言的能力,教学却又没有跟上,限制了学生语言能力(主要是听和读的理解能力)的提高。

中介文化的概念,不自塞林格始,中外许多学者早已有所提及。例如我国的屈延平先生早在1991年就出版了《文化对比语篇分析》,被认为是第一部系统研究学习者中介文化行为的专著,王建勤先生也发表了《跨文化研究的新维度——学习者的中介文化行为系统》一文,对中介文化行为系统的理解和过程,对描写和分析这一系统,提出了一个基本框架。尽管他已经指出"不能简单地套用中介语理论来研究中介文化现象",我们仍然认为中介文化是中介语理论的延伸,而且从外语教学的角度,也可以把中介文化看作中介语系统的一个组成部分。也就是在这个意义上,我们把中介文化的研究看作拓宽中介语研究领域的一个方面。语言与文化是分不开的,语言学习与文化学习也是分不开的。许多具体的文化现象就体现在言语之中。本文所分析的《武松打虎》中也有一些是属于文化上的偏误,例如作者缺乏对我国北宋的社会背景的了解(或者也是从简化考虑),影响到行文的准确,显得不甚谐调。但因为本文只限于分析语篇偏误,所以未加讨论。

对外汉语教学史研究的回顾

对外汉语教学于20世纪70年代逐步走向成熟,并在70年代末初步被确立为一门新的学科,至今不过30年的历史,还是一门很年轻的学科。和其他学科的发展道路一样,对外汉语教学这门学科经历了漫长的近两千年的积淀、酝酿的过程。我们要了解今天的对外汉语教学,要预见它的发展前景,就要了解它的历史发展的轨迹。张清常(1990)说:"不去回忆历史,就看不清楚今天。"我们研究对外汉语教学历史的目的,就在于此。

一

随着对外汉语教学学科的确立,对外汉语教学史的研究也开始受到业内一定程度的注目。早在20世纪80年代,我们就已经陆续读到一些对对外汉语教学历史的考察与研究。关于我国古代对外汉语教学的,有阎德早、邓崇谟《意大利的汉语教学与汉学研究》(《语言教学与研究》1982年第2期)和武柏索《欧洲第一个汉语研究中心——古老而年轻的那不勒斯东方大学》(《语言教学与研究》1988年第4期)分别介绍了清同治年间湖北潜江人郭栋臣和另一位王姓中国人应聘在意大利教授汉语的情况。张亚军发表了《历史上的对外汉语教学》(《语言教学与研究》1989年第3期),对自东汉至19世纪末的对外汉语教学历史进行了概括的梳理(该文内容经过补充之后,作为第二章的第一节收入他1990年出版的《对外汉语教法学》)。崔颂人《美国汉语教学的先驱——戈鲲化》一文介绍了戈鲲化正式应美国哈佛大学之聘于1879—1882年在该校任教的情况。

关于20世纪前50年对外汉语教学的历史,研究得不多,比较有特色的是学界对文化名人从事对外汉语教学予以较多的关注。如李振杰借在伦敦任教的机会,对作家老舍在1924—1929年在英国教授汉语的情况做了详细深入的实地考察,获得了许多珍贵的第一手资料,出版了专著《老舍在伦敦》(1990)。围绕老舍在伦敦的教学,对他在英国时编写和录制的"灵格风"汉语教材和留声片的研究也有不少,其中比较有代表性的是上海师范大学刘小湘发表于《世界汉语教学》1992年第3期的《我国对外汉语教学的珍贵遗产——试论老舍在伦敦期间的对外汉语教学》。文章以李振杰专著提供的情况为基础,从教学的角度对老舍在伦敦的教学给予了高度评价。

再一点值得注意的是对我国早期对外交人员汉语教学的介绍。这方面虽然只有殷华桴的《中国早期的外交人员汉语教学》一篇,而且篇幅不长,但却是很重要的,因为它打开了对对外汉语教学历史研究的一个不可缺少的方面。文章对20世纪20—60年代对外交人员的汉语教学做了简单的介绍,其中特别讲到1926年美国人办的华北协和华语学校(North China Union Language School)中中国教师的情况:当时学校聘请了20余位中国教师,他们在教书之余,还编写了两卷本的《华文须知》①和英汉对照的分类词汇手册(2008年7月10日《北京晚报》何季民的文章对该校也有介绍)。文章还介绍了1946年美国陆军语言学校在当时的北平设立的分校的教学情况,从而我们知道,该校采用的教学方法就是赵元任先生在美国ASTP的教学方法。对新中国五六十年代的外交人员的汉语教学,文章也给我们提供了重要线索,如当时对苏联东欧各国使馆人员、对英国、荷兰等外交代办处的外交人员,都派出了教师进行一对一的汉语教学。

对于新中国的外语教学史,也有不少论述。最早介绍新中国对外语教学历史的是张道一的《新中国对外国人进行汉语教学的三十二年》一文(《语言教学与研究》1982年第3期),这是作者访问美国时做的一篇报告。报告将至1982年为止的对外汉语教学分为四个阶段加以叙述,初步勾勒出各个阶段的一些突出之点。第一个时期是"附设在其他高等学校的专修班阶段(1950—1961)",作者认为这一时期"在教学内容、课程设置和教学法上……积累下了对后来的发展有益的经验"。其他三个阶段分别是:成立专业性高等学校阶段(1962—1966)、恢复时期(1973—1976)、发展时期(1977—1982)。1989年李培元发表了《中国对外汉语教学的40年》,回顾了40年对外汉语教学发展的概况,论述了对外汉语教学作为一门新的学科所具备的条件,总结了对外汉语教学经过40年的建设所积累的主要经验。

张亚军(1990)在所著《对外汉语教法学》第二章的第二节记述了从新中国成立至1989年对外汉语教学的发展概况。

对新中国对外汉语教学史的研究最全面、最深入者,当属吕必松的专著《对外汉语教学发展概要》(北京语言学院出版社1990年出版)。张清常在为该书写的序言中称吕必松"看得宽阔,看得长远,自有真知灼见。资料掌握得较多而且全面。各个时期发展的线索他都清楚,叙述起来头头是道,评定又有分寸"。作为第一部回顾新中国对外汉语教学发展的专著,它具有开创性。初步对对外汉语教学发展进行了分期,从事业的发展、教学法的发展和学科理论的发展三个方面清晰地理清了各时期、各阶段的基本发展脉络。

进入21世纪以来,又有几部颇为引人瞩目的相关研究成果问世。兹按出版时间顺序简介如下:

(1) 张宏生著《戈鲲化集》

2000年江苏古籍出版社出版。前面崔颂人对戈鲲化有所介绍,而张著则是在几乎是穷尽性地搜集了第一手材料的基础上,对戈鲲化的生平、著述,特别是他赴美任教的来龙去脉进行了整理、考证、记述、分析。这是我国第一部研究历史上有代表性的对外汉语教师的专著(虽然作者是从中美文化交流的角度对戈氏进行研究的),代表着对外汉语教学史研究的一种方法,其价值自不待言。但由于作者本人可能并不是专门研究对外汉语教学史的,所以有个别提法不够准确,如说戈鲲化是我国向西方国家派出的第一位对外汉语教师,把戈氏所著《华质英文》说成是中国人为外国人编写的第一部汉语教材,都不符合实际情况。

(2) 董明著《古代汉语汉字对外传播史》

2002年中国大百科全书出版社出版。该书是国家汉办1998—2000年科研项目的结项成果。在研究过程中,作者边搜集资料,边研究,边开课,历时数载,终于完成了这一部洋洋60万言的重要成果。本书的叙述自先秦始,至清末止,对朝鲜半岛、日本、越南汉语汉字的传播情况做了详细的系统的考察与梳理。本书另辟"宗教篇",专门叙述上起两汉,下至清末外国僧侣、传教士等学习汉语的情况。本书的一大特点是对史料的搜集。作者披阅古今书籍200余种,披沙拣金,发现了大量有用的史料。本书是一部汉语汉字传播史,自然包括这些国家本身的汉语教学情况和向中国选派留学人员的情况,也包括中国教师在国内和在这些国家进行对外汉语教学的情况。作者对以上诸国(韩、朝、日、越)历史上汉语教学机构、管理、教学活动、课程设置、教学模式、考试制度等无不作为考察内容,而且更加难能可贵的是,作者发现了大批在这几个国家进行汉语教学的中国教师和对外国传教士进行汉语教学的中国教师。这些也都为对外汉语教学史的研究提供了极其珍贵的线索。

(3) 张西平等编著《西方人早期汉语学习史调查》

2003年中国大百科全书出版社出版。编著者张西平、李真、王艳、陈怡。西方人早期汉语学习史调查是张西平主持的国家汉办1998—2000年科研项目,课题组成员特别是张西平为了搜集第一手资料,跑遍国内外的图书馆,做了大量的翻译、整理工作,并在此基础上开展深入系统的研究工作。

该书分四编,上下两卷。第一编为概论,概述西方人早期学习汉语的历史、西方人学习汉语历史的研究对象和方法、西方人研究汉语的成就。其中第四章集中介绍了1800年前后对外汉语教师和教材的情况,把这一时期对外汉语教学的概貌勾勒得比较清晰。从对外汉语教学史的角度来说,这一章是直接讲述明清对外汉语教学史的。第二编为个案研究,评介马若瑟的《汉语札记》、艾约瑟的《汉语官话口语语法》和毕利干的《法汉合璧字典》;第三编为文献,选译了马若瑟的《汉语札记》、基歇尔的《中国图说》、恩德里希的《汉语语法基础知识》和约翰·韦伯的《论中华帝国的语言可能是原始语言的历史论文》。这两编是本书的核心部分。从西方人早期汉语学习与研究的情况,我们了解到他们如何从学习的角度去观察汉语,他们在学习与研究的过程中思考过哪些问题,这些都对我们今天的对外汉语教学有很重要的参考与借鉴作用。第四编是目录,收入英国伦敦大学亚非学院馆藏西文汉学书目中有关汉语的部分,法国考狄《西人论中国书目》的语言学部分和在华耶稣会士所撰关于中国语言的语言学著作目录(为费赖之撰《在华耶稣会士列传及书目》摘编)。这一部分给有兴趣研究西方人早期学习与研究汉语的历史的人提供了弥足珍贵的资料。

(4) 程裕祯主编《新中国对外汉语教学发展史》

2005年北京大学出版社出版。该书是国家汉办2001年规划项目,是我国研究新中国对外汉语教学史的第一部专著。该书将这一段历史分为开创(1950—1970年代后期)、确立(1978—1987)、深化(1987—1999)三个时期做了比较全面的叙述。该书史料比较丰富,尤其是对早期对外汉语教学的相关资料,做了相当的发掘,其中《清华大学东欧交换生中国语文专修班暂行规定》、《清华大学东欧交换生中国语文专修班两年教学计划(草案)》、《北京大学外国留学生中国语文专修班暂行规程(草案)》、《(桂林)中国语文专修学校1954学年度语文班教学计划》等都是很珍贵的历史资料。该书除高校正规的对外汉语教学之外,还记述了对驻华外交人员的汉语教学以及对外广播汉语教学等非正规的对外汉语教学。该书叙述平实,对于对外汉语教学发展的过程介绍得比较详细。但相对而言,对半个世纪以来对外汉语教学历史中有代表性的人物介绍得不够,对相关的理论建树、教材建设的评价不够突出。简言之,该书对对外汉语教学在学术上的发展与成就的介绍显得薄弱。

(5) 张西平主编《世界汉语教育史》(第二~六章)

《世界汉语教育史》于 2009 年由商务印书馆出版,全书共 12 章,其中用了 5 章(第二~六章)约三分之一近 16 万字的篇幅叙述我国从汉至今的对外汉语教学发展概况。假如这 5 章单独成书的话,可谓迄今最为完整的对外汉语教学史纲要。从全文可以看出,编写者的叙述重点是自 20 世纪初至今的 100 年,特别是 1949 年以来的情况。这反映了对外汉语教学的发展过程,也是资料文献由少到逐渐丰富的过程。该书叙述对外汉语教学史,先是以明清为界,此前各朝对外汉语教学情况为一章,明清为一章。对明清以前的对外汉语教学,是按朝代进行综合记述,涉及宗教在对外汉语教学中的作用,以及外国人来华学习安排、所用教材、教师等。由于历史的久远以及对对外汉语教学认识上和重视程度的局限,这 1000 余年留下来的资料不多,作者能够叙述到如此程度,实属不易。明清时期,对外汉语教学得到了比较大的发展,更由于西方传教士的入华,给对外汉语教学带来了新气象,可以查到的资料逐渐地多起来,所以这两个朝代的对外汉语教学的发展脉络比较清晰,记述也更加充实。该书把民国至今的对外汉语教学分为三个阶段,1912—1949 年称为近代,1950—1989 年称为现代,1990 年以后(大致到 2007 年)称为当代。编者之所以对这 100 年的对外汉语教学如此分期,笔者体会是为了在后两个时期的叙述中涵盖台湾的情况。比较起来,这三个阶段中,"近代"部分显得薄弱一些,可能与资料发掘得不够有关。"现代"和"当代"两部分,则资料翔实,可供参考的成果也较多,所以是几个时期中最充实的部分。编者对对外汉语教学作为一门新兴学科的建立过程和建设的历史、教学理论上的建树、教学法的沿革、教材的发展、师资队伍的建设等都做了系统的介绍,基本上能够反映出最新的研究成果,并且能够对每一时期对外汉语教学的特点和前人的经验给予恰当的评价和总结,读后使人感觉我国的对外汉语教学确是一门有深厚积淀的学科,给人以启迪,为对外汉语教学史的研究开启了一条新路。

但纵观全书,整个叙述仍有疏漏。如有些历史情况,像清代琉球学馆、俄罗斯学馆等,资料比较丰富、齐全,特别是俄罗斯学馆,培养了一批开创俄罗斯汉学的领军人物,却未在该书中得到反映。对民国时期文化名人参与对外汉语教学的,书中只提到老舍和萧乾,实际上,我们目前所知,不止此二人,而且都有案可查,也应载入史册。②

二

在过去近 30 年的时间里,对外汉语教学史的研究,从起步到发展,已经取得了初步的成果。这些成果涵盖广泛,包括论文、专著;包括个人的回忆,也包括散见于相关论述之中的片断等;涉及古代,也涉及现代;涉及专书,也涉及有代表性人物的介绍。在这方面,对外汉语教学的专业学术期刊与各类与汉语有关的学术会议起了不可忽视的推动作用。如创刊于 1977 年的《语言教学与研究》,自 1982 年开始,刊登有关对外汉语教学史的文章。《世界汉语教学》也从 1987 年试刊第一期起开始发表对外汉语教学史的文章。这些文章大致有这样几类:

(1) 有关古代与现代对外汉语教学发展情况的。如张亚军(1989)的《历史上的对外汉语教学》、李培元(1989)的《中国对外汉语教学的 40 年》,施光亨、杨俊萱(1990)的《新中国对外汉语教学大事记(1950—1989)》(后收入《各国推广本族语情况汇编》一书)。也有专题研究,如鲁宝元(2004)专门研究琉球学馆的《人在海邦为俊杰,学从中华问渊源》。

(2) 有关对外汉语教学历史上一些有代表性的人物的,如,古代的有周戈、戈鲲化等;现代的有老舍、王力、吕叔湘、朱德熙、周祖谟、魏建功、张志公、邓懿等。对这些人物在对外汉语教学领域的活动与著述,做了介绍与评价。

(3) 关于历史上的对外汉语教材的评介,如,吴淮南对《朴通事》和《朴通事谚解》的评介、鲁健骥关于《践约传》和关于朱德熙在保加利亚任教时编写的《华语教材》的评介等。

由于对外汉语教学史研究的发展,这一领域的学术研究越来越受到学界的重视,一个重要标志就是 2004 年第一届世界汉语教育史国际学术研讨会的召开。这次会议由北京外国语大学、北京语言大学和澳门理工学院联合举办。这次会议的论文,涉及多国的汉语教学的历史与现状的研究,属于我国对外汉语教学历史的论文占了相当的比例。这次会议的召开将对外汉语教学史的研究推到一个新的阶段。会后成立了世界汉语教学史学会,自此,世界汉语教学史的研究有了自己的学术组织。这里还应该指出,北京外国语大学海外汉学研究中心多年来致力于世界汉语教学史和中国对外汉语教学史的研究工作,成为国内对外汉语教学史的研究中心。他们为了学科史的研究做了大量的扎实的工作,在课题研究、队伍的培养、图书资料的搜集与整理方面都取得了骄人的成果。

三

过去近30年的对外汉语教学史研究,总起来看,还处于挖掘、积累史料的阶段,至今还没有出现一部全面系统地记述对外汉语教学史的著作。前期的研究比较分散,后期的研究有了一些系统和规模,关注的学者也逐渐多起来,形成了一定的格局。

研究对外汉语教学史可以有不同的规模、不同的视角、不同的侧重点。目前由于基础仍显薄弱,研究的历史比较短,史料比较缺乏,迄今仍无通史问世,专史也无从说起,只有断代史才是目前对外汉语教学史研究的重点。我们已经取得的成果,如吕必松的《对外汉语教学发展概要》、程裕祯主编的《新中国对外汉语教学发展史》等,基本上都属于断代史的范畴。

研究对外汉语教学史,有几个问题需要解决:

(1) 对外汉语教学史,从什么时候算起,这是学者们根据自己掌握的史料与研究的视角而表现出来不甚一致的。张清常(1990)认为"追溯对外汉语教学的历史,需要联系着汉外对译的情况来看"。因此他是从周末算起的,因为《周礼》中提到了通译的情况。董明(2002)的《古代汉语汉字对外传播史》基本也是这样算的,他更具体到从周末箕子入朝算起。张亚军(1989)虽然也引述了《礼记·王制》中关于双语人才的记载,但他同时又说"这还不能说是对外汉语教学"。他认为"汉语真正作为外语学习,首先应该提到的是那些随着佛教而来到中国的外国僧人"。总之,这还是一个需要讨论的问题。

(2) 如何界定对外汉语教学中的"外"。哪些算是外国人。张亚军认为当时从中原的角度说是"外国"的地方,随着我国版图的确立,后来就不是外国了。特别是西域的那些"国",很多后来都划入中国的版图,所以那些"国"的人到中原地区来学汉语,只能看成是少数民族学汉语了。这一点应该有共识。

还有,从对外汉语教学的授体来看,我们一般认为应该是中国人教外国人,才是对外汉语教师。但这里面其实是有一些复杂的情况的。比如外籍的华人汉语教师,他们的教学是不是"对外汉语教学"?这是值得探讨的问题。当然,要解决这个问题,或许需要对"对外汉语教学"的内涵进行重新诠释。这已经超出本文要讨论的范围,暂不讨论。

(3)对外汉语教学史,应该如何分期。任何历史的分期,都是以历史的重大变革为依据,同时也要照顾到世界历史的进程。以对外汉语教学来说,若写通史,当然可以分为古代和现代。问题是,在古代和现代之间,像中国历史那样,要不要再分出一个近代。董明的《古代汉语汉字对外传播史》是从周一直写到清为止,显然他是把这整个漫长的有王朝的时期都看作古代的,也就是说,一直到20世纪初的1911年以前都是古代。显然这"古代"的下限未免离现代太近了点。似乎有必要中间有个过渡。而且明清两季的对外汉语教学较前有大的发展,甚至可以说有质的变化,理应作为一个时期单独对待。施光亨(2005)以明末为分期。另外是否还可以参照中国文学史的分期办法,把清以前的时期称作"中国对外汉语教学史",民国以来的叫"中国现代对外汉语教学史"。《世界汉语教育史》将20世纪初至今的近百年的对外汉语教学史分为"近代""现代""当代",虽然自有其道理,但是否恰当,也值得讨论。总之,到底如何合理分期,还有研究的空间。

现代对外汉语教学史,涵盖民国时期。到了新中国成立之后,又分为两支,一支是大陆,是中国对外汉语教学的主体;另一支是台湾。所以专讲大陆的对外汉语教学史,冠以"新中国"是很恰当的。但若讲中国对外汉语教学史,1949年以后的部分,必须包括大陆和台湾。

新中国近60年的对外汉语教学史,也有分期的问题。吕必松(1990)分为4个阶段,即初创阶段(50年代初—50年代末)、巩固和发展阶段(60年代初—60年代中)、恢复阶段(70年代初—70年代末)、蓬勃发展的阶段(80年代初以后)。而对教学法的发展,则每10年作为一个阶段,分别为初创、改进、探索、改革阶段。程裕祯(2005)则分为3个时期:事业开创时期(50年代初—70年代末)、学科确立时期(1978—1987)、学科深化时期(1987—1999);开创时期下分三个阶段:初创阶段(50年代初—60年代初)、巩固和发展阶段(60年代初—60年代中)、受挫和恢复阶段(60年代中—70年代末)。《世界汉语教育史》则分为初创和探索阶段(50—60年代初)、受挫和恢复阶段(60年代中期—70年代后期),而对80年代以后,编者没有说是什么阶段,但从文中的叙述看,应该是"发展"阶段。看来,三者分期的角度,各时期的起止年代都有同有异。

(4) 对于对外汉语教学史上有代表性的人物和著作,要不要做出评价。古代的,如郭栋臣、周戈、戈鲲化,都好说;现代的,如果已经是文化名人的,如老舍等,也好说,而一牵涉业内的代表人物,就成了棘手的问题:什么样的人算是代表人物、面有多宽、对他们如何评价,都会引起争论。教材、论著的入史,也存在同样的问题。因此,现在已经问世的相关著作,或者很少提及代表人物和著作,或者不管有没有代表性,都入史。这两种情况都不是正常的现象。我们认为,写历史,不能回避代表人物和著作。很难设想,一门成熟的学科之内,竟然没有自己的代表人物,如果是那样的话,这门学科的地位都是值得怀疑的了。但也不能太泛。入史的人物、著作,要禁得起历史的考验,还是要严一些。

(5) 研究方法问题。鲁健骥(1999)在《对外汉语教学学科建设的一个重要课题》一文中提出循着学校教育和宗教的传播两个路径探索对外汉语教学的发展。实际上,还有另外一个方面,就是"一对一"的教学方式。传教士的汉语学习,很多都是聘请中国老师(对外汉语教师)单独教学。张西平(2003)在《应加强对西方人早期汉语学习史的研究——兼论对外汉语教学史的研究》一文中提出用历史学、宗教学、比较文化和比较语言学的方法研究对外汉语教学史。

以上几个问题,都需要在实践中经过讨论加以解决,而这些问题的解决,将对对外汉语教学史的研究起推动的作用。

鲁健骥在《对外汉语教学学科建设的一个重要课题》一文中把对外汉语教学史的研究提到学科建设的高度去认识,呼吁业界予以关注。这篇文章起到了一定的引导作用,得到了对外汉语教学界的认同与响应。但就总体而言,由于对外汉语教学作为一个专门学科其历史还不长,学科史的研究尽管已经取得了一定的成绩,仍然显得比较薄弱,仍然未受到普遍的足够的重视,研究的队伍尚未形成,相关成果仍嫌零散。而学科史的研究对于学科的成熟、发展都有着举足轻重的作用,因此也是刻不容缓的。

附 注

① 笔者曾在美国俄亥俄州立大学图书馆查到一本 Hong S. Aldrich 编写的《华语须知》(HuaYu Hsu Chih), Vol. I, Yale University Press, 1942 年出版,不知是否一回事,待考。

② 民国时期文化名人参与对外汉语教学的,据笔者所知,如与萧乾同时

在伦敦大学东方学院任汉语讲师的还有于道泉（实际上，萧乾是于道泉推荐受到聘任的）；著名翻译家曹靖华曾在列宁格勒东方语言学院任汉语教师；季羡林在德国哥廷根大学留学期间，曾受聘任汉语教师；杰出的语言学家罗常培1945—1948年曾先后在美国朴茂纳学院和耶鲁大学任客座教授，在担任汉语语言学课程之外，还教授高级汉语和基础汉语。

（原载《汉学研究》第十五集，学苑出版社2013年出版）

澄清对外汉语教学模式演变过程中的两点重要事实

近读《暨南大学华文学院学报》2007年第4期刊载的曹贤文的文章受到很大启发。但文章对于我国高校对外汉语教学模式的产生和演变情况所作的表述，不够确切。作为我国对外汉语教学模式的亲历者，我觉得有责任做些必要的澄清。

一、关于"讲练—复练"模式。这种说法很普遍，但确切地说，这样概括这个模式是不准确的，"讲练"之后应该是"练习"，而不能是中间插一个"复习"再"练习"，所以应该说"复习—讲练—练习"模式才对。这是从新中国对外汉语教学创始至"文革"前的主要模式。这种模式应该说与美国现在仍然流行的包括"明德模式"的"大班""小班"结合的课堂教学安排是同源的。这种模式源于二战期间美国陆军专门训练计划部研究出的语言教学法。Richard T. Thompson（1980）说，这种教学法"就是后来由语言学家和说所教语言的教师合作授课的教学法。说来出人意料，这种教学法直到今天，在美国非普遍教授的语言的教学法中仍多有体现"。当时使用这种教学法的有55所接受军方派出的15000名学习27种语言的士兵的高校。该项目的汉语教学是由赵元任先生主持的。赵先生是语言学家（同时也是汉语母语者），上"大班"课（但该教学法并不要求上"大班"课的语言学家必须是母语者），有20多位汉语母语者助教上"小班"课。邓懿先生就是这些助教之一。1950年清华大学成立东欧交换生中国语文专修班时，邓懿先生已经回国，专修班的主任周培源教授就请邓懿先生负责筹划教学工作，并编写教材。邓先生基本上采用了这种大班小班结合的课堂教学模式，后院系调整将清华的中国语文专修班调整到北京大学，教学模式沿袭下来。上世纪60年代初北京外国语学院（现北京外国语大学）开始接受非洲留学生后，把这一模式移植过来。但有些变化。当时由两位教师包一个班，一位是有经验的教师，上"讲练课"，一位新教师上复习和练习课。1962年以前，后者往往是懂外语的老师，所以还承担教学翻译的任务，就是说，他第一节上复习课，第二、三节给讲练课老师当翻译，第四节上练习课，每天上四节课。1962年后，一部分懂外语的老师开始担任讲练课,另一位新教师上复习和练习课。这种情况一直延续到"文革"开始。"文革"后期对外汉语教学恢复之后,也曾延续了一段时间,后来就变成了"讲练—练习"模式。

说起来,这种变化却是完全从教师省时间考虑的。当时主要是上复习和练习课的老师提出来的,他们上午第一节课和第四节课有课,中间两个小时空着,却做不成什么事,所以就要求两位老师分前两节和后两节,前两节是讲练课,后两节是练习课。这样一改,方便了老师,对教学却造成了影响。按这种安排,复习和讲练占两节课,假如复习是充分的,那么讲练的时间只有一节课多一些,而练习却用两节课,时间的分配上是不合理的。这种影响至今仍然存在。

二、关于分技能教学模式的产生。文章引述别人的说法,认为分技能教学模式完全是为了节省教师的工作时间,减轻行政管理的负担。事实并非如此。如果为了减轻教师的工作时间,那么由"复习—讲练—练习"转为"讲练—练习"已经解决了这个问题(尽管这一转变并不合理)。这里有个误解,以为分技能设课之后,教师之间可以不沟通、不协调。实际上不是这样的。以使用《初级汉语课本》为例,分技能设课,仍然以口笔语综合课为主,其他如听力、汉字读写课、阅读课必须跟主课配合,进度必须协调,是三位老师之间的配合。另一套分技能模式的教材《现代汉语教程》的读写、听力、说话三种课型之简单配合关系也较不分技能设课时要复杂。(李德津 1986)

至于说减轻行政管理的负担,更是不能成立,不管是"复习—讲练—练习"模式,还是其变体"讲练—练习"模式(我们不提"讲练—复练"),行政管理的工作其实比分技能模式的负担要轻,那时排课很简单,每个班一个教室,每天4节课,两位老师,一人两节。而分技能教学由于课型增加,行政管理方面,无论是教师的配备、教室的安排都比原来复杂得多。

因此,曹文说的两个分技能设课的原因既不能成立,也不是事实。那么真正的原因是什么呢?笔者在1983年写的《基础汉语教学的一次新的尝试——教学实验报告》中已有阐述,2003年在《对外汉语教学改进模式的构想:口笔语分科,精泛读并举》一文(见本书 p.34)中又对这一模式的产生过程做过进一步的说明,现摘引如下:

> 上世纪70年代,外国新的教学法理论已经介绍到中国,如功能—意念大纲、交际法等,都引起我们对对外汉语教学现状的思考。始于1979年初的教学改革,就是在这种情况下进行的。首先是考虑

如何在有限的一年时间里,加强学生的语言能力的培养,改变教学以语言知识为纲的状况。经过认真的分析,我们认为,四种语言能力不能平均使用力量。……对于在华学习汉语、又要进入中国高等学校学习专业的外国学生来说,这四种能力如何安排得合理,就成为我们思考的核心问题。我们认为,在一年的时间里,"说"应该控制在一定的限度。这限度就是学生"说"的能力应该能够满足生活上的需要,而不必提出更高的要求。在他们专业学习阶段,"说"的能力的提高,是跟他们的专业学习同步的;在一年的汉语预备教育阶段,没有必要也不可能顾及那么多。但是"听"和"读"就不同。从学生的实际情况考虑,他们学习专业的时候,课上要听讲,课下要阅读大量的讲义、参考文献。外国学生如果缺乏听和读的训练,不掌握听和读的技能,没有养成听和读的习惯,是很难适应的。因此,我们把"突出听、说"改为"突出听、读",这就是改革后的教学模式的总格局。

按照这个总格局,我们对原来的课程做了调整,即以口笔语综合实践课(相当于原来的"讲练课")为中心,另开设听力课,上学期开汉字读写课,下学期开阅读课。我们不难发现,在这个模式中,由于听和读单独设课,听读能力的训练显然得到了保证和加强。当时(1981—1982年)两轮实验和对已到其他学校学专业的学生的跟踪调查的结果表明,这一模式适合它所规定的教学对象,也达到了预期的"突出听、读"的效果,因而得到推广,以至于为国内有同类教学对象的高校所采用。

任何一种教学模式,都不是从天上掉下来的,分技能教学模式也是如此。如果说这种教学模式创始的时候,由于当时时代的局限和我们自己学识所限,其理论准备不够充分,那是事实,但若是说它"不是教学理论发展的必然结果,而主要是为了节省教师的工作时间,减轻行政管理的负担",却未免过于武断,也不符合实际。至于说分技能模式存在的问题,本人在《对外汉语教学改进模式的构想:口笔语分科,精泛读并举》一文(见本书 p.34)中有所分析,此处不赘。

以上就是我对我国高校对外汉语教学模式的演变过程做的说明。

(原载《暨南大学华文学院学报》2009 年第 3 期)

附录

"普通话"译为"MANDARIN"之我见

一

近读国家汉语国际推广领导小组办公室颁布的《国际汉语教师标准》（外语教学与研究出版社 2007 年第 1 版），其中标准 1.2 是"教师应具备良好的汉语听力理解能力"，其"基本能力"第一条是："能听懂在各种场合下的**普通话**或带有方音的**普通话**"（p.5，原文无黑体字，下同），这一条的英文文本是"Be able to understand speeches and daily conversation in standard **Mandarin** or slightly-accented **Mandarin** in a variety of situations"（该书英文文本 p.5）；标准 1.3 是"教师应具备良好的汉语口头表达能力"，其"基本能力"第 1 条是："能用较为纯正的**普通话**以正常语速进行口头交际"，这一条的英文文本是"Be able to communicate orally at normal speed with standard **Mandarin** or slightly-accented **Mandarin**"。

对于这两条的英文表述，我们不作评论，但译者将"普通话"译为"Mandarin"，却是值得注意的。本人是头一回在我国正式的官方文件上见到把"普通话"译为"Mandarin"，而本人又一向对这样翻译怀有异议，因此感到有必要对此作一番讨论。

二

"汉语"或"中文"、"普通话"这几个术语到底应该如何翻译，虽未见很多理论上的阐述，但在翻译实践上却有不同的译法。"汉语"或"中文"最普通的翻译是"Chinese"或"the Chinese language"，"普通话"一语根据实际情况有译为"common speech"或"standard Chinese pronunciation"的，也有干脆音译为"*Putonghua*"的。笔者认为这些翻译都是可以接受的。

当代将以上这几个术语译成或写成"Mandarin"的，最初只见于海外学者的论著，后来国内一些学者，也跟着这样用。笔者由于不赞成这样用,所以在做《世界汉语教学》英文编辑以来,所译英文标题和内容提要中,一律用"Chinese"或"the Chinese language"翻译"汉语"或"中文","普通话"则一般用音译;国内或在国外的中国学者的来稿中所附的英文标题或内容提要中凡有用"Mandarin"和"Mandarin Chinese"的,一律改为"Chinese"或"the Chinese language",如果强调是"普通话"的,则音译为"*Putonghua*"。

为什么要这样译?理由很简单,"汉语"或"中文"、"普通话"都是术语,凡术语都有特定的内涵和界定,不能随便翻译。"Mandarin"既不是"汉语"或"中文",更不是"普通话"的同义语。有人可能会说,"Chinese"或"the Chinese language"还不足以表达出自己所说的"汉语"是"标准语"的意思,读者可能理解成也指汉语的各种方言,"Mandarin"一语则指汉语的"标准语"。其实不然,因为"Mandarin"并没有"标准语"的意思(汉办的文件也把"普通话"译为"standard Mandarin"),"汉语"本身也不会被理解为任何一种"方言"。语言学论著中说"汉语"指的就是标准语即普通话,也不会被理解为指某一种方言,正像我们说"英语",指的就是英语的标准语,所谓"GB"或"GA",谁也不会想到伦敦的 Cockney 英语一样。

三

再回过头来说"Mandarin"这个词。十几年前,笔者在澳大利亚工作时,在当地的华文报纸上看到一则小知识,说英文的"Mandarin"一词是从西班牙文的"Mandarina"来的。看来是有根据的。外语教学与研究出版社 2003 年出版的西班牙传教士弗朗西斯科·瓦罗(Francisco Varo)*Arte de la Lengua Mandarina*(1703)一书的中译本《华语官话语法》。书中收入了该书的"英译出版前言"和挪威奥斯陆大学白珊(Sandra Breitenbach)撰写的"导论"。这两篇文献中都有几处提到"Mandarin",现摘录如下:

"英译出版前言"中说:

> 在早期的著述中,传教士们注意到中国南部的本地话,特别是福建省的方言,不过他们更感兴趣的还是学习和描写中国士大夫阶层所使用的语言。这种'官员的语言'在汉语里称为'官话',传教士们则称之为'the mandarin language'(拉丁文作 la lingua mandarina;

西班牙文作 la lengua madarina)。(p. F6)

"Mandarina"最早见于何处,笔者未作考证,但从"英译出版前言"得知,瓦罗不是使用这个词的第一人。在他之前,有一位名叫耶稣斯(Juan Bautista de Jesus)的传教士还出版过一本书,书名也是 *Arte de la Lengua Mandarina*。(p. F7)

"导论"中对"Mandarin"一词作了如下的说明:

> 这部课本的书名中用了"Mandarin"一词。这个术语很有意思。重要的是,必须确定瓦罗所描述的究竟是哪一种语言,并且要把这种语言与今天归在"Mandarin"名下的语言形式区分开来。如今说的"Mandarin"一词,含义往往不清楚[①]。今天这个词是指以北京为中心的北方方言,而根据瓦罗的用法,却不是指任何一种具体的北方方言(Coblin, ms.)。在瓦罗和其他传教士的著作里,这个词所指的语言看来建立在官吏们使用的语言(官话)的基础之上,当时在中国广泛运用,是官员、商人以及外国传教士的通用语(lingua franca)。瓦罗语法中所析的语言,并不对应于北京地区所讲的方言,也不等于任何时期的"北京官话"(Pekingese Mandarin);事实上这种语言的基础是南京话,至少从 16 世纪一直到 18 世纪广泛通用于中国(Lu 1985; Yang 1989; Coblin, ms.)。本文所说的"官话",正是这样理解的。(p. 23)

这两段引文使我们知道:"Mandarin"指"官话",历史上,传教士们所说的"官话"是指当时的南京话。又指出"如今说的'Mandarin'一词,含义往往不清楚",脚注中引用诺曼的话指出现代汉学界用这个词"很随便",笔者均有同感。早在 1943 年,赵元任先生在《中国的语言与方言》一文中就说过:"多数中国人,大概占中国本土人口的三分之二,覆盖中国版图的四分之三地区,都说某种标准语,西方人叫'Mandarin',中国人叫'官话''普通话',或者叫'国语'。"[②]可见,"Mandarin"是外国人的叫法,而这种叫法又是含义不清楚、用得很随便的。因此,把"汉语""中文""普通话"译

[①] 对于此点有一脚注:诺曼(Norman,1997)指出,这个词在现代汉学界用法很随便。——笔者

[②] 见 Yuen Ren Chao:*Aspects of Chinese Social-Linguistics*,p.21,原文为英文,中文为笔者所译。

为"Mandarin",其实是不准确的。

至于"官话"今天是不是指"以北京为中心的北方方言",我们不妨看看我国权威的文献是怎么说的。

《中国大百科全书·语言文字卷》"官话方言"(Mandarin dialects)条说：

> 通称北方方言,即广义的北方话,一般所谓"大北方话"。……近1000年来中国许多优秀的文学作品,……都是在北方话的基础上创作的,再加以北京为中心的北方话通行地区从元以来一直是中国政治、经济、文化高度集中的心脏地带,向来官场上办事交际,都使用北方话,因而有"官话"的名称。实际上它是汉语各方言区的人共同使用的交际语言,现在全国推行的普通话,就是在"官话"的基础上发展起来的现代汉民族共同语。

该条还指出了"官话方言内部的4个支系,即：华北官话、西北官话、西南官话和江淮官话"。

这段引文使我们对"官话"是怎么回事,有了一个了解,特别是"官话"跟"普通话"有联系,但毕竟还不是一回事。我们打开任何一本现代汉语教科书,都可以看到对"普通话"的定义：普通话是现代汉民族共同语。1955年召开的全国文字改革会议和现代汉语规范问题学术会议,明确了普通话"以北京语音为标准音,以北方话为基础方言,以典范的现代白话文著作为语法规范"。

有鉴于此,笔者认为不应该用"Mandarin"这个"含义往往不清楚"的词去翻译"汉语""中文""普通话"这样几个含义和界定都非常清楚的学术术语,特别是我国正式的官方文件的翻译,更应该慎重,更应该注意翻译的准确性、科学性。

补 记

就在刚刚写成本文之时,笔者又在书店看到一本中国人口出版社出版的书名为 Mandarin Phrasebook 的书,可见把"汉语"译为"Mandarin"大有漫延的趋势。

(原载《世界汉语教学》2009年第1期)

《语言自迩集》序言

[英国]威妥玛[①]　　[中国]鲁健骥　译

初版序言

"您先生要学的是哪路的汉文呢?"我请教的头一位久负盛名的汉学家问道。"古代的经典是汉文,晚近的一些书籍是汉文,官方的文书也是汉文,有书信体的汉文,也有口头上说的汉语,还有众多的方言;那么,您要从哪一种开始学起呢?"这位饱学之士,在《南京条约》签署的那个时候,以熟谙中文而独领风骚,他带着名人的骄矜而喜欢在尚未入门者面前故弄玄虚。虽则如此,他在谈话起始和结束时都提出的这一问题,乃是任何渴望学习这一语言或以教授这一语言为职业的人所必须首先回答的问题,这是毫无疑问的;中文有文与语之别,而文与语,也如其他语言一样,还可以再分,文依语体不同为分野,语则以方言差异有区分,而非学界巨子所可为,这些人欲学或欲教者为哪样汉文,尚须明确。

这答案定会因询问者职业之不同而不同。是语文学家?抑或是商人,希冀与其中方成员交谈或进行书面来往?抑或是以传播圣言为目标的传教士?抑或是官方译员?作为国际间的中介,就其重要性而论,译员的职责并不稍逊于传教士,只要中国人自己还不能胜任翻译工作,就会继续存在下去。

本书作者所做的工作,有利于上述最后一类的有志之士。本人职责之一,即指导为女王陛下驻中国公使馆录用人员的诸公的学习;而今问世的这部书,虽然使用它的传教士和商人也都不会认为毫无价值,然而本书主旨是帮助公使馆的见习生,使他们在中国官话上,在书本或公函或公文中阅读的书面语上,尽量少费时间。

本书有两大部分,一曰口语集,一曰文件集。二者都名为"自迩集"。中国有部经典[②]有言:行远必自迩。两部分都作"集",口语集冠以"语言","语"为词,"言"为词组;文件集则为文件汇编。第一部分,也即本卷内容,为两部分中理所当然地可称作教程者。本书定会使学习者可在口语方面由近及远地"自迩",若是他在学习文件集之前,有耐心全面掌握本书内容,他便已熟悉文言词语,大大减少了笔语翻译的困难。在此之外,口语集并非文件集之前导,文件集十六部分中之任何一部分也不能做任何其他部分之前导;因此,这里所谓的"集",对于文件集来说,却有些不确。但这并不重要。那本文件汇编相当好地达到了既定目标,用醒目的字体,恰当的标点,向学生展示了若干篇汉文文件例文。现正编写一本解说或注释,与文件集配套,后面还可能附上书中所收文书的译文。

我们的直接成果便是摆在我们面前的这一部《语言自迩集》。附录收入汉文文本中所见所有词语,按出现先后次序排列。解说单独成卷;另一卷是音节表③,对此将逐次说明;还有一卷是写作教程。四卷各个独立成册,对学生说来是合适的。

《语言自迩集》第一部分为语音;第二部分为汉字结构,题为"汉字的部首";第三、四、五、六部分是形式多样的练习,所用为京城口语,简言之,北京话;第七部分为另一套练习,为说明声调对北京话的影响而设计;第八部分也即最后一部分,题为"词类",是关于汉语口语中我们从语法角度描写的某些(不是全部)等义情况。关于最后这一部分,也将会在他处提到,说明使用这种细微的委婉表达的场合。

书中内容按此顺序安排,出于下面一些考虑。正如上文所说,编写本书的首要目的是满足公使馆见习生的需求,对他们说来,书面语知识并不比口语显得不那么重要。他们不仅要学会说话,还要学会汉英文对译。毋庸置疑,他们最先的任务是使用口语,其原因并非译员掌握口语的责任重于学会笔译的责任;恰恰相反,译稿上的一处错误无疑可能更为事关重大;而是因为,经验证明,只要不懈地努力去克服,书面语的困难显然可以迎刃而解,而在说的方面,一个能力平平的成年人哪怕是一般水平,也难以达到,除非他趁着刚刚听到,又特别着力,非常用功。另一方面,有些外国人,还有些汉语说得非常好的人,把自己局限于仅在语音上获得一种方言,结果,当他们最终转而学习书面语时,所遇困难使他们倍感沮丧。何以如此,此处无须深究;上面两点结论所依据的资料虽然不甚充分,然而依我所见,已足以证明下面的忠告是有道理的:在一定时间内,学生在把提高口语作为主要任务的同时,也应想到,若对词语的书面形式学得不牢固,那么这些词语就不会成为他掌握的词汇。这一忠告丝毫不会束缚他们学习汉文作文,文章中无论是哪方面的习用法,也不论何种方言的口语习用法,二者有着明显的分歧;但他们应用自己的眼睛去观察所记忆的词或词组的结构。此处须以目助耳,认可此点,便可推知,作为第一步,学生应熟悉书面语词的结构。只有熟悉了部首才能做到这一点,因而第二部分附上了部首表,带有翻译、说明、测试表。这就是附录,其中包括所有的词,由现代汉语词汇专家对这些词进行了分类:许多部首本身就是口语和书面语中使用的独立的词;有些仅用于书面,有些是已废弃不用的符号;但无论是词还是符号,都必须保留其各自的名称或读音,由于每个音都要用外文字母的拼音表示出来,因此在学习部首之前,就需要考虑为此而采用一种正字系统,本书所采用的正字法系统冠以"发音"的标题,置于第一部分之中。

　　读者可以看到,"发音"分为语音、声调、韵律。声调和韵律极为重要,在第七部分的说明的引言中做了比较详细的进一步讲解。至于语音,虽然已经作为正字法做了描写,仍显不够。那些号称记录了汉语某种方言的音节的正字法至多不过记录了近似音。元音字母也好,辅音字母也罢,即使用附加符号减少其缺陷,仍然不能与它们所代表的音素完全对等。尽管如此,若决定欲学某一方言的人,想不用任何正字法系统,在学习期间就想在采用某一位先贤方案之前自造一套,很快就会感到举步维艰,他肯定会日甚一日地将不同的音素、不同的声调混淆起来。使用本书的学生,当然在方言上和正字法系统上别无选择。本书提供的系统,与本人1859年出版的一本初级教材《寻津录》所用大致相同,只是音节数量从397个增至420个,这是为了将若干特殊变化包括进去。本方案并非已得到普遍赞同,不同意见一般来自那些在它出现之前已然开始学习汉文的人,尽管如此,对使用它的初学者还是有帮助的,虽然他们一开始也会听到对它的不同意见和攻击。但是,在深入探讨这一问题之前,还是先对所选择的方言做一番解释。

　　应该有某种标准。即使是对中文陌生的人,只要听说过中国话,那么人们提起中国话时,都会观察到,中国话的一种形式就是官话。官话的确切解释应是官府的口语。"官"这个词是通过葡萄牙语欧化为 mandarin 的。艾约瑟(Joseph Edkins)先生[④]认为[⑤],将"官"字与 mandarin 一词对应起来,十分贴切,无法轻易弃之不用;但"话"字却会误导,因为"官话"不仅是官员和文人的口语媒介,而且也是"中华帝国"近五分之四的人的口语媒介。由此推知,在如此广阔的区域内,一定存在着多种方言。艾约瑟先生曾经考察过汉语方言区分的规律和每种方言的使用范围,用力之勤,无人可比。他将官话分为三个主要系统,即南方官话、北方官话、西部官话、将南京、北京、成都分别定为这三种官话的标准。依他之见,南京官话比北京话通用范围更加广泛,虽然后者更被视为时尚;但他承认,"要想会说朝廷的语言,还是要学习北京话,也即剔除了其中土话成分的'中华帝国'的官话。"

  此处引述的意见,只不过证明了本人早已得出的结论,即北京话是官方译员应该通晓的方言。由于派有译员见习生的外国公使馆建于北京,那么其他方言就不可能比北京话有优势。一位初学者一旦奉派去总理各国事务衙门办事,他就会发现,他正在学习的语言正是帝国政府要员所说的语言。同时,他的老师、仆人,以及他所接触的人,十之有九也都自然地讲这种语言。最后,无论是否属实,据说,北京话的特色正在不同程度地影响着其他各种官话,所以,那些见习生们如果能够说好北京话,那么说官话的中国人就能听懂他的话,他也能听懂对方的话,不会有任何困难,对此他应心中有数,除非对方所说是一种为地理学家和语文学家列入与标准相差极远的方言。我曾见过一位译员,他的北京话十分娴熟,虽在汉口,也像在京城一样,为人明了;我还认识一位,他以通晓某地方官话而闻名,只有一位官员因环境关系熟悉他说的方言,除此之外他不能与任何官员沟通。

  选定要学的北京话,大约是二十年前的事,这一点又决定了下一步就是正字法的构成。当时还没有人撰文对北京话进行过研究,像第一部汉英词典的编纂者马礼逊(Morrison)博士,以及麦都思(Medhurst)博士,卫三畏(Wells Williams)博士⑥,他们声言制订了描写了南方官话的正字法,但他们这几种正字法系统与他们要描写的方言,相去甚远,远非无懈可击。对于马礼逊博士的系统,艾约瑟先生矢口否认那可以称作官话的正字法,他说道:"马礼逊在编纂其十分有用的音节字典时,其实并不知道他所依据的发音并非官话,而是一种早已废弃不用的发音。"麦都思博士几乎完全袭用了马礼逊博士的正字法,做了某些改进;他说,不是因为这种正字法为最佳方案,而是最为人所知。卫三畏博士,据我所知,是与马礼逊博士之子才华横溢的马儒翰(John Robert Morrison)⑦先生合作,改编了那部音节词典,但仅限于拼写形式。其结果,这种正字法,在我看来,虽较前对称,但并不比前更准确⑧。汉学家中唯一一位会说北京话的是很有名望的罗伯聃(Robert Thom)⑨先生。在他的建议下,密迪乐(Thomas Meadows)⑩先生学了北京话,而且取得了很大成功。我要感谢密迪乐先生，不仅因为他一开始就给了我正确的指导，而且给了我很多帮助。他给我的帮助在当时是没有别人可能做到的。不久之后，他的《杂记》一书问世。我必须说明，书中关于中国的语言与政治的章节，使我获益匪浅。我认为，这些杂记中包括第一个出版的北京话正字法方案，但是，在肯定作者公平地评价了北京话的特点的同时，我并没有照搬他表示这些特点的方法；而且，尽管我之所以能够走上正轨，主要是得益于密迪乐先生的建议，但事后想来，在他的方案中，只采用了一个声母 hs，因为处理得当，除此之外，其他均未采用。

在编制音节表之初，我的困难在于中国没有可以依赖的包含音节系统的著作。你若想说广州的广东话，即可买一本广东话词汇，这本词汇在语音上便可使你完全不会走弯路。多少有些文化的中国人遇到生字，可以通过"反切"的办法推测其读音，但这办法很是粗疏，譬如 $p'ao$ 表示另外某个字的声母；在 $p'ao$ 之下的 $t'ien$ 表示韵母，将 $p'ao$ 和 $t'ien$ 放在一起，即可拼出 $p'ien$。广东话词汇按声调分章，声母按先已确定的顺序排列，尾字也按固定顺序排列，在同一声母之下，根据词的尾字查检。当然，这一过程须要初步熟悉汉文。除广东话之外，其他方言也有类似的标准词汇：有些是具有各种官话色彩的；也有一些成语词典带有精心设计的正字法系统，是用官话的发音教外国人广东话的；但我发现，后面说的这些，几乎都有两个严重的缺点，即它们试图记录的官话，都是在成语中，听起来是一种陈旧的方言，再者，其中的声韵母配合给人以模拟官话音节的印象，可在地方上的学生听来，却是他们惯说的方言中无甚变动的音节，因而读之不准，听之不确。

直到1855年，当时我已经用了大约八年时间制定正字法，几经反复，几易其稿，这时，有一位中国人发表了一份相当准确的北京语音表。该表在广州印行，但我的老师应龙田已经主动地为我编制了一个词汇索引，我后来把它的音节减少，按音序排列，作为北京音节表附于《寻津录》之后。他依据的是一部旧版的《五方元音》，这是一部带有非常有限的注释的词汇，收入约一万经审订的汉字，分五个声部（见第一部分，第 6 页）排列，每一声部下的字，又按十二声母、二十韵母分类，声母和韵母按规定顺序排列。他将他认为对学口语无用的词从表中删除，将其余部分重新分类，保留基本声韵母，作为音节分类的索引，但对许多词或改其音，或改其调，或音调皆改，第五声，即入声，则予以取消。在他的语音表试用的七年中，我发现，他对音和调的审订总体上是正确的。对于多少词便能满足口头需要,他对这数量所定的尺度证明限制较为严格,这令人感到诧异,因为他自己的词汇非常高雅,非常丰富。他于 1861 年去世,我的几位中国助手从比他所分解的词汇大得多的词汇范围中,另做选择,为我弥补了他的词汇表的不足。原音节表中收入一份修订的词汇表,这份词汇表的新文本及其附录是在普鲁士公使馆汉文秘书璧斯玛(Charles Bismarck)①先生的指导下编制的,璧斯玛先生在汉文方面,不论是说话还是翻译,都是一位很有天赋的学者。这份新的附录完全出自他之手。

  下面讲音节表的价值。应该记住,没有眼耳的配合,学生掌握了一个词的书面形式,他就不能说已经掌握了这个词。书面形式,即汉字(见第二部分,第 13 页),由两部分组成:形旁和声旁,形旁表示字的大概意义,声旁表示字的大致读音。当老师用了一个学生不知道的字,学生便可查音节表(只要略熟悉以下正字法,他便可听出这个字在哪个音节下),在该音节下,他不仅能找到他要查的字的声调和规范字形,而且该字与其同音字编为一组,排为一行,与同该字同声旁的字排在一起。比较和观察这些字形旁的不同和声调的异同,加深他对所要查检的字的形、音、调的记忆。而且,即使没有老师,学生也可以通过查音节表,加强对他应该认识的字的记忆,特别是对声调知识的巩固,与此同时,附录又可以教会或提醒他相同的字在音和调上的区别。

  上文已经讲过,本书使用的拼写法,曾或多或少受到过批评。要做到完全准确是不可能的。我曾倾向于在我看来能够最简单地表示音节音素的拼写,而不计声调等级的需要;为了印刷和学习方便起见,我总是尽可能先采用字母,而不采用附加符号。如此,用后加 h 的方法使 chih,shih 中的字母 i(若在 ship 中)短化,而不使用字母 ĭ。在任何正字法系统中,无论拼作 chǐ 还是 chih,若不加以说明,都不会读得正确,但我以为用字母的方法有简单的优点。几个双元音中的元音 u,表示为 w,因为,从第七部分的声调练习可以看出,在有的声调时重音在 u 上,在其他声调时,重音在其后的其余元音上。音节 yu,在有的声调时读若 yore 中的 yo,而在其他地方毫无疑问读作 yu,我们则要用表示得清楚的 yo(若在 yonder 中)代表音节 yo。Liu、miu、niu 等音节中的 iu 亦如是。这几个音节,在有的声调时读若 leyeu、meyeu、neyeu,但读第二声时,学生会发现,或许可以说,他学到的是单音节的 liu。同理,我采用 ui,而没采用 uei。艾约瑟先生将 perch 中的 er 音或 mur-rain 中的 ur 音写作 ri;我则以为写作 êrh 更好。声母 j 是想用来表示 fusion 中的 s,brazier 中的 z,法文 jaune 中的 j。若是仔细观察发这一辅音时发音器官的动作,就一定会发现在发这个音之前有个像 r 或 er 的音;但这并不需要特别地表示出来。若是一个人将法语的 j 软化,发 ju、jo 时好像是尽力发成 ru、ro 的变体似的,那么别人肯定也能够懂得;确实,不要犹豫,这个音就这样发。最后是声母 hs,有人说很容易跟 sh 相混淆。送气音(h)后跟咝音(s);若将 hissing 中的 i 去掉,所得音节就恰恰是汉语的 hsing。上面这样的情形规律性不太强。通过练习,耳熟自可调整。⑫

关于我写作 ssŭ、tzŭ、tz'ŭ 的几个音,几乎无须加以论述。我们要讲的任何一个元音都不像这几个音节的元音那样与欧洲的字母表格格不入。卫三畏博士将马礼逊先生的 sze 改为 sz'。我也这样用了许多年,但我注意到有些人倾向于把这个音节发成 sizz,这就使我决定恢复原来使用的元音。艾约瑟先生写作 sĭ,并不比 ssŭ 或旧本音节表中的读音 szŭ 为好,但也不差。ĭ 或 ŭ 所代表的元音在我们的系统中是没有的,不论我们用哪个字母表示它们,都需要用附加符号。

一位初学者,身边总会有一位中国教师,——没有正字法,其科学性如何,暂且不论,中国老师教他发音也不用正字法,——我肯定,他会发现,本书第一部分的正字法中的说明,再加上附于第七部分解说之前的进一步解说,足以使他提高听辨能力。对音节读法的分歧总会继续存在的,除非有一本词典,较迄今已出版的外国人编的任何词典都更具权威性,压倒现今论者所做的区分。本教程各部分所附注释,使初学者可以几乎完全不用字典,我还要劝他们,暂时应该相信这些注释,在他们的水平远远超过这些注释之前,不必纠缠意义或发音的理论。

解说第三页的注意事项将使任何一位已完成了第二部分的测试表的人继续学习第三部分,直至第六部分末。这几部分,尤其是第三部分的教学原则,在一定程度上就是已在欧洲普及了的安(Ahn)和奥林多夫(Ollendorff)⑬的教学法。仅仅在一定程度上可以这样说。我对这些方法的示例做过研究,确实,我所研究过的所有示例都是立即将一定数量的词和句子教给学生;但其课文却是依普通欧洲语法的章节顺序编排的。一开始就学冠词,名词变格,动词变位之类。我须再次指出,汉语没有屈折机制,结果是不可能像其他语言那样建立词法。此处我只想说,在这一方面,对词法规律的初步调查对我们的帮助可能比任何其他语言都要小;应尽快投入熟语的研究,越快越好。第三部分的 40 章练习于两年前编就,最初在每一项练习右边的词汇一栏有 50 个汉字。有一位在某些欧洲语言上为中上水平的先生,一个偶然的机会,我们将练习拿给他做实验,他对练习的量持有异议,认为对初学者分量过大。于是减少了词汇量,并四易其稿,练习便成为今日的样子。公使馆见习生用过练习的手稿,他们的进步公正地说明了这些练习作为初级课程极为有用。

接下去是第四部分的 10 章对话,是我口授给一位极好的口语教师的,当然他记录时替我改正了习语的用法。多数对话所谈都是很琐细的事情,但却是译员履职中最棘手之处,使他们知道个大概,如讯问不甚情愿的证人。这些对话就是以此为目标编写的。

对话之后,是 18 节[③],用"节"并没有什么特别的道理,只是为了将第五部分的这些段落同前面各部分和下面各部分中的段落加以区别。这 18 节中每一页所包含的词组,是多年前应龙田写出的大量词组的一部分。1860 年我把这些印了出来,做了一些补充。我发现这些词组对已经使有过的人有些好处,我便如原样保留了它们(除我补充的那些),这些词组在本书其他部分加以解释,现作为第三部分的一种延续予以重印。该部分内容按中文称为"散语";在第五部分的称作"续散语"。中级对话是"问答章",第六部分后面的文件是"谈论篇",为醒目起见,冠以"百课"的标题。"百课"几乎将一本中国著作悉数搬来,那本著作是为教满人汉语和教汉人满语所编,距今已有 200 年许,1851 年哈克神父(Abbé Huc)携一册到南方。由于其中的词组有些处过于书卷气,应龙田做了全面修改,印刷时我做了精简,成了"续散语";但迄今又经有能力的中国人多次精心修订。

最后两部分各节与各课是中国人的即兴作文,这是其优点。因此,它们比起第三、四两部分中的练习和对话当然更加地道,这是无可争辩的。

第七部分的标题是"练习燕山平仄篇",意思是"北京(及其所在的府)声调系统练习"。关于练习本身,无须多说,学生从一开始就要每天听老师一遍一遍朗读其中的一部分,他大声跟读,这样才能学好。对许多人这是很令人厌倦的事,为了使学生在学词的读音时不致因完全不懂意思而感到枯燥,练习都有翻译;但他们的主要目的是全面操练声调的性质和规律,假如他们记住了词的意义,他们就会发现其中很大一部分对他们扩大词汇量,很有用处,但他们的当务之急是通过这些词获得这些练习所要说明的声调规则和练习的正确概念。他们对口语的掌握从本书的前几部分就会每天都有提高,自然会对此给以更多的注意。本部分的说明将使学生了解这些声调练习的安排,这些练习是按附于第一部分之后的语音表中的音节的字母顺序排列的。

同时,这一部分中对作音节索引的汉字附有汉文注释,要特别提醒学生注意这些注释的构成原则。

正如第一部分所讲,"字"有数千,而"音",即"字"的读法,不过几百,许多字在口语中不会接触到,但不管学生学口语还是书面语,老师都会不断提到某某"字",这就须念出该字的"音"来;因此,在许多音素之下,有数"字"同音,即音节读音相同的,但常常是这些"字"同"声",若非听者见到一个字,那么这个"字"跟其他同音的"字"之间的混淆,是可想而知的。中国人处理这一困难的办法是,想到一个双音节或多音节的词,其中常有说的这个"字"。就像英语那样,需要特别指出某个音到底是 wright, write, right, 还是 rite 时,我们就给出上下文,使意思清楚,说明所发出的音节是 ship *wright* 的 wright,还是 to *write* letters 的 write,还是 *right* and left 的 right,还是 *rite* of baptism 的 rite。中国人也如此,他会解释说,他所说的 ai 是"哀求"的"哀",或是"尘埃"的"埃","高矮"的"矮",或是"爱惜"的"爱";但由于有同音异义现象这个例外,因此他就常常不得不退一步说这种做法只是权宜之计。这也像英语一样。

这一题外话的意思是,学生学习汉语时,无论口语或书面语,应该尽力将一个新发现的单音节与其最熟知的有关词语联系起来;假如他的老师称职,那么,当学生向他请教时,他总是会这样做的;还有,要永远记住,在多数情况下,"字",不论跟其他什么字结合,都保留着自己作为独立的单音节词或在特殊的结合体中的使用能力,这样,学生就会发现,习得一种表面看去是单音节语言时所出现的困难会大大减少。第八部分补充材料的最后一篇对话,就是对现在所说的困难和消除困难的权宜之计的说明。

现在谈本书的第八部分,也就是最后一部分,关于语法分析问题。在讲了上面的话之后,讲汉语词类的一章的介绍可能被认为前后矛盾。请读者记住,这一章并不是语法,也不要把它想象成语法。这一章不过是一项尚无暇详述的实验的结果,这项实验旨在对有屈折变化的英语和无屈折变化的汉语的语法情况给学生做一些主要的比较与类比。

外国语言学家告诉我们,语法作为词的科学,分为词法与句法,词法本身又分为屈折与派生。汉语也完全符合这一规定。从派生的意义上说,汉语的词法与其他语言有相同之处;从屈折的意义上说,汉语就没有词法。

若论派生,汉语中所有单纯词的来源到某一点上都是容易追溯到的,因为每个单纯词都可在书面语中找到代表,极少有例外,这些代表形式,叫做汉字(这样叫有点会发生混淆),汉字常由两个成分组成,即如外国汉学家所知的形旁和声旁。形旁表示字的义类,声旁表示声类。形旁和声旁在任何情况下都不保证能够见字知义知音,这也是实情;因为,虽然汉语从未有过其他语言那样的消灭原始特征的成分融合,但是,随着时间的推移,在许多例子中,单音节的发音有变化,有理由相信,形旁和声旁,尤其是后者,时有讹转。不过,中国的字典对几千个常见的单纯词的历史嬗变给我们提供了相当满意的信息。在我们看做多音节组合中,情况明显简单些,因为每一音节本就是词,一眼看去,就使我们可以推想,分别解释了各个成分,便可解释整个词。但我们见到一个(单音)词,进入一个或几个词的组合,作为其中的一个组成成分,考虑其古义与今义,如何演变为起现在这样的作用,远非总是如此明显。往往只有查阅一个合成词首次出现的经典,或者按自己的理解运用古语的史学家或其他晚近作者的著作,才可找到它的意义,口语与书面语皆如此;过去曾用对组成成分进行近似翻译的办法解释多音节合成词,这种办法常常是完全的误导,就像解释性质形容词 Shakesperian(研究莎士比亚的学者)时,先假设 *shake* 和 *spear* 二词隐含着这个词的意思是一样的。

因此,应对合成词的成分一一做考察,因为不这样考察,就记不住单纯词,但这样做的时候,学生应该注意不要过分急于采纳看起来可以从自己的分析推导出来的、不证自明的结论。这一点是很重要的。这一提醒对任何多音节语都不是毫无价值的,很少有合成词既保留其组成成分,而又没有变化地将其各组成成分的意义重新组合起来强派给我们;这一提醒对汉文来说尤为必要,因为从口语和书面语的关系方面说,一个合成词中的一个音节表现出来的形式跟在用作独立的单音节词时的形式是一样的。这个问题占了如此多的篇幅,我认为是有道理的,这道理就是有缺陷的词法调查过程带给译员的危险的经验。

至于词法的另一分支即屈折,我再说一遍,在汉语中是完全不占地位的;假如我们可以说汉语词在语法作用上具有广泛不同的可变通性的话,那么这是很多词(特别是习惯上所称名词和动词的)都具有的性能,这种可变通性表现为,任何想靠权威将这种语言分成我们所熟知的词性范畴都是徒劳的。不过,汉语中肯定有跟我们的词性等价的东西,无论我们是否能划分出词性来;如果汉语内部没有一种手段产生在其他语言中由屈折形成的多数结果,那么它就不可能是一种语言。为了表示我们所描述的情况,我们用格、数、语态、时态、式之类的术语,汉语不论现在还是过去,则都不将词分成部分,或者说不将词的片段包括在词中;但是汉语对词做句法处理,并用这样的办法取得了跟上述这些变化几乎同等的效果,取得了现存的一切,以及几乎一切能以完整地、独立地多方保留使词发挥作用的能力。

目前有一些出于理论目的编写的官话语法专著,程度较高的学生细读之后,可以获益——特别是巴津(Bazin)先生和艾约瑟先生的著作;但我不相信在开始阶段,这些著作,或者我所披阅过的任何语法,对于掌握口语会有帮助。然而在我着手编写现已出版的初级课程之后不久,我发觉,若是给这本书配上一套例子,像我在上文提到的,对两种语言的比较和类比做些说明,可能会帮助初学者搬开在两方面碰到的某些绊脚石,而不必受严格按我们欧洲样式制定的规则的束缚;我拿了一本我能找到的最简单的语法,跟前面提到过的那位很有能力的老师一起翻阅其中的词法,将例子口译给他听,尽我所能解释那些例子所说明的规则和定义。我们感到为难的是语法术语,因为中国还没有语法科学,所以语法术语当然就无以立足;读者将注意到,我这个自封的语法教师在描写诸如名词的格的方面,是如何困窘。我们继续读下去,老师听着我的"灌输",便随时提出各种增删意见,最后得到肯定的译文,拿给另一位有学问的中国人看,他称之为"言语例略",于是这一有些自命不凡的题目便赫然出现在"自迩集"之中了。这个实验就这样散漫无章地进行着,其中"词性"一章,我这样叫它,既生硬且不完全,我很不情愿将它拿给人批评,尽管这题目并不吓人,但多数人都会像其作者一样不喜欢它。尽管如此,这一为初学者编写的口语教程,对初学者来说,其课文与注释会有一定价值;本章内容是很不全面的,但至少,其材料与方法会给师生提供做补充的工具。学生如何将本章内容变成对自己有用的东西,我在将要提到的备忘录中提出了自己的想法。

在过去两年中,《语言自迩集》全书经过反复修改,数月之前,同《文件自迩集》一起在上海印刷。现在发行的这几卷书同时请了五家出版社印刷,印刷如此规模浩大的书,五家出版社都不熟悉、也不适应。这就是我为有些书后附了很长的勘误表找的托词。多亏上海领事馆随员莫瓦特(Mowat)和詹姆耶森(Jamieson)两位先生的友好相助,不然印刷错误还要多。莫瓦特先生有望成为汉语声调系统的权威。他曾提请我注意编写

第三部分中第三声练习中的一处严重疏漏,对此,我应向他表示感谢,第三部分说明之所以正确,应归功于他的严谨。

如果我不在结束时按虚心的作者的习惯对自己著作的成就说些贬抑的话,那并不是因为我对其中的不足视而不见。不足之处是有的,然而,一个延续了约四分之一世纪的运动促使我相信,本书对译员所需将大有补益,因为它是专门为缓解译员所需而设计的。其中所包含的初级材料将使任何一位能力正常、勤勉努力的学生,从他抵达北京之日算起,在十二个月之内,相当熟练地掌握北京话口语。本教程远未达到极致,但一个人学过本书之后,就会发现自己说中国话时不会感到汗颜。至少在前十八个月里,学生要充分利用这本书,首要的是,在这十八个月里,应该避免去寻找他自认为发现了通向完美境界的捷径,放弃一切寻求系统化的异想。书面语中有许多东西会诱使初学者离开他很自然地以为是不甚重要的做法,因为这些做法看起来不甚值得重视。耳朵机敏的人会幻想,跟一位中国老师学书面的课文,老师的口头讲解将会使自己养成口语习惯,而不必特别尽力就可达到习得,阅读方面的进步更为明显,因此也更能鼓励自己的自信,他会极易说服自己付出辛苦,因为辛劳就意味着自己的苦心能得到立竿见影的回报。这样想是大错特错了。如果他经不住这种诱惑,如果他一入手就忽视口语,而去学书面语,他就会为自己的错误抱恨终身。即使他对口语的熟悉程度已经使考官满意,他也不能把口语看成可以放任不管的事情。本教程所给予他的是一个相当坚实的基础。为了使自己适应更高的职责,他必须大大扩大范围。为此,最好的材料来自中国的通俗小说。有了适当的指引,通俗小说中的对话和描写将能丰富他的词汇,他也可从中搜集关于中国思想和特点的知识,除此之外,在其他任何地方都提供不出这样令人满意的、有用的知识,这些被界定为习惯差异的知识,使我们和中国人交往。参考优秀的译文可以省时,在汉语,在其他语言都如此;学生可以相信当代大汉学家英国的德庇时(John Davis)爵士所译"The Fortunate Union"(《好逑传》)的译本,或者法国的儒莲(Stanislas Julien)先生最近出版的"Les deux Cousines"(《玉娇梨小传》)和"Les jeunes Filles lettrées"(《平山冷燕》)的译本。但是,读小说时,无论是译本还是原文,要有一位有相当学问的中国人讲解其中字里行间的引喻,并告诉学生不要急于把其中的语句用于口语。当然,其中有很大一部分是口语的,但中国的白话深深地植根于文学中,所以在我们谈到的作品中有很多古语,与日常使用的相差甚远,胡乱使用刻意雕琢的语句,在中国人听起来,就像司各特(Sir Walter Scott)的访客让人想起被他复活了的弗洛伊萨(Froissart)似的⑮。为了避开这一障碍,未来的译员应该记住,改进语言形式,丝毫不比扩大词汇量的任务显得更轻。

以上所讲,并非出于学术上的吹毛求疵。这是为那种特殊环境所证明的,这种环境使得外国和中国官员的关系十分不令人满意。中国官员出身于文化阶层,实则是"中华帝国"的执政阶层,他们熟谙自己国家的哲学、历史、法律、优雅的文学,没有任何事物那样使其坚信自己贬抑外国官员的一成不变的固执想法,他们只相信野蛮人决不可能提高到中国教育的水平。我承认,用中文讨论问题要比用半通不通的法文好些,从一开始就不会有明显的利益上的偏见;但我坚持认为,外交人员的责任不仅仅是混日子似的报告每天事务的流水账。重要的是应使执政阶层修正他们对洋人洋务的错误估计,这对中国和外国同样有益。外交人员对此施加影响的机会并不多,但除了外交人员以外,其他人根本没有机会去影响(中国的)执政阶层。我们都想跨越中国文人那样熟悉的广阔的领域,可这几乎是不可能的,我们多数人现在才开始,未免太晚了;但是,无论如何,使我们的口语日臻完美,从而使中国的文人们改变他们认为我们不可教化的信念,这并非奢望;我认为,动手消除这一印象的责任完全落在外国官员的肩上。我曾经希望今年出版一本中国简史,用来给见习译员介绍那种高雅的语言风格,使之能以奋力前进,我以此为已任;但因有其他事情要为他们筹划,此事尚须等待。在这些计划成熟之前,我愿将拙作,即此入门教程呈现于这些见习译员面前,请他们耐心阅览。

1867 年 5 月 16 日于上海

再版序言

这部名为"自迩集"的著作的性质,以及为什么要取这么个书名,可在 1867 年出版的初版序言中找到说明,现在(当然是应朋友们的要求)在这里重印。认真地说,那篇序言对初学者会有些用处,我不反对不需费事就重印它。

本书再版主要有如下改动。对初版本第三部分即练习四十章,有两方面的批评意见。老学者们说其中很多成语用得生硬,他们把收入的词组称为"公使馆式汉文"。编写这本书时,我是公使馆汉文秘书兼副使。

书中语句虽几经润色，但在某种程度上说无疑是可以这样批评的。另一方面，将本书作为入门书的年轻学者抱怨说，这些练习每一项都要求先掌握 20 至 25 个生词，形、音、义都是新的，这种方法对于记忆力平常的人，要求未免过于苛刻。

无论如何，我认为这些初学者的意见是正确的，只要略微浏览一下修改后的第三部分就会看到，继他们之后的新生的路途已经平坦了。他们将循序渐进，每一阶段只有 5 到 10 个生词或生字；在做比较艰深的练习之前，将用极简短的句子进行训练；他们可以发现，版面上汉英文并排对照，更为方便、醒目。最后，我相信，他们可以从每一汉英练习之后的英汉练习中获益，第一卷的说明中给出其汉文答案。

关于后面一点，我不能说是我个人做的。想法是我的，而且也已开始按想法实施；但因我于 1882 年返回英国，即使体力与心力允许我承担这份辛苦，也会大大推迟任务的完成，因为，没有人，包括我自己，都不能使我相信我的汉文可以跟我的中国老师相媲美，身边没有一位合格人的指导，我是不能用汉文表达的。但我有幸得到几位英国人的宝贵相助。一位是禧在明(Walter Hillier)⑯先生，当时他是汉文副使，现在他已人尽其才地升任汉文正使的职位，他于 1883 年将新本的完成稿与未完稿全部带回。我认为英汉练习完全是他所编。小字体排版说明新词汇的短句，这方面也有许多工作要做，四十章练习中曾使学生感到烦恼的成段长文，现已为短文所代替。禧君弥补了所有不足之处，他的口语能力极高，据我所知英国人中无人可出其右，正是凭借这种能力，他使那些关于亵渎成语的指责化为乌有。毫无疑问，错误会继续受到指摘；但本书的这一部分将会被认为得到了很大的改进，对此我满怀希望。

我也应感谢斯宾士(Donald Spence)⑰先生在回国途中对我完成这些短句所给予的帮助，我编完了四分之一多一点；但是由于时间和地点的限制，他的贡献当然不如禧在明先生。禧在明先生是北京方言声调的大权威，他对新版前七部分的每一个词的声调的调号都做了校订。

第四部分，即对话十章，保持原样，只是禧在明先生作为我的代表认为，讲汉语结构的第十章以删去为好。他另编一篇对话把第十章替换下来。这篇对话主要讲两位朋友在饭馆，这一题材无疑比删去的那篇更合学生口味，对于那一篇，不止听到一个初学者说是对他们消化能力的过分考验。

第五部分，即课文百章，是旧版的第六部分，关于这一部分的介绍，请读者参阅初版前言。禧在明先生为注释中的词加了调号,但我完全相信,这并未影响原译文。

第六部分,即"践约传",是对原第五部分材料的重新组织,做了许多改动与补充。这部分有其自己的发展情况,我曾用中文为这一部分的内容写了一篇小引,但当校样送给我时,我发现小引被删去了。现将它译出,以向一位中国学者表示敬意,将汉文原文进行了重写的工作,主要依赖于他。说主要依赖于他,是因为我在另一位学者的帮助下对原文做了许多补充。

本人在学习汉语汉文,断断续续已二十余年之后,编写并出版了中文初级教本两种,其一为词与词组集,其二为官方文件集。结果,很显然地,前者中的两部分所给的句子之间缺乏联系,给参考带来不便,为了避免不断出现的困难,作者便产生了以连贯的形式,将它们融会起来的想法。在其想法付诸实现之前,一位满族学者,俞子宾(Yü Tzǔ-pin,译音),便将《西厢记》的故事作为框架,将本书第三、第四两部分的词组串联起来编进去,无疑这给以后所有学生带来了方便。这一想法极好,作者冒昧地委任于他,请几位中国朋友帮助,他们的工作由他规定,对这样构想的故事的某些部分加以删削润色,对另外一些部分加以扩展。

这富有独创性的构想没有争议地应属于学者俞子宾。改进之功是不能与创造之功同日而语的。然而,本人希望,按现在的样子,这篇故事肯定对学习北京口语的学生有补益。

"践约传"的故事是我翻译的。译毕,便于1881年置于几位已在公使馆学了二年的见习生面前,目的是请他们指出哪些地方需要讲解。那些满足了这一需求的丰富的注释,完全出自禧在明先生的手笔。据我看,这篇故事,虽然足以表现出中国关于爱情故事的观念,但作为故事,似乎无甚长处可言。如其结尾一章所说明的,为了将某些词组用在一起,以减少孤立地学习它们所产生的厌倦,故事情节布局的设计略显生硬。第一行中说故事发生的时代是唐朝(公元600—900年),那时候,尚不知与西方国家签署的条约为何物,更不会发生第三十六章提到的外国猎手在一个中国港口附近猎鹿之事。

余下的第七、第八两部分。第七部分,即声调练习,我想可以不时看到禧在明先生修改的痕迹。而第八部分,标题为"词性",他几乎未做任何改动。我没有对它进行修订。我相信,对于它的正确性,至今还没有人提出异议。但这一部分迈的步子还不够大,我一直有心较大幅度地扩大其范围。汉文的文法,只能附带着教,不然就很困难,只能日积月累。据我看来,第八部分就是设计得能为说明提供方便的机会。关于这一部分的开发,我须承认,我是否有幸使我的夙愿得以实现,现在还在两可之间。若我不在之时,能找到某位年轻人愿意在我打下的基础上继续下去,或者,从其中的缺点汲取了教训而另起炉灶,则幸甚。

对关于"自迩集"的正字法的不同意见,我认为没有必要——反驳。现在本书已经试用近二十年,多数用过本书的英国人和很多用过本书的美国人,都对它表示满意。有些发音机制方面的专家对我的系统中的某几个音节提出修改意见,但在我看,他们建议的改动不是将这些音节简化而是复杂化了。有一两位知名的作者,在这个问题上花费了心力,说话时充满信心,应该是具有权威性的;但是,至少有一个问题,我有理由肯定地说,对我提出批评的人根本不懂语言,包括他们自己的语言;在批评音节表的人中,有一两位的方言特征使我不能完全相信他们对语言或声调所做的判断。我的音节表并非无懈可击,但是,从我所参加过的就此进行的辩论看,关于我的和比我年长的汉学家们的正字法系统一直有争论,而以后不会有同类性质的争论,我怀疑在正字法上能够有所发明,用外国字母表示汉语语音——所谓语音转写——充其量只能大致成功。因此,我将这个问题留给新一代人去关注,帮助他们"自迩致远"。

经过慎重考虑,我还是要就一两点对音节表的规定的反对意见做一简短的答辩。已故卫三畏博士特别不同意取消第五个声调,即入声。我的音节表初版本发表于1859年出版的《寻津录》中,正如我在那里所解释的,在北京口语中已经没有入声,这是应龙田最先告诉我的,应龙田是一位有相当教育水平的北京人,他说话纯正优美,他自行替我按实际使用的调类重新排列一份完全的词汇表。在他的表中,入声统统并入第二声。一年之后我住到北京时,我发现应龙田是对的。我听到过一位有能力的推事把声调发得"无懈可击"。

在书面语中,入声在学术上是得到承认的,卫三畏博士编写词典时保留了这个声调,他当时做得是对的。但他始终没有明白,中国文人在朗读时,常用不同于说话时的声调读一个词。五声调规律对中国人特别有约束力,无论他说什么方言,——广州话有八个声调,厦门话我想有十五个声调,——上述规律在诗歌或韵文中对中国人特别有约束力,因为这是他最引以为自豪的技能之一。甚至在英诗中,我们有一些这样的经验,有些事我们是因韵脚或其他押韵条件的需要而做的。现代希腊人的习惯用法提供了一个较好的两种系统达到协调的事例,他们发一种语言的音时,距离古希腊语,比意大利语与拉丁文的距离要小得多,他们说话时,完全受方音的支配,但当他们模仿古希腊语朗读荷马诗句时,也不能完全不顾扬抑抑扬格与扬扬格的韵律学原理。

对我的正词法的异议我想主要是三项。我听起来是软辅音 j 开头的音节,我把它们写作 jan, jo, ju,我的一些朋友却听着是 ran, ro, ru。我不否认听辨能力强的学生会赞成后者。但我不认为他们是对的。有一件事很值得注意。1793 年,当马戛尔尼(Macartney)[⑱] 伯爵访问北京时,我现在用软辅音 j 表示的这个音,巴罗(Barrow)[⑲] 听来却认为最好记作 zh,相当于 contusion 一词最后一个音节开头的辅音。确实,在本世纪,我们几乎可以证明一些音——元音和辅音——已经发生变化;但巴罗转写的音是值得注意的。我要补充说,每当我让北京人跟我发 ran, ro, ru 时,他们无不将这几个音节发成 lan, lo, lu。我相信,他们的舌头是在两种力之间不同程度地保持平衡,一种力要发软辅音 j,一种力要发 r。

有两位汉语说得非常好的人争论说,我写作 Kuang 的音节,读起来更像 Kwong。在此我要用巴罗意见与我自己对比。按照我的系统,清朝第二位皇帝的年号应写作 K'ang-hsi,而巴罗写作 Kaung-shee。这对表示未入门者的印象是有价值的。我承认,我虽然将 a 记作 father 中的 a,但此音确实在很多情况下接近 awe 音。但我做不到又用 long 中的 o 表示它,而又不破坏我在别处赋予这个元音的作用。在广州话中我将 Kuang 这个词写作 Kwong 是没有争议的。

最后是 êrh 这个音,引起前述二人中的一位的一番大议论。若是他将 ê 读若 merry 中的 e,就对了;但我的规则规定应读若 merchant 中的音。我不能像马礼逊博士等人那样写作 urh,因为在我的系统中,元音 u 是意大利文的 u,果真如此,这里这个音节就要发成 oorh 了。好了,讨论就至此结束吧。

在结束这篇序言之前,我必须向中国海关总税务司赫德(Robert Hart)[⑳] 爵士表示衷心的感谢,也要向中国海关表示感谢。经赫德爵士允许,本书新版在上海海关印刷所印刷,而对我分文未取。中国海关总税务司署造册处税务司杜德维(Drew)先生监督了此次印刷,他和他精干热心的下属帕雷蒙坦(Palamountin)和布赖特(Bright)二位先生,在过去的两年间,在本书新版的印刷过程中,给予精心关照,我必须向他们表示感谢,他们为我所做的一切,我真是无以回报。

1886年7月4日于伦敦文学俱乐部

附 注

① 据《中国大百科全书·语言文字》介绍,威妥玛(Sir Thomas Francis Wade,1818—1895),英国人。从1841年起在英国驻华使馆任职,1871年升为英国驻华公使。1883年回国。1888年起在剑桥大学任教授,讲授汉语,直至1895年逝世。威妥玛在华任职期间,为了外国人(主要是使用英语的人)便于学习和掌握汉语、汉字,先后写成《寻津录》(1859)和《语言自迩集》(1867)两部著作。在这两部著作中,威妥玛使用他制订的拉丁字母拼音方案给汉字注音。这个方案以后被普遍用来拼写中国人名、地名,一般称为威妥玛式拼音。——译注。

② 儒家经典《四书》的第二种《中庸》中一段说:"君子之道,辟如行远必自迩,辟如登高必自卑。"

③ 音节表再版在第三卷。

④ 艾约瑟(Joseph Edkins,1823—1905),英国教士,汉学家。1848年来华任伦敦会驻上海代理人。1861年在天津设立教会。1863年到北京传教。1880年被聘为海关翻译。艾约瑟对中国文学和历史有广泛的知识,有多种汉学著作出版。本条注释和以下对来华外国人的注释都是根据《近代来华外国人名辞典》(中国社会科学出版社,1981年第1版)编写的。——译注。

⑤ 见艾约瑟著《中国官话语法》,1864年上海第二版,第7页。

⑥ 马礼逊(Robert Morrison,1782—1834),英国伦敦会传教士,是基督教新教来华传教的开山祖。1807年第一次来华,1809年任东印度公司广州办事处汉文翻译。1816年到北京,任汉文正使。1824年回国,被选为英国皇家学会会员。1826年再次来华。1833年任英国驻华商务监督署汉文正使兼翻译。马礼逊汉语文造诣很深,著有《汉语语法》(1815)、《华英字典》(1823)、《广东省土话字汇》(1828)等。

麦都思(Walter Henry Medhurst,1796—1857),英国伦敦会最早来华传教士之一,1835年到上海,是中国第一个近代印刷所墨海书馆的创始人。麦都思通汉文,著述甚多,仅中文著作就有59种之多。

卫三畏(Samuel Wells Williams,1812—1884),美国外交官,传教士出身。1833年来华,在广州为美国公理会创办印刷所。1858年任美国驻华公使馆头等参赞兼翻译,1877年回国,任耶鲁大学汉文教授,著有《简易汉语教程》(1842)、《汉英拼音字典》(1874)等。——译注。

⑦ 马儒翰(John Robert Morrison,1814—1843),英国人,马礼逊之子,生于澳门。1834年继其父为英国驻华商务监督署汉文正使兼翻译。——译注。

⑧ 很遗憾,我的意见似乎对马礼逊博士的劳动不够尊重。正如密迪乐(Meadows)先生所说,对一位省却学生辛劳的人是不可能不怀有感激之情的。卫三畏博士在汉学家中最为勤奋,他的一部词典即将问世,这部词典是对他大约十年前出版的那部词典的增补,将给汉文教育增加一份令人瞩目的材料。

⑨ 罗伯聃(Robetr Thom,1807—1846),英国领事。1834年来华,1840年进英国领事界,任翻译。1843年任英国驻宁波第一任领事。编有《汉英字汇》《汉英会话》等。——译注。

⑩ 密迪乐(Thomas Meadows,1815—1868),英国领事。1843年来华,任英国驻广州领事馆翻译,1852年任上海总领事馆翻译,1857年任驻宁波领事。——译注。

⑪ 璧斯玛(Karl Bismarck),德国外交官。1864年来华。——译注。

⑫ 从语音表可以看出,声母 hs 只在意大利语元音 i 和法语元音 u 之前可以见到,以 hs 打头的音节自有其来历,值得加以说明。许多读作 hsi 的词在若干年前读为 hi,还有许多读为 si;类似的情况是读 hsü 的词有些读作 hü,有些读作 sü。现代官话的辞书仍保留着这些音节的特点。对这种融合现象有不同的解释。在我修订北京音节表时,我友艾约瑟先生劝我将一些变化纳入正字法,就上述这些发音不同的词而言,这些变化可作为原来发音的索引,使本书具有词典的性质。我采纳了他的建议。将所有本来读 HI 的词标为 H^{s}I,读 SI 的标为 ^{H}SI,是最容易不过的了;hsü 与 sü 也如是;对于语言学家,认识这些来源是有一定价值的;但学习北京话口语的学生要学的这个音节,在编写音节表的中国人在其下所列出的所有的词中都是共同的音,不论他读为 hsi、hsü 或别有读法。其变化会牵涉到所有有关音节之下的双式排列,现在的做法实际上是将一类音又分为二小类,这样做与其说是使初学者少发生混淆,不如说对他们更有好处,是否如此,尚有疑问。如

果我今生能够出版一本词汇（不是北京话的，而是普通官话的），我会对这一特点加以注释的。我为这样一本词汇搜集材料，已有数年。

　　声母 ch 在所有元音前都是常见的，但只要它在上述元音 i 或 ü 前，它都曾是 k 或 ts，而且在某些方言中仍然如此。因此北京人现在将 kiang 和 tsiang 都读作 chiang；kin 和 tsin 读作 chin。有些人发这几个音时在 k 和 ts 之间摇摆，但以 ch 居多，而决不会听到读作 k 的。在与北京相邻的天津，甚至在 a 之前，ch 也读作 ts，如 ch'a 读作 ts'a，这是这些方言特点的无定性的一个例子。在上海，ch'a 有时读若 dzó，福州读 t'a，厦门读 t'i（英文的 tea），广州读 ch'a。

⑬ Franz Ahn（1796—1865）和 H. G. Ollendorff（1803—1865）都是德国外语教学法家，是语法翻译法的倡导者。——译注。

⑭ 包括再版第六部分。

⑮ 司各特（Walter Scott, 1771—1832）是英国 18 世纪著名作家，以历史小说见长；Froissart 是法国 14 世纪历史学家。作者的意思是现代人讲古代的话。——译注。

⑯ 禧在明（Walter Hillier, 1849—1927），英国外交官。1867 年为驻华使馆翻译见习生，1870 年任汉文副使，1880—1881 年代理汉务参赞，1883—1889 年任汉务参赞，1904—1908 年任伦敦皇家学院汉文教授，1908—1910 年被中国政府聘为财政顾问。著有《怎样学习中国语文》(1907)、《袖珍英汉字典》(1910)等。——译注。

⑰ 斯宾士（William Donald Spence,？—1896），英国领事，生于澳大利亚。1869 年来华，进英国领事界。一度任英国《泰晤士报》驻中国记者、怡和洋行驻天津代表。1881 年任驻上海总领事。——译注。

⑱ 马戛尔尼（George Macartney, 1737—1806），英国外交官。1793 年以专使身份来华，受到乾隆接见。——译注。

⑲ 巴罗（Sir John Barrow, 1764—1848），英国外交官、作家。1793 年随英使马戛尔尼伯爵来北京，任参赞。他利用这个机会，学习汉语，研究中国文学与科学。——译注。

⑳ 赫德（Robert Hart, 1835—1911），英国人，1854 年来华。1863 年任上海税务司。——译注。

参考文献

专著

Ausubel, D. P. et al. (1978) *Educational Psychology* (second edition), Holt Rinehart and Winston.

Selinker, Larry (1992) *Rediscovering Interlanguage*, Longman.

北京语言文化大学汉语学院(2001)《语言文化教学与研究》(2001年卷),人民教育出版社。

陈田顺(主编)(1999)《对外汉语教学中高级阶段课程规范》,北京语言文化大学出版社。

陈郁(2005)《对外汉语教学心理学》,中国文史出版社。

程晓堂(2004)《任务型语言教学》,高等教育出版社。

董少文(1959)《语音常识》(改订版),文化教育出版社。

符淮青(2004)《现代汉语词汇》(增订本),北京大学出版社。

弗朗西斯科·瓦罗(1703)《华语官话语法》(中译本),外语教学研究出版社2003年出版。

龚亚夫、罗少茜(2003)《任务型语言教学》,人民教育出版社。

桂灿昆(1985)《美国英语应用语言学》,上海外语教育出版社。

国家对外汉语教学领导小组办公室汉语水平考试部(2001)《汉语水平词汇与汉字等级大纲》(修订本),经济科学出版社。

国家对外汉语教学领导小组办公室(2001)《高等学校外国留学生汉语言专业教学大纲·附件一》,北京语言大学出版社。

国家对外汉语教学领导小组办公室(2002)《高等学校外国留学生汉语言专业教学大纲》,北京语言文化大学出版社。

国家对外汉语教学领导小组办公室(2002)《高等学校外国留学生汉语教学大纲·长期进修》,北京语言文化大学出版社。

国家对外汉语教学领导小组办公室(2002)《高等学校外国留学生汉语教学大纲·短期强化》,北京语言文化大学出版社。

国家汉语国际推广领导小组办公室(2007)《国际汉语能力标准》,外语教学与研究出版社。

国家汉语国际推广领导小组办公室(2007)《国际汉语教师标准》,外语教学与研究出版社。

国家语言文字工作委员会汉字处(1988)《现代汉语常用字表》,语文出版社。
韩经太(主编)(2008)《教学督导的实践探索》,北京语言大学出版社。
郝恩美、范平强(1995)《汉字教学的规律和方法》,浙江教育出版社。
胡明扬(2002)《语言学习散论》,北京语言文化大学出版社。
胡文仲(1989)《英语的教与学》,外语教学与研究出版社。
胡文仲、高一虹(1997)《外语教学与文化》,湖南教育出版社。
胡裕树(主编)(1979)《现代汉语》(修订本),上海教育出版社。
胡壮麟等(1989)《系统功能语法概论》,湖南教育出版社。
胡壮麟(1994)《语篇的衔接与连贯》,上海外语教育出版社。
黄国文(1988)《语用分析概要》,湖南教育出版社。
《教育心理学》全国统编教材编写组(1982)《教育心理学参考资料选辑》,山东教育出版社。
黎天睦[美](1984)《现代外语教学法:理论与实践》,北京语言学院出版社。
李大遂(2003)《简明实用汉字学》(修订本),北京大学出版社。
李泉(主编)(2006)《对外汉语教学理论研究》,商务印书馆。
李晓琪(主编)(2005)《对外汉语听力教学研究》,商务印书馆。
李晓琪(主编)(2006)《对外汉语阅读与写作教学研究》,商务印书馆。
利奇·杰弗里等(1985)《英语交际语法》(中译本),上海译文出版社。
廖秋忠(1992)《廖秋忠文集》,北京语言学院出版社。
刘士勤、彭瑞情(1992)《新闻听力基础》,北京语言学与出版社。
鲁健骥(1999)《对外汉语教学思考集》,北京语言大学出版社。
吕必松(1990)《对外汉语教学发展概要》,北京语言学院出版社。
吕必松(主编)(1999)《汉字与汉字教学研究论文选》,北京大学出版社。
吕文华(1999)《对外汉语教学语法体系研究》,北京语言大学出版社。
罗常培、王均(1956)《普通语音学纲要》(1981年重印本),商务印书馆。
马俊明等(译)(1981)《英语教师的艺术》,北京师范大学出版社。
麦基[加](1975)《语言教学分析》(中译本),北京语言学院出版社1990年出版。
上海交通大学汉字编码组、上海汉语拼音文字研究组(1988)《汉字信息字典》,科学出版社。
沈开木(1996)《现代汉语话语语言学》,商务印书馆。
施光亨、王绍新(1998)《新闻汉语导读》,华语教学出版社。
孙德金主编(2006)《对外汉字教学研究》,商务印书馆。
孙瑞珍(主编)(1995)《中高级教学词汇等级大纲(词汇·语法)》,北京大学出版社。
姜丽萍(2008)《课堂教学语言概念》,北京语言大学出版社。
王得杏(1998)《英语话语分析与跨文化交际》,北京语言文化大学出版社。
吴宗济(主编)(1992)《现代汉语语音概要》,华语教学出版社。

徐世荣(1980)《普通话语音知识》,文字改革出版社。
杨惠元(1996)《汉语听力说话教学法》,北京语言文化大学出版社。
语文出版社(1997)《语言文字规范手册》,语文出版社。
张德琇(1982)《教育心理研究》,教育科学出版社出版。
张清常(1993)《语言学论文集》,商务印书馆。
张西平等(2003)《西方人早期汉语学习史调查》,中国大百科全书出版社。
章兼中(1983)《国外外语教学法主要流派》,华东师范大学出版社。
赵元任(1979)《汉语口语语法》(吕叔湘译),商务印书馆。
郑林曦(1992)《普通话三千常用词表》(增订本),语文出版社。
祝康济(1992)《苏联的对外俄语教学》,北京语言学院出版社。

论文

曹贤文(2007)明德模式与中国大陆高校基础汉语常规模式之比较,《暨南大学华文学院学报》第 4 期。
邓懿(1994)难忘的岁月,《北京大学学报/对外汉语教学中心成立十周年纪念专刊》。
董淑慧(2005)保加利亚汉语教学史概论,《世界汉语教育史研究》(李向玉等主编),澳门理工学院。
杜荣(1994)对外汉语话沧桑,《北京大学学报/对外汉语教学中心成立十周年纪念专刊》。
高宁惠(1996)留学生的代词偏误与代词在篇章中的使用原则,《世界汉语教学》第 2 期。
戈诺博林(1982)论教师的教育才能,《教育心理学参考资料选辑》,山东教育出版社。
郭金鼓(1984)对科技汉语听力课教学的认识,《语言教学与研究》第 4 期。
柯彼德(1990)汉语作为外语教学的语法体系急需修改的要点,《第三届国际汉语教学讨论会论文选》,北京语言大学出版社。
胡明扬(1991a)汉语流水句,《语言学论文选》,中国人民大学出版社。
胡明扬(1991b)北京话的语气词和叹词,《语言学论文选》,中国人民大学出版社。
胡明扬(1997a)语言教学的常规:输入大于输出,《语言教育问题研究》(吕必松主编),华语教学出版社。
胡明扬(1997b)对外汉语教学中语汇教学的若干问题,《语言文字应用》第 1 期。
胡明扬(1999)对外汉语教学基础教材的编写问题,《语言教学与研究》第 1 期。
胡明扬(2002)对外汉语教学领域应加强科学研究,《语言学习散论》,北京语言大学出版社。
金立鑫(2005)阅读教学的层次、目标和方法,《对外汉语阅读研究》(周小兵等主编),北京大学出版社。
雷华、史有为(1994)工具的工具:词典的易懂与易得,《语言教学与研究》第 4 期。
李德津(1986)新编系列教材《现代汉语教程》的主要特点,《第一届国际汉语教学讨论会论文选》,北京语言学院出版社。
李芳杰(1993)说"话头",《汉语语法和规范问题研究》,武汉大学出版社。
李晋泉(1993)话题连贯和述题连贯,《语言教学与研究》第1期。
李 泉(1995)论语感的性质、特征及类型,《中国人民大学学报》第4期。
李 泉(2002)对外汉语教学的学科基本理论(上、下),《海外华文教育》第3、4期。
李 泉(2004)广播新闻听力课教学论略,《对外汉语教学理论思考》,教育科学出版社。
李晓琪、黄立(2001)美国TESOL专业硕士学位课程结构考察及思考,《英语、日语、汉语第二语言教学学科研究》,中国大百科全书出版社。
廖秋忠(1988)篇章中的论证结构,《语言教学与研究》第1期。
廖秋忠(1991)篇章与语用和句法研究,《语言教学与研究》第4期。
刘颂浩(2001)对外汉语听力教学研究述评,《世界汉语教学》第1期。
刘月华(1998)关于叙述体的篇章教学,《世界汉语教学》第1期。
鲁健骥(1983)基础汉语教学的一次新的尝试,《对外汉语教学思考集》,北京语言大学出版社1999年出版。
鲁健骥(1987)外国人学习汉语的词语偏误分析,《语言教学与研究》第4期。
鲁健骥(1992)偏误分析与对外汉语教学,《语言文字应用》第1期。
鲁健骥(1993)中介语研究中的几个问题,《语言文字应用》第1期。
陆俭明(1998)对外汉语教学中经常要思考的问题,《语言文学应用》第4期。
吕文华(1999)短语词的划分在对外汉语教学中的意义,《语言教学与研究》第3期。
吕文华(2001)关于述补结构系统的思考,《世界汉语教学》第3期。
吕必松(2002)汉语教学法新探(未刊)。
马燕华(1999)中级汉语水平留学生听力跳跃障碍的实现条件,《北京大学学报》(哲社版)第5期。
毛 悦(1996)从听力测试谈留学生听力理解方面的障碍,《中国对外汉语教学学会第五次学术讨论会论文选》,北京语言学院出版社。
孟 国(2001)实况汉语教学的理论探讨及教材贬值和使用中的几个问题,《对外汉语教学与教材研究论文集》,华语教学出版社。
Mugglestone, Patricia(1978)怎样训练阅读能力(祝畹瑾整理),《语言教学与研究·增刊》(二),北京语言学院印行。
Noris, William E.(1981)教高级阅读:目标、技巧和顺序,《英语教师的艺术》(马俊明等译),北京师范大学出版社。
施光亨(1995)关于对外汉语教学的若干议论和思考,《汉语学习》第2期。
施光亨(2004)历史上的汉语教学:向着第二语言教学走出的第一步,《海外华文教育》第4期。
宋呟宣[韩](1999)《汉韩韵律成分的对比》,北京大学博士研究生论文。

孙德金(2003)对外汉语教学语言研究刍议,《语言文学应用》第 3 期。
Thompson, Richard T. (1980)美国汉语教学综述,《语言教学与研究》第 4 期。
王建勤(1995)跨文化研究的新维度——学习者的中介文化行为系统,《世界汉语教学》第 3 期。
王理嘉(1993)平凡的回忆,深切的悼念,《朱德熙先生纪念文集》,语文出版社。
俞约法(1989)言语活动论与外语教学,《理论语言学与应用语言学论丛》第 1 辑,黑龙江大学现代语言学研究所。
张普(1999)关于语感与流通度的思考,《语言教学与研究》第 2 期。
张清常(1990)《对外汉语教学发展概要》吕必松著序,北京语言学院出版社。
张西平(2003)应加强对西方人早期汉语学习史的研究——兼论对外汉语教学史的研究,《第七届国际汉语教学讨论会论文选》,北京大学出版社。
张占一(1990)试议交际文化和知识文化,《语言教学与研究》第 3 期。
赵燕皎(1998)走出语篇教学的盲区,《对外汉语教学探讨集》,北京大学出版社。
郑定欧(2000)对外汉语词典学,《第六届国际汉语教学讨论会论文选》,北京大学出版社。
郑定欧(2004a)对外汉语学习词典学刍议——调查与反馈,《世界汉语教学》第 4 期。
郑定欧(2004b)论面向对外汉语教学的基础研究,《汉语学习》第 5 期。